I0831127

Ute Bartel mansionaticum

Abbildung Cover
Großes Orange
Detail

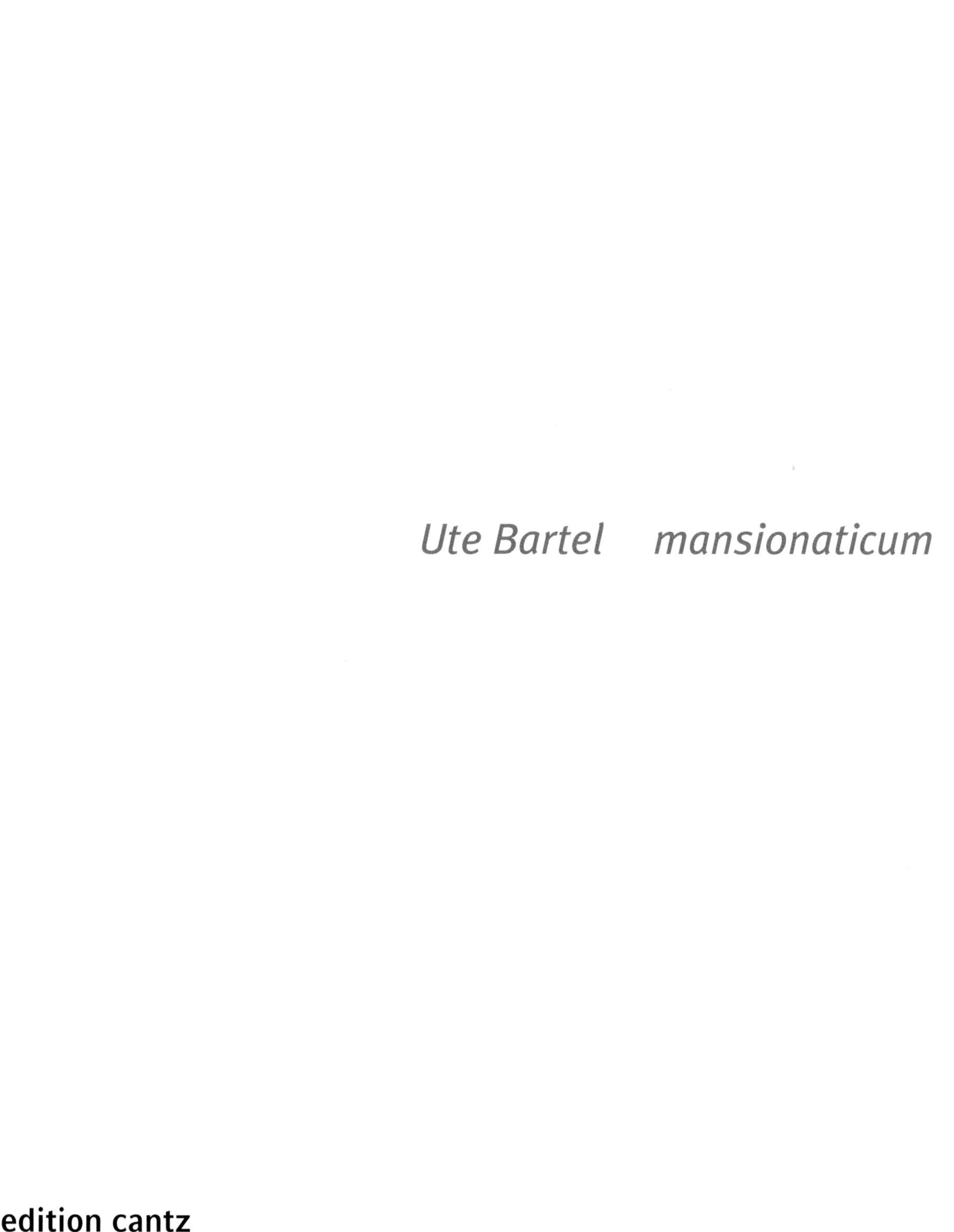

Ute Bartel *mansionaticum*

edition cantz

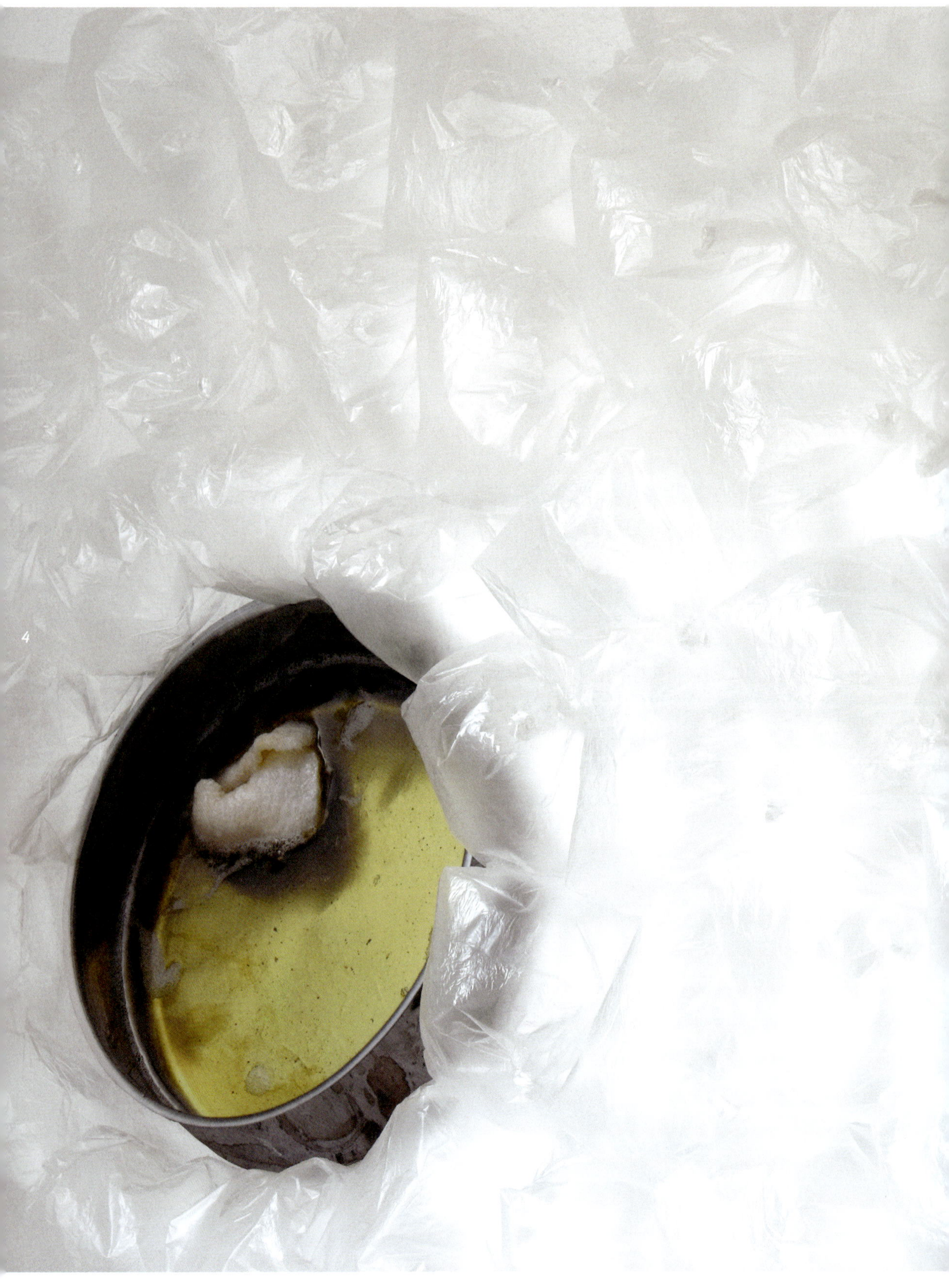

4

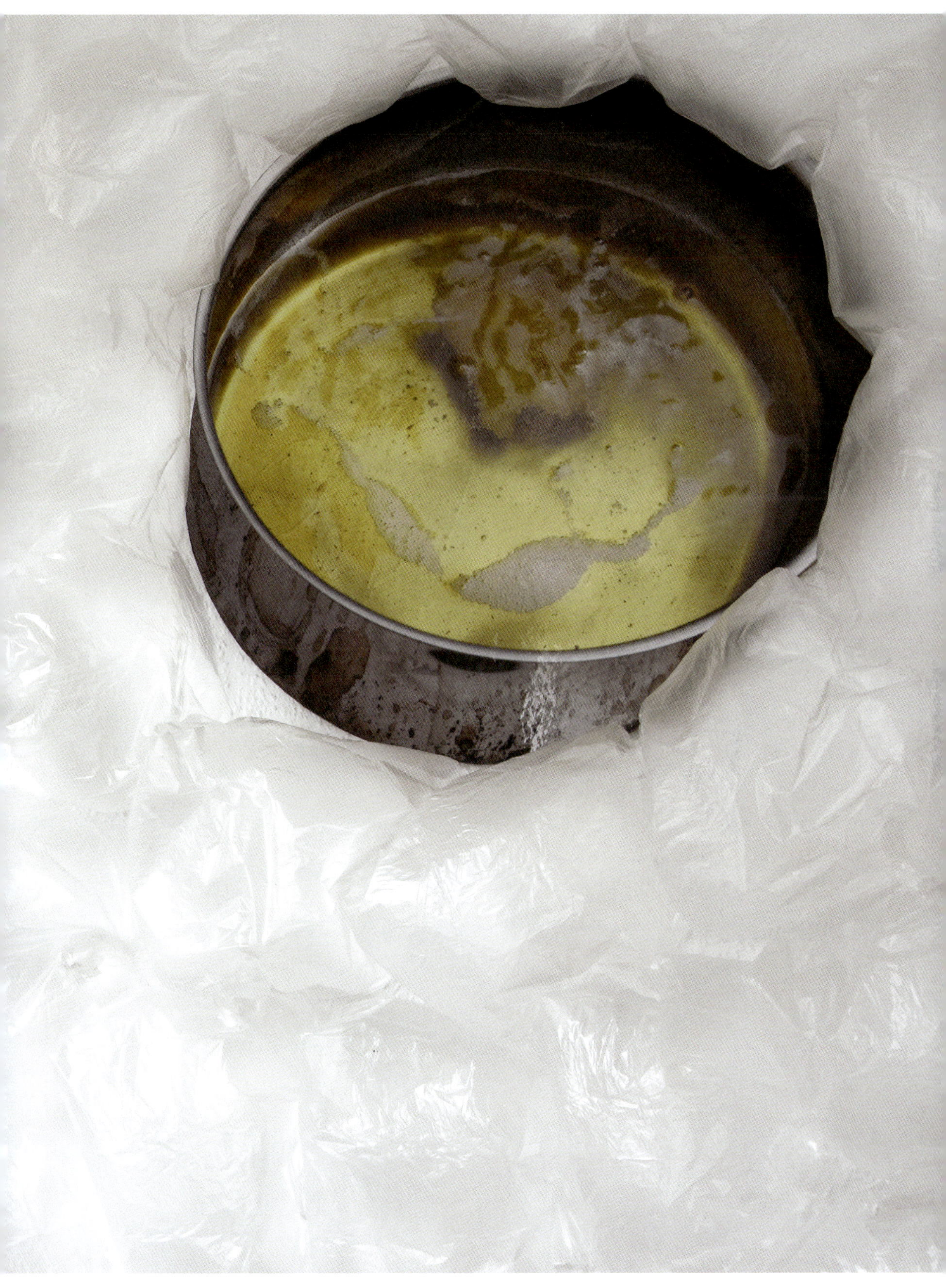

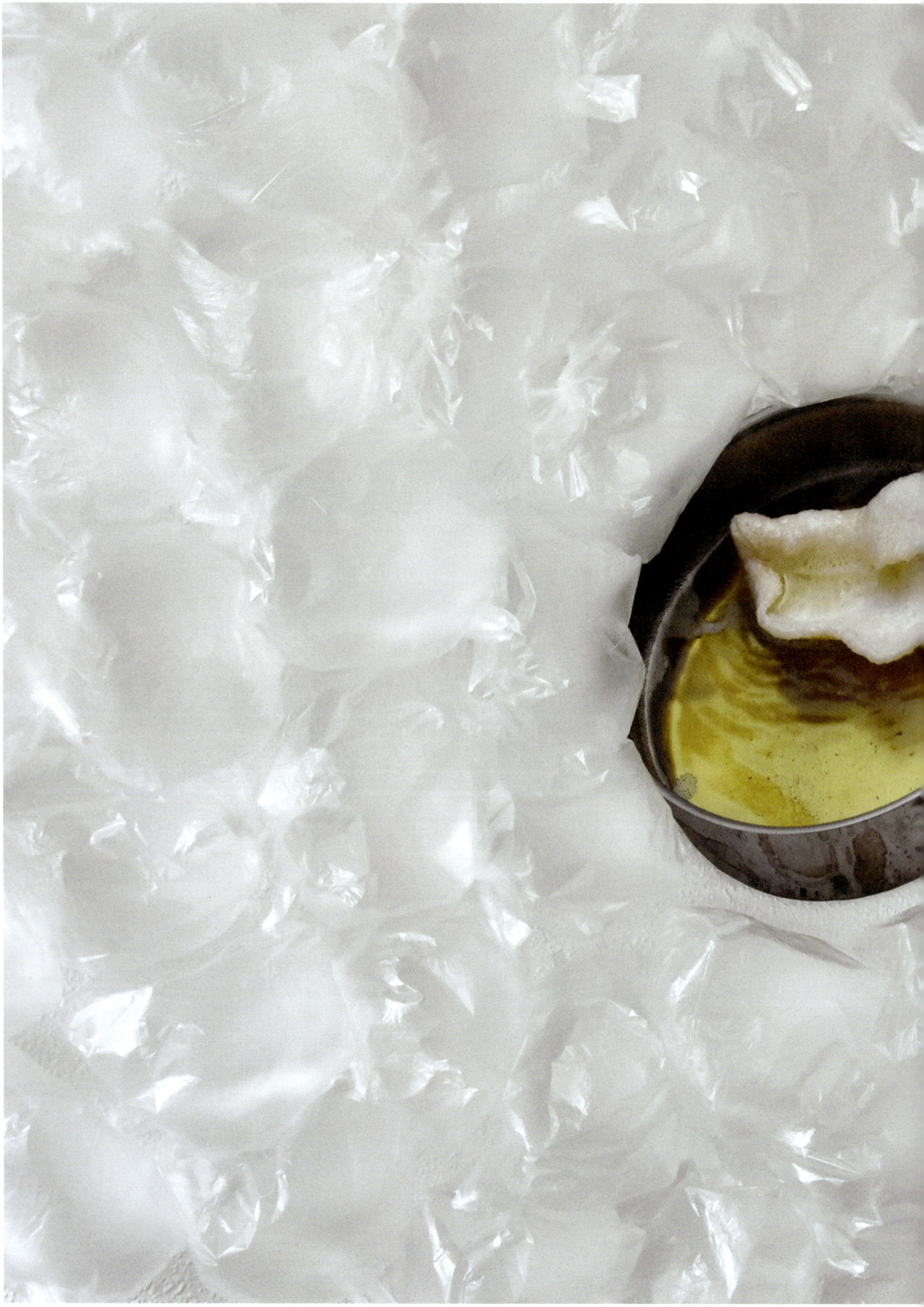

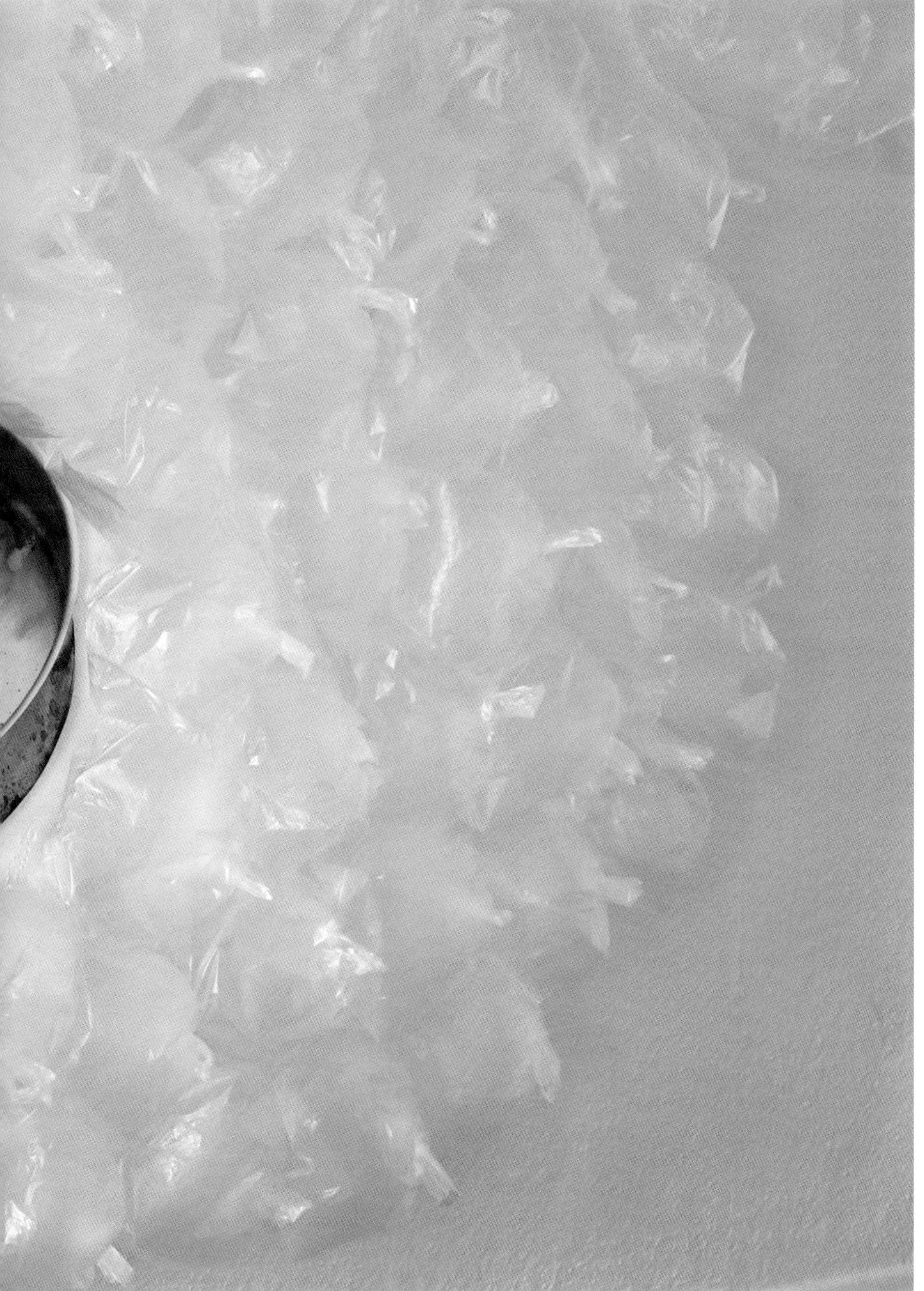

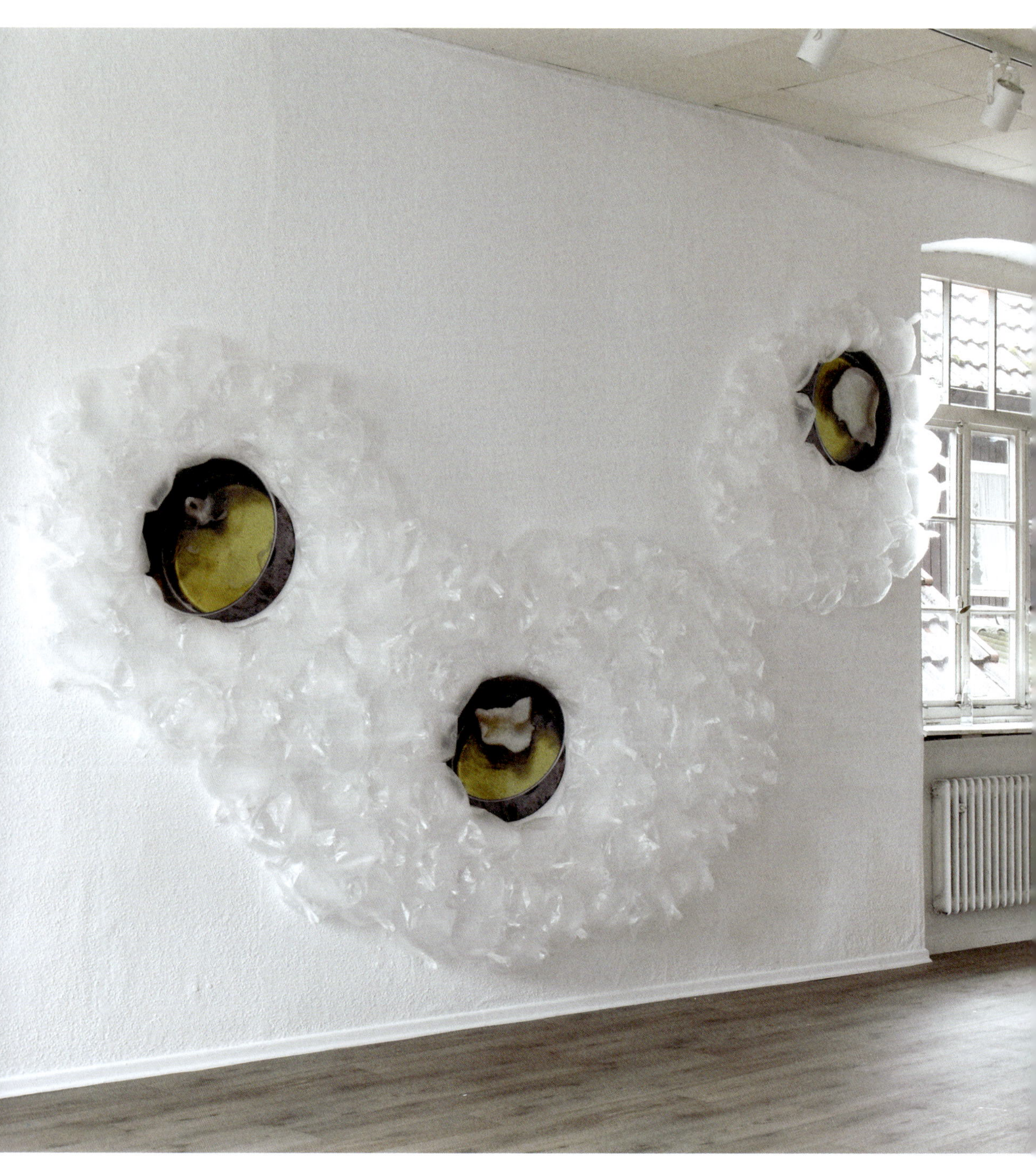

Trimatra 2017
Installation
Maße variabel
Fotografien . Plastikbeutel
Werkhaus Schieder-Schwalenberg

S. 4-7
Trimatra
Detailansichten

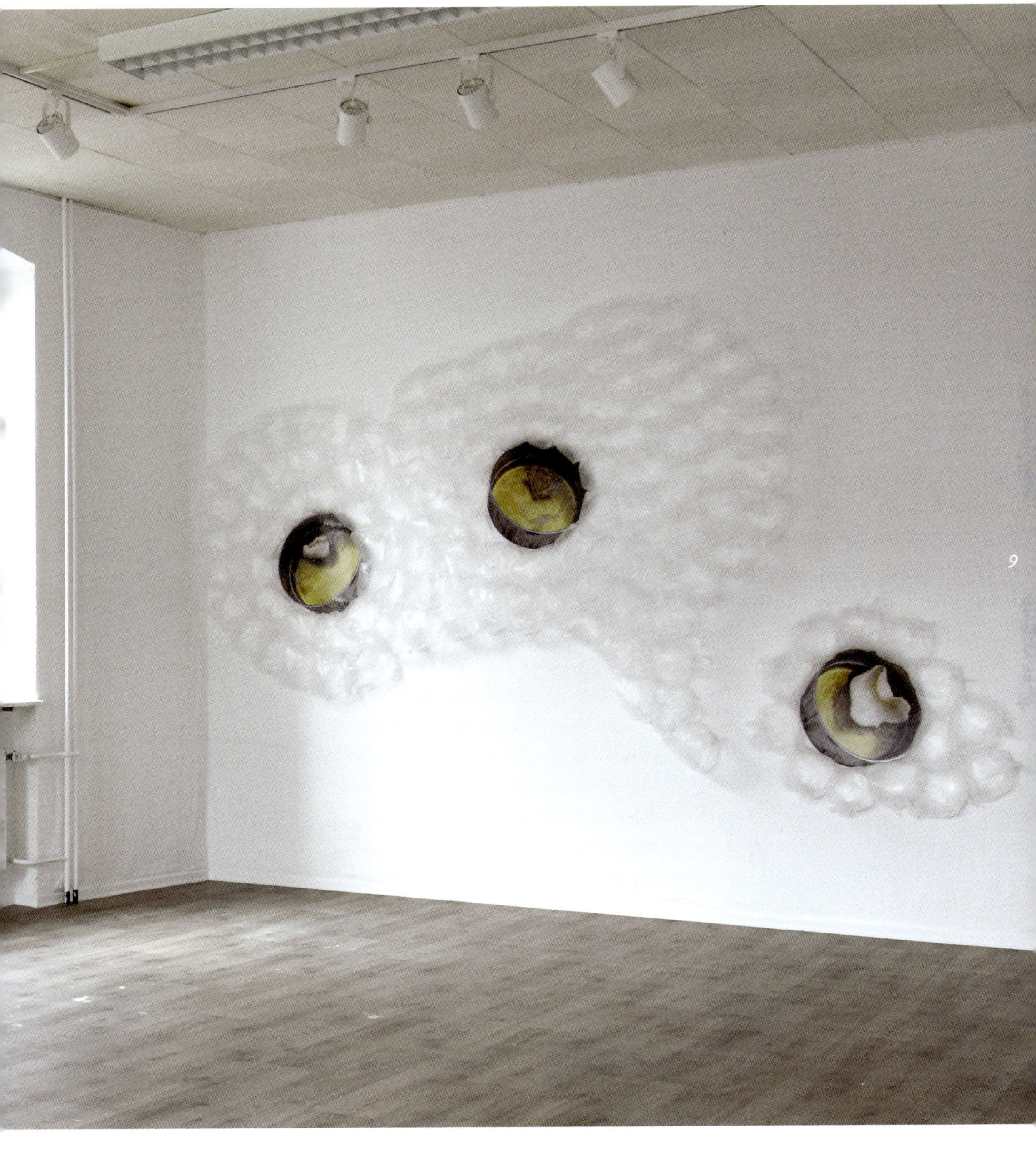

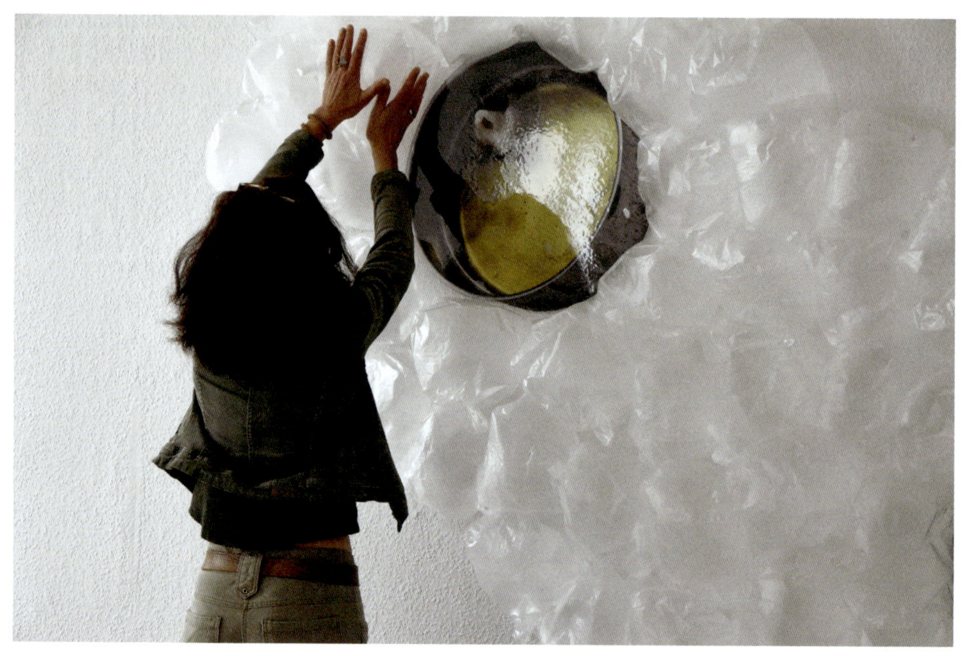

links
Aufbau
rechts
Trimatra . Detail

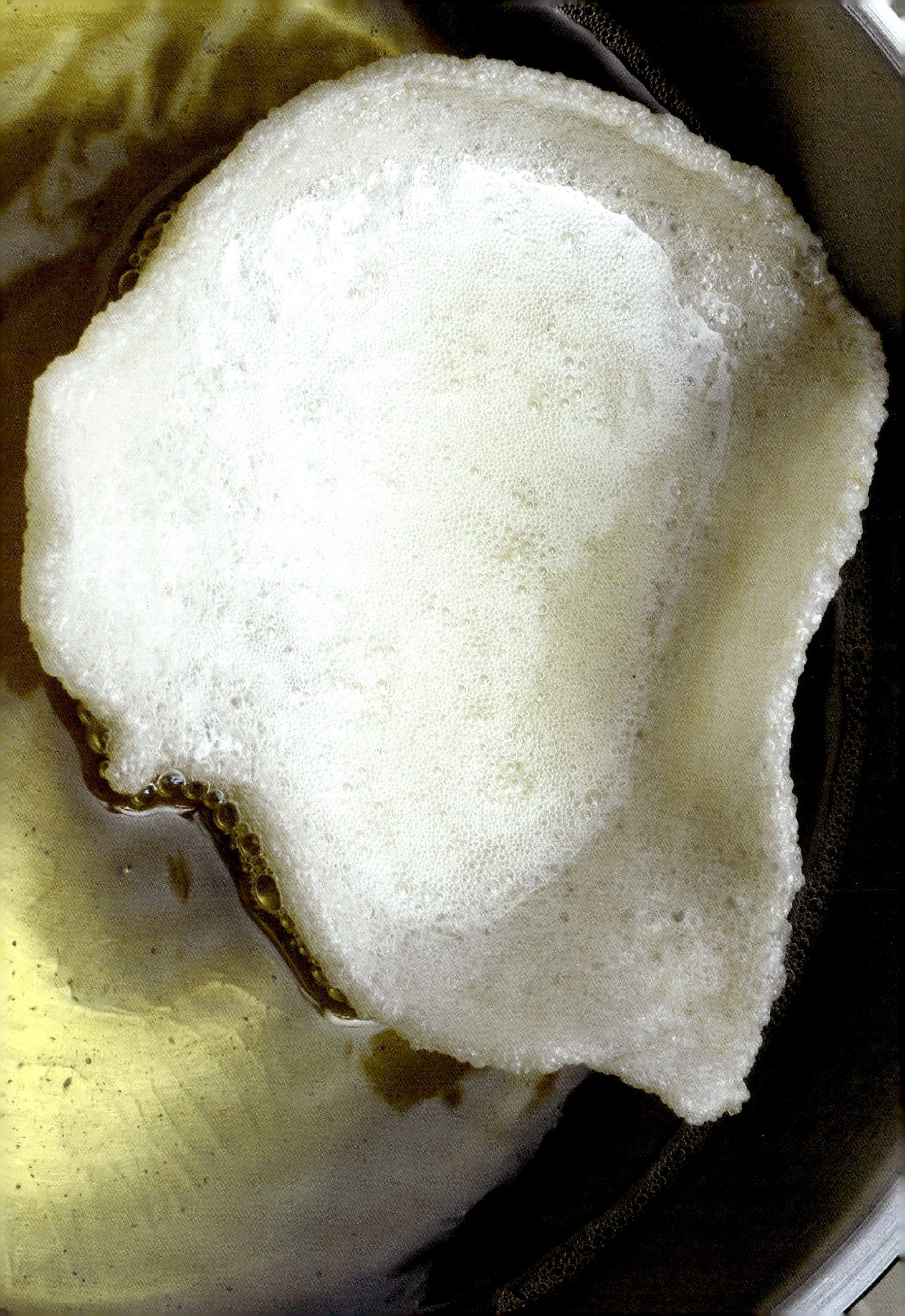

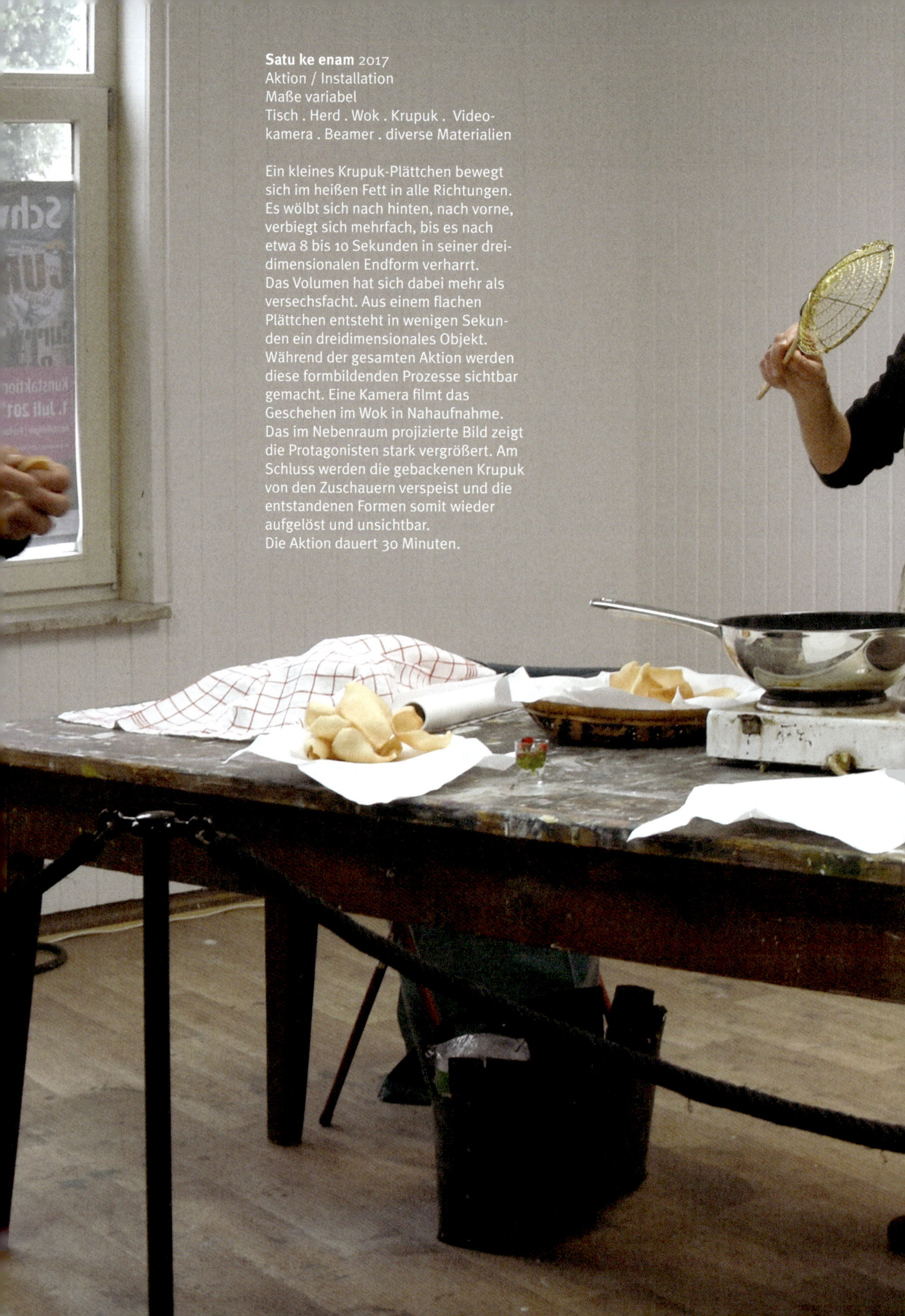

Satu ke enam 2017
Aktion / Installation
Maße variabel
Tisch . Herd . Wok . Krupuk . Videokamera . Beamer . diverse Materialien

Ein kleines Krupuk-Plättchen bewegt sich im heißen Fett in alle Richtungen. Es wölbt sich nach hinten, nach vorne, verbiegt sich mehrfach, bis es nach etwa 8 bis 10 Sekunden in seiner dreidimensionalen Endform verharrt.
Das Volumen hat sich dabei mehr als versechsfacht. Aus einem flachen Plättchen entsteht in wenigen Sekunden ein dreidimensionales Objekt. Während der gesamten Aktion werden diese formbildenden Prozesse sichtbar gemacht. Eine Kamera filmt das Geschehen im Wok in Nahaufnahme. Das im Nebenraum projizierte Bild zeigt die Protagonisten stark vergrößert. Am Schluss werden die gebackenen Krupuk von den Zuschauern verspeist und die entstandenen Formen somit wieder aufgelöst und unsichtbar.
Die Aktion dauert 30 Minuten.

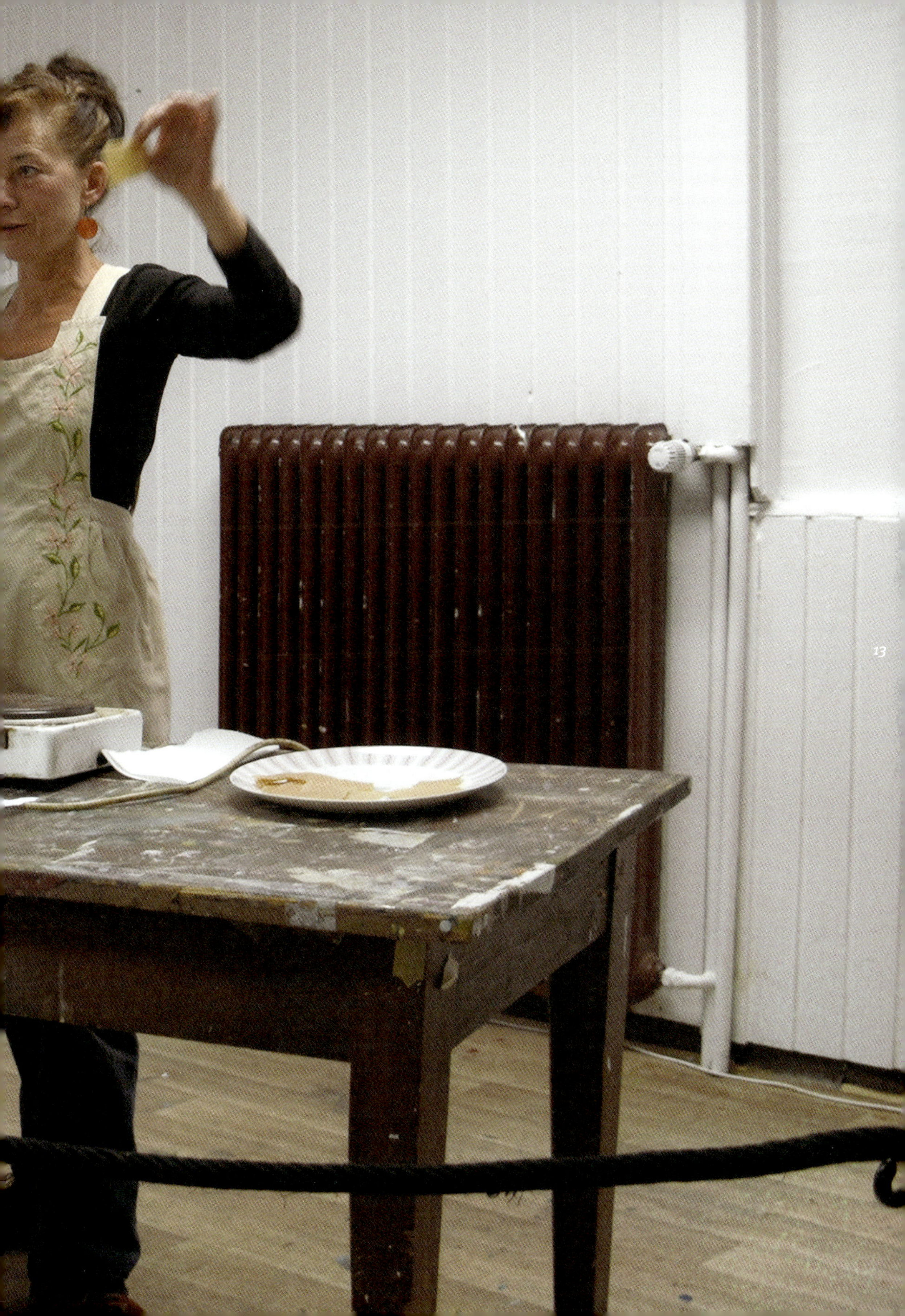

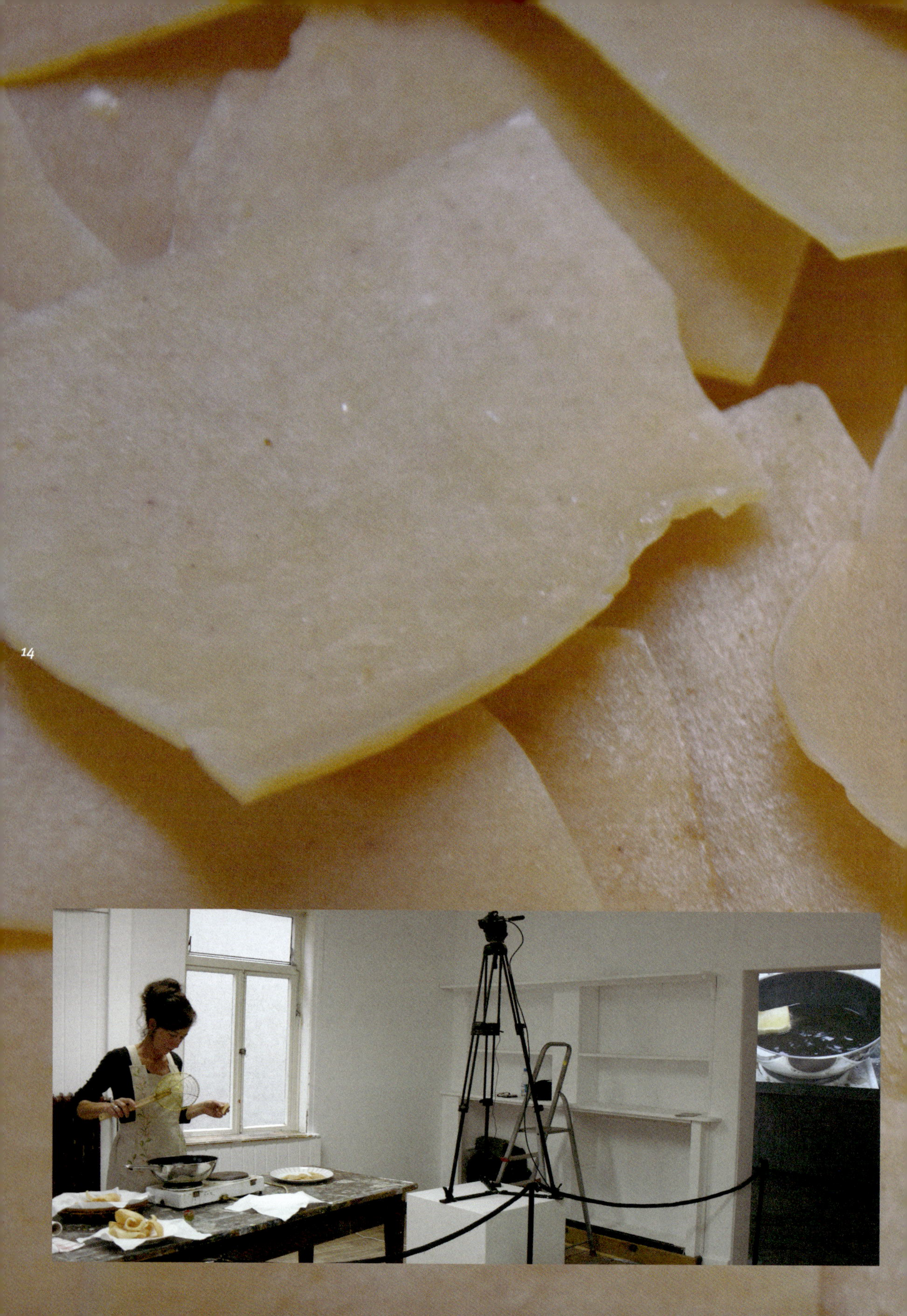

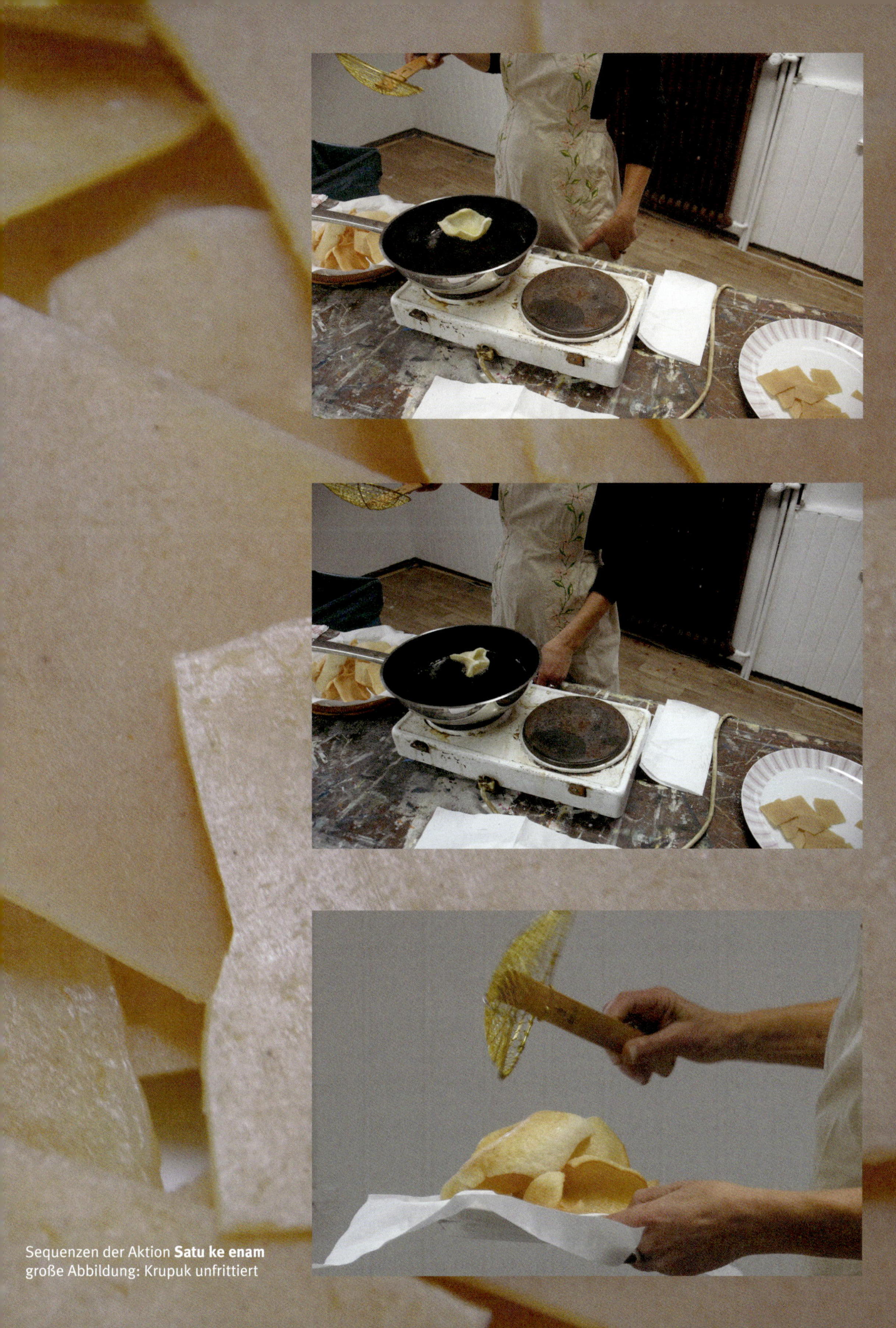

Sequenzen der Aktion **Satu ke enam**
große Abbildung: Krupuk unfrittiert

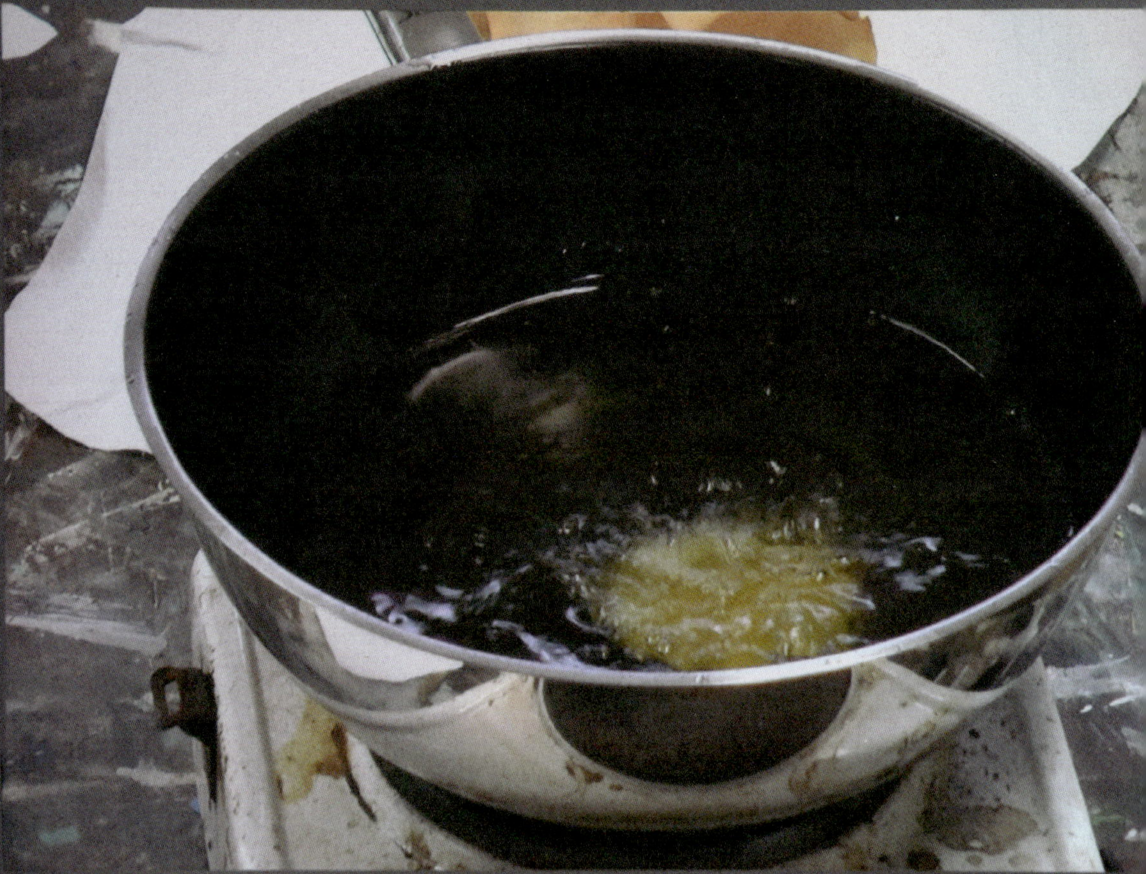

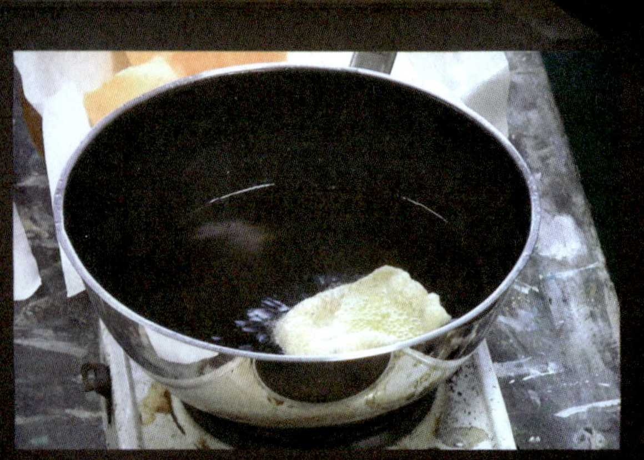

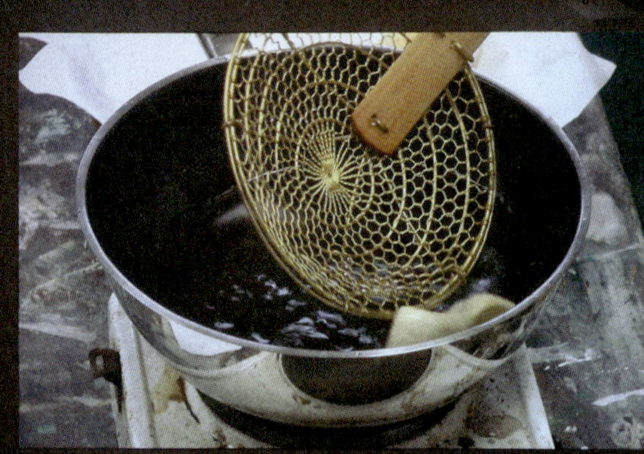

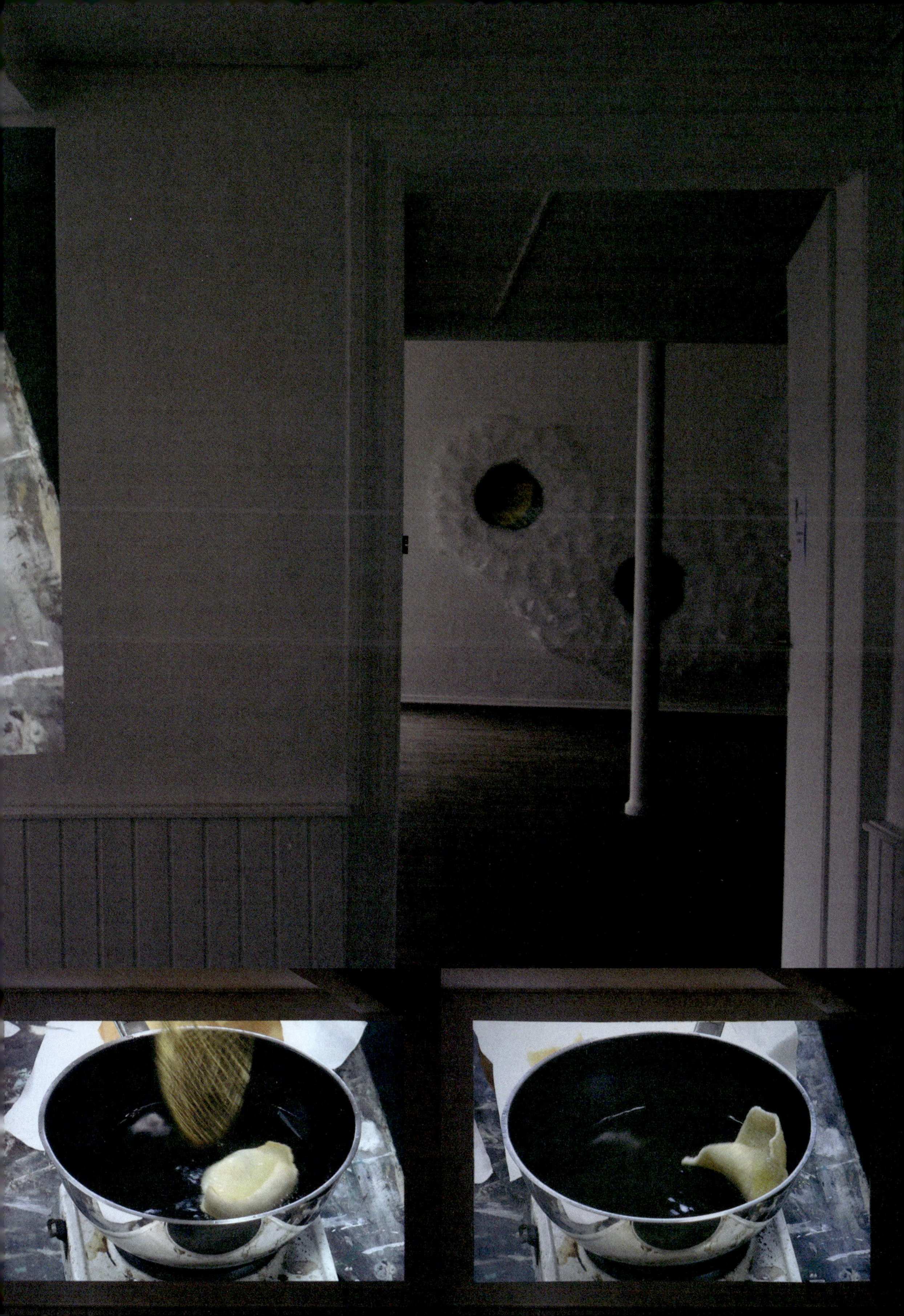

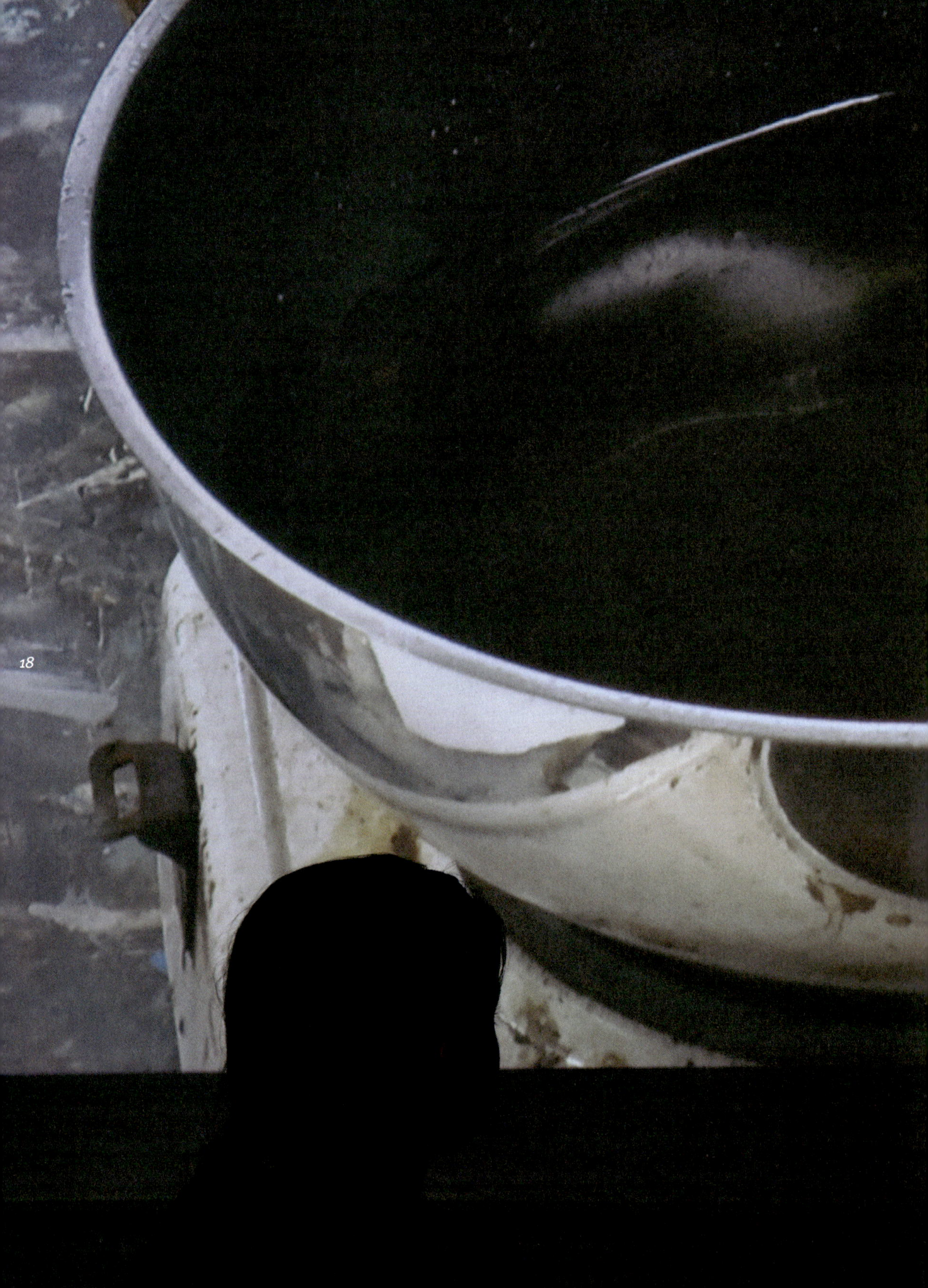

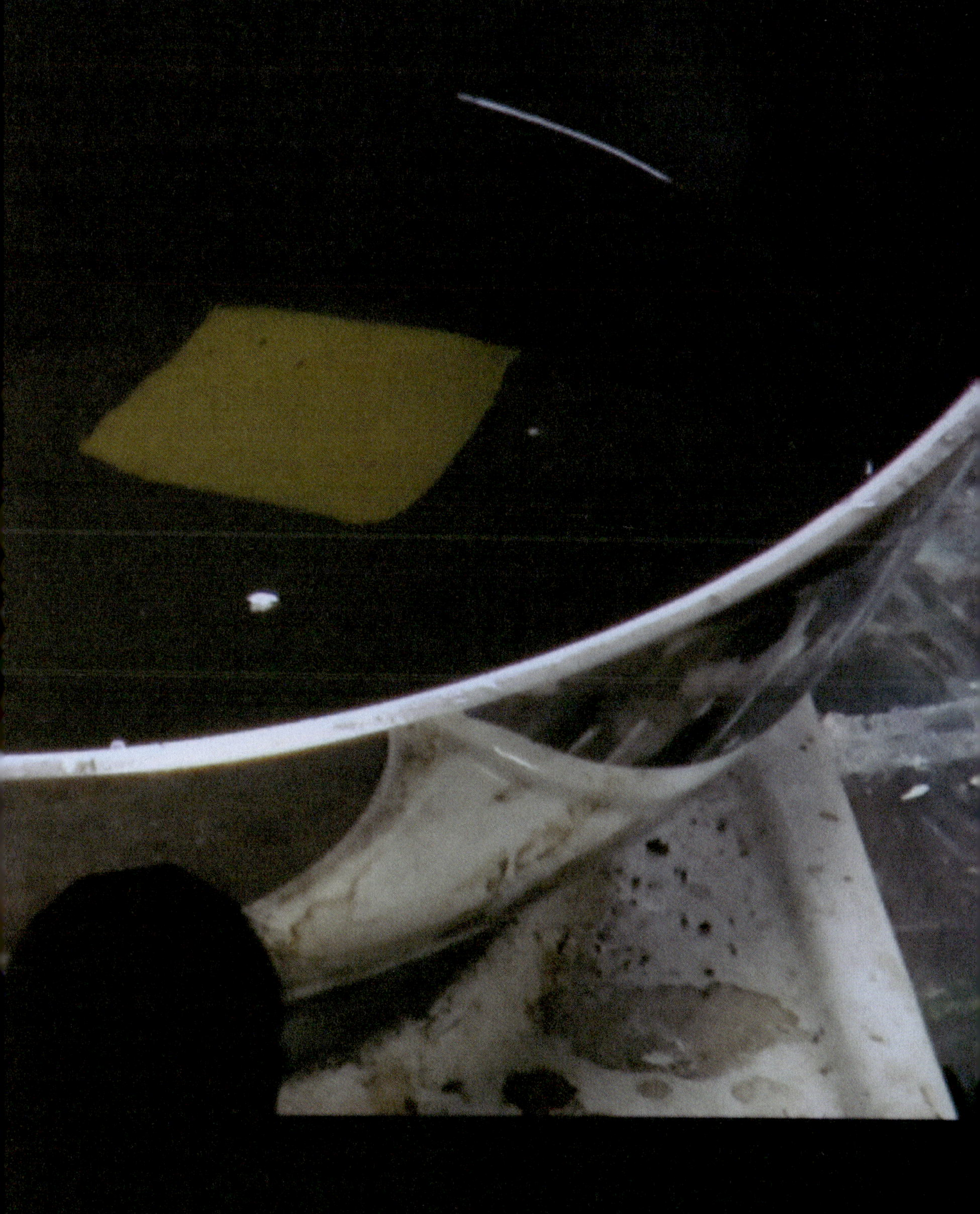

S. 16-19
Satu ke enam 2017
Synchron-Projektion

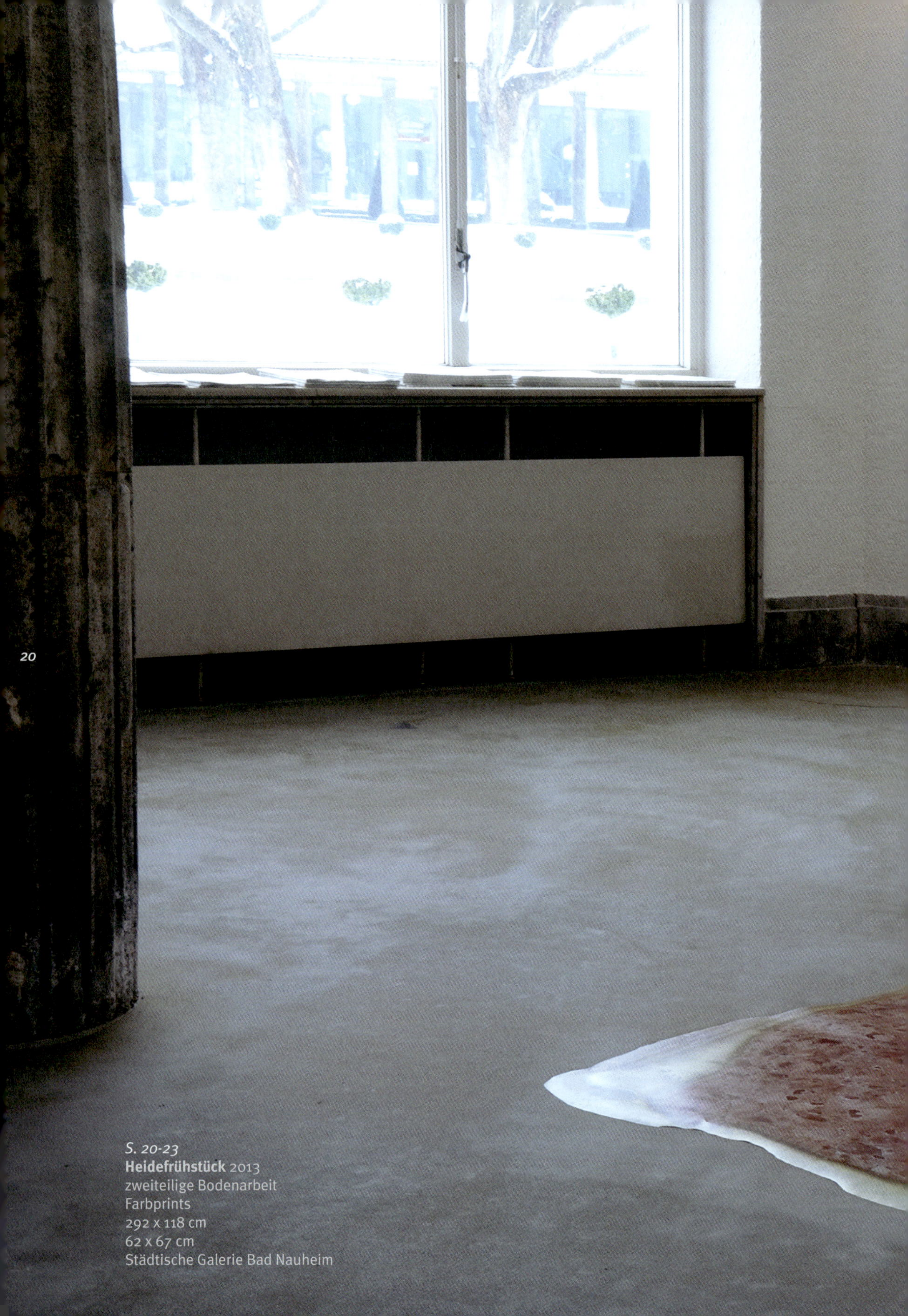

S. 20-23
Heidefrühstück 2013
zweiteilige Bodenarbeit
Farbprints
292 x 118 cm
62 x 67 cm
Städtische Galerie Bad Nauheim

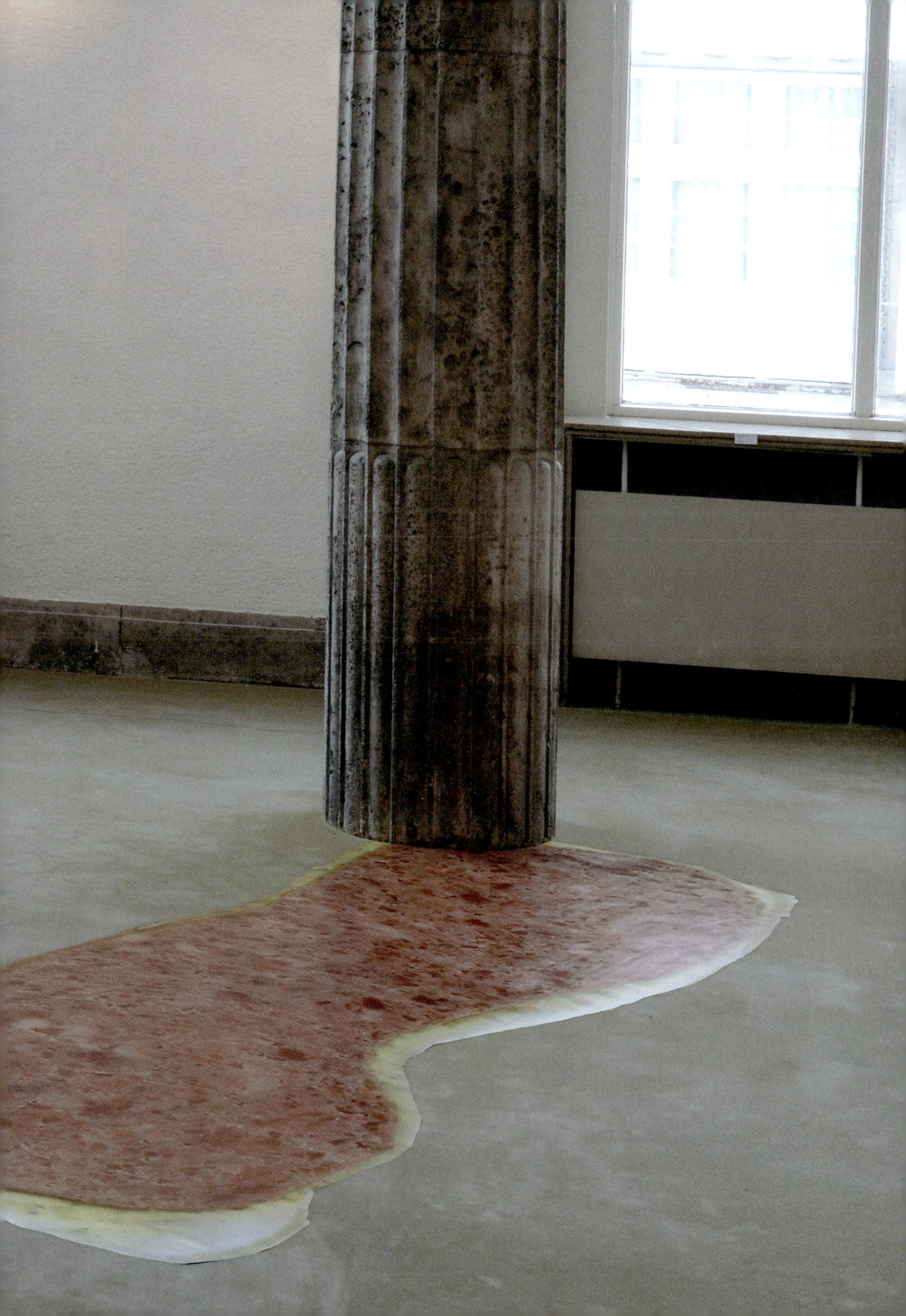

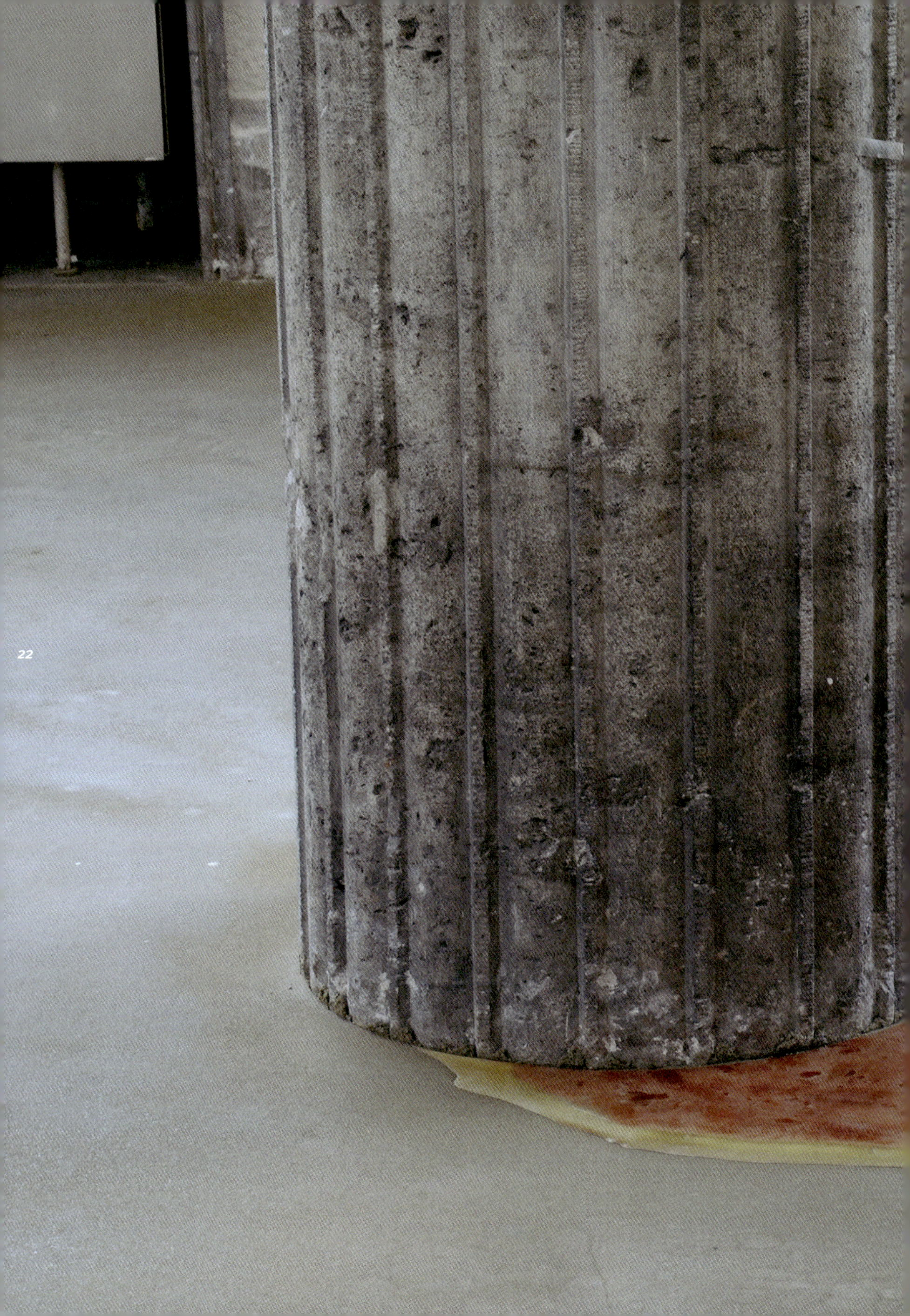

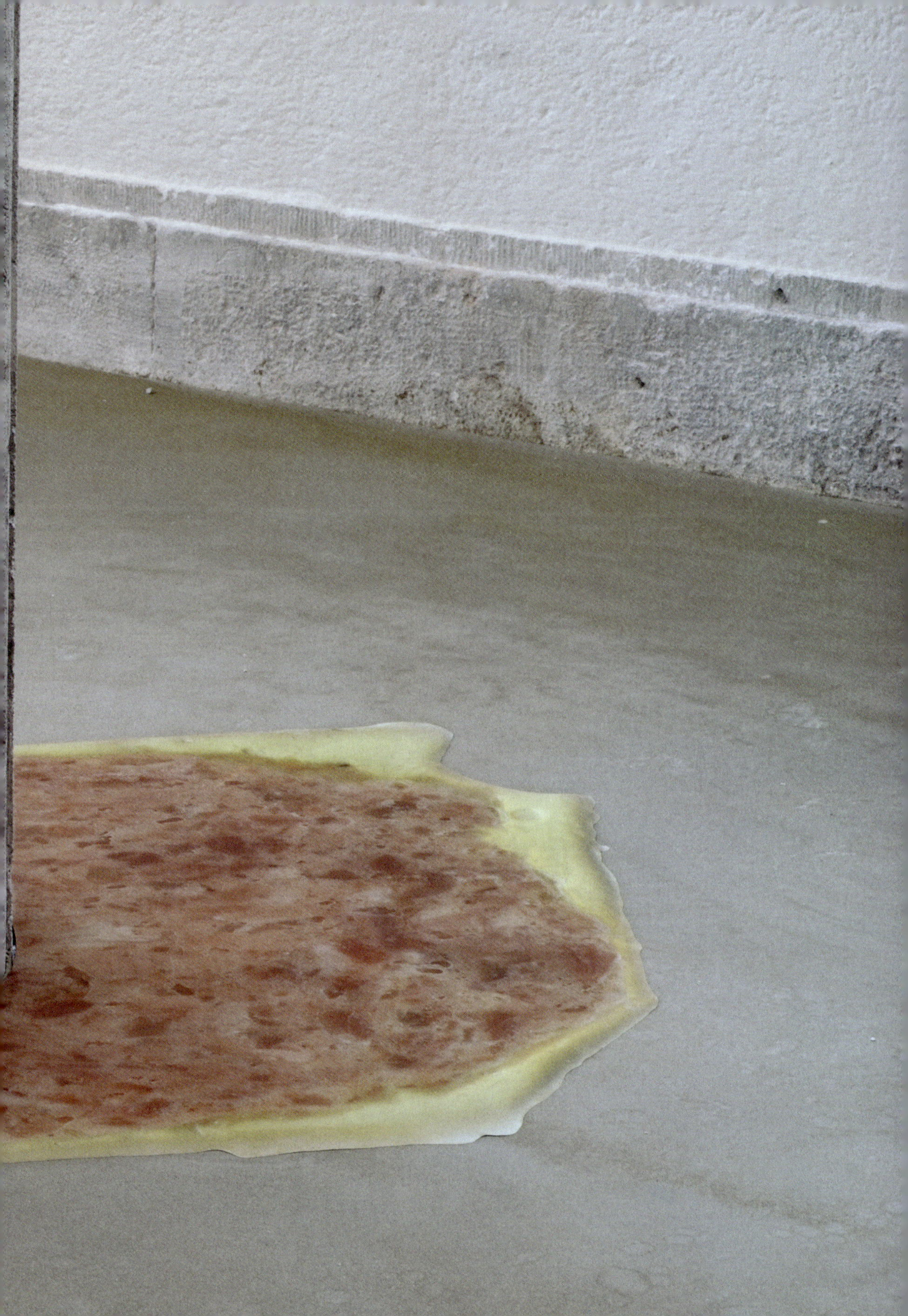

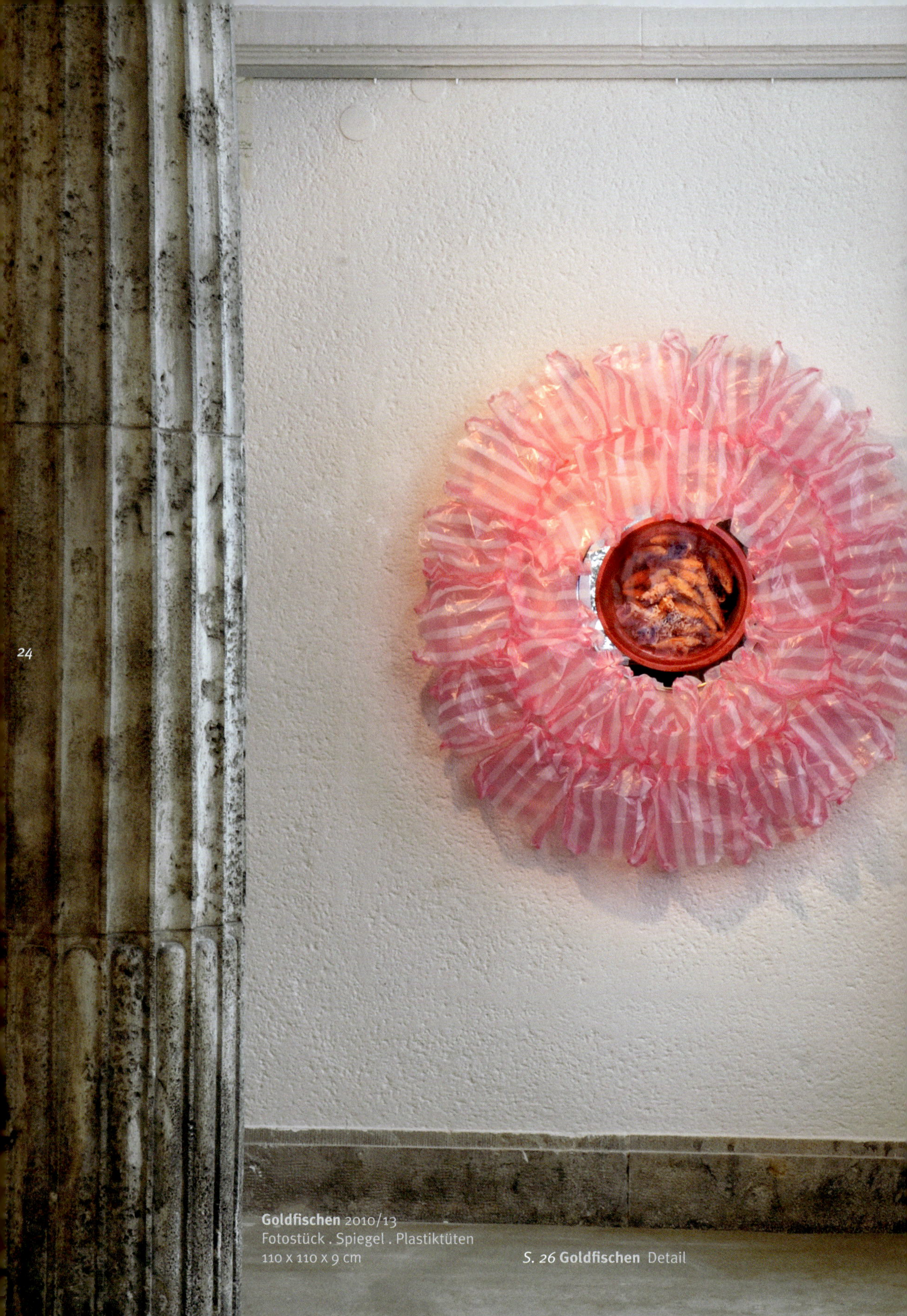

Goldfischen 2010/13
Fotostück . Spiegel . Plastiktüten
110 x 110 x 9 cm

S. 26 **Goldfischen** Detail

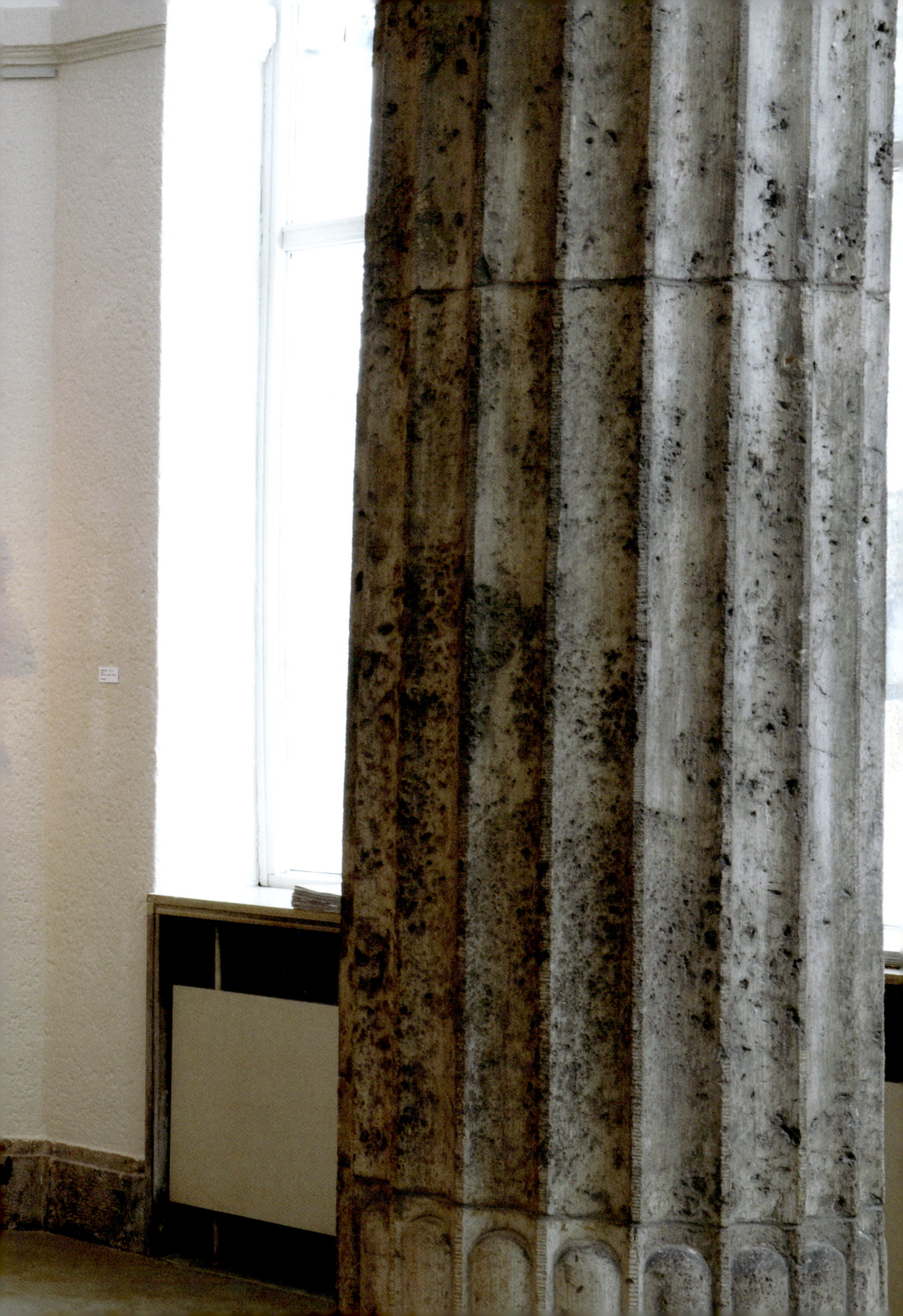

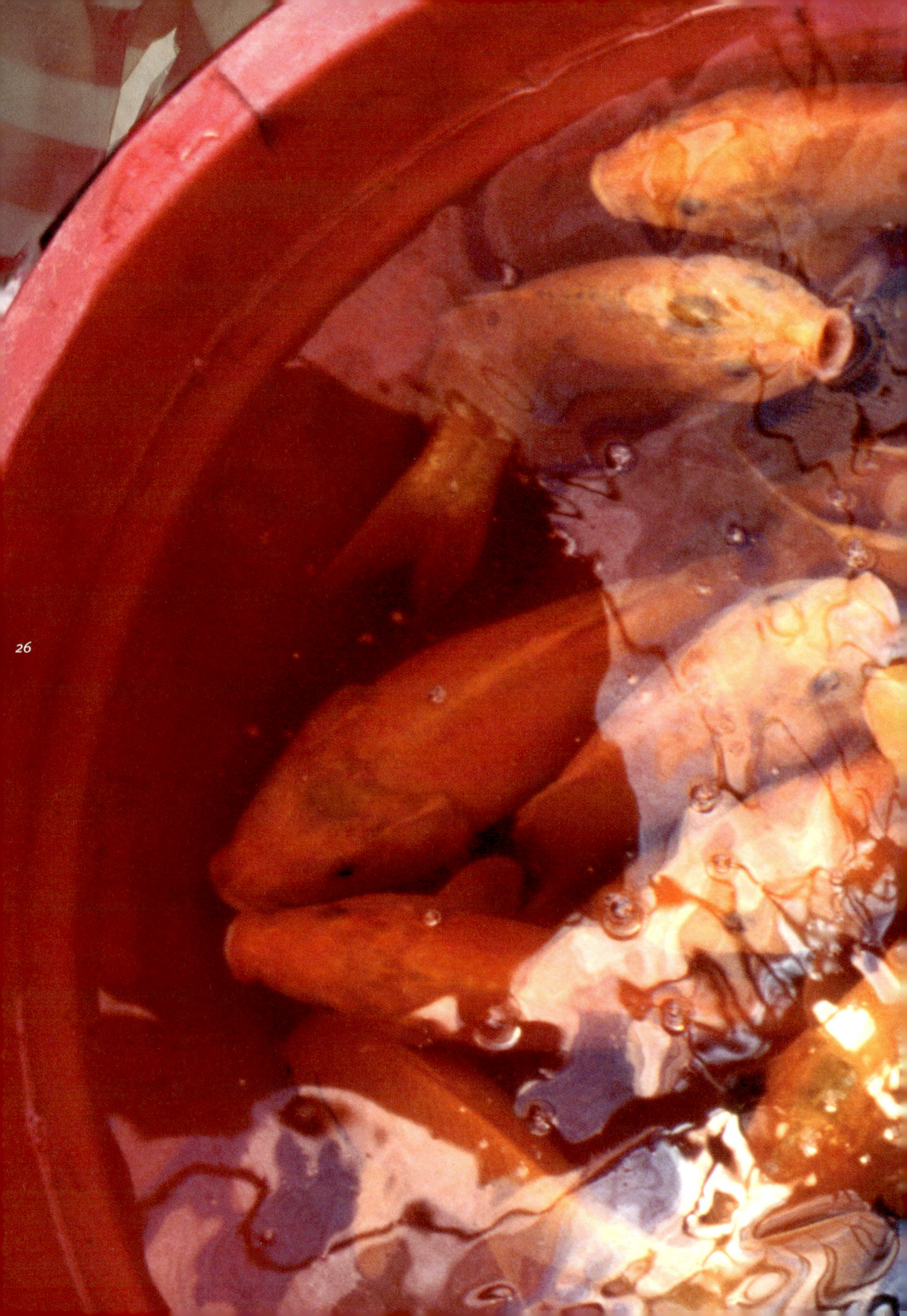

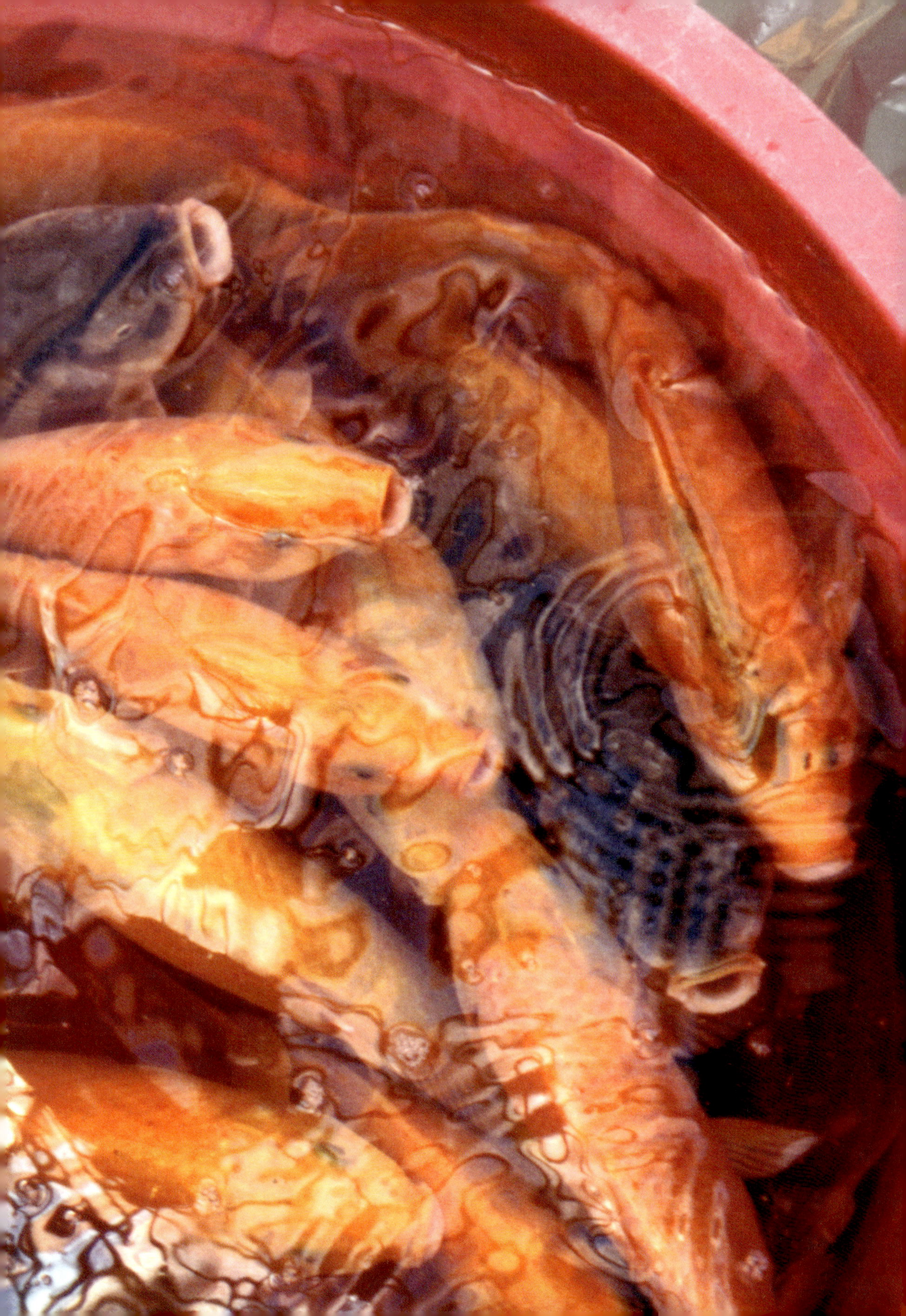

28 *rechts*
Kokon 2018
Trinkhalme
120 x 68 x 76 cm

S. 30
Detail

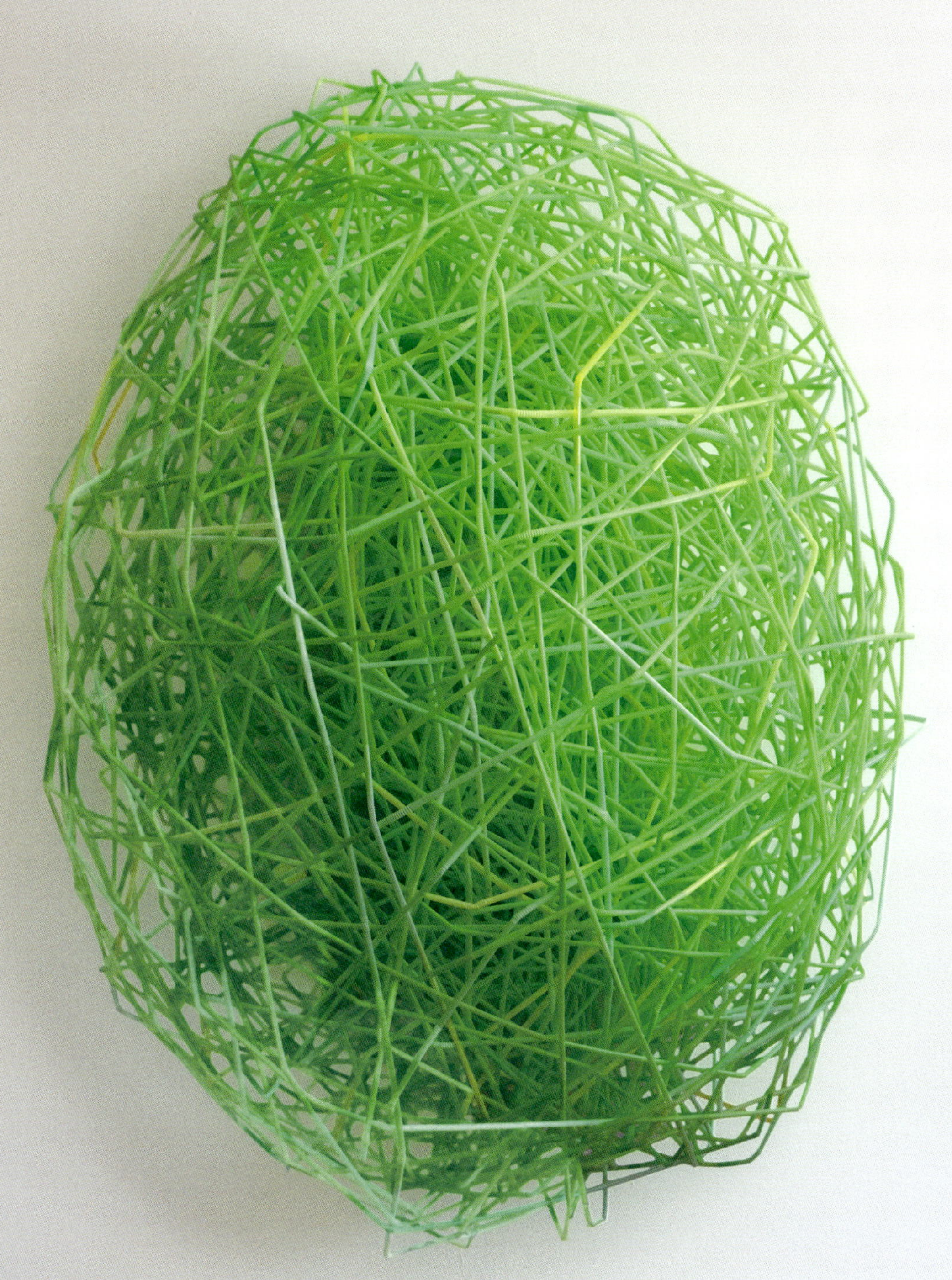

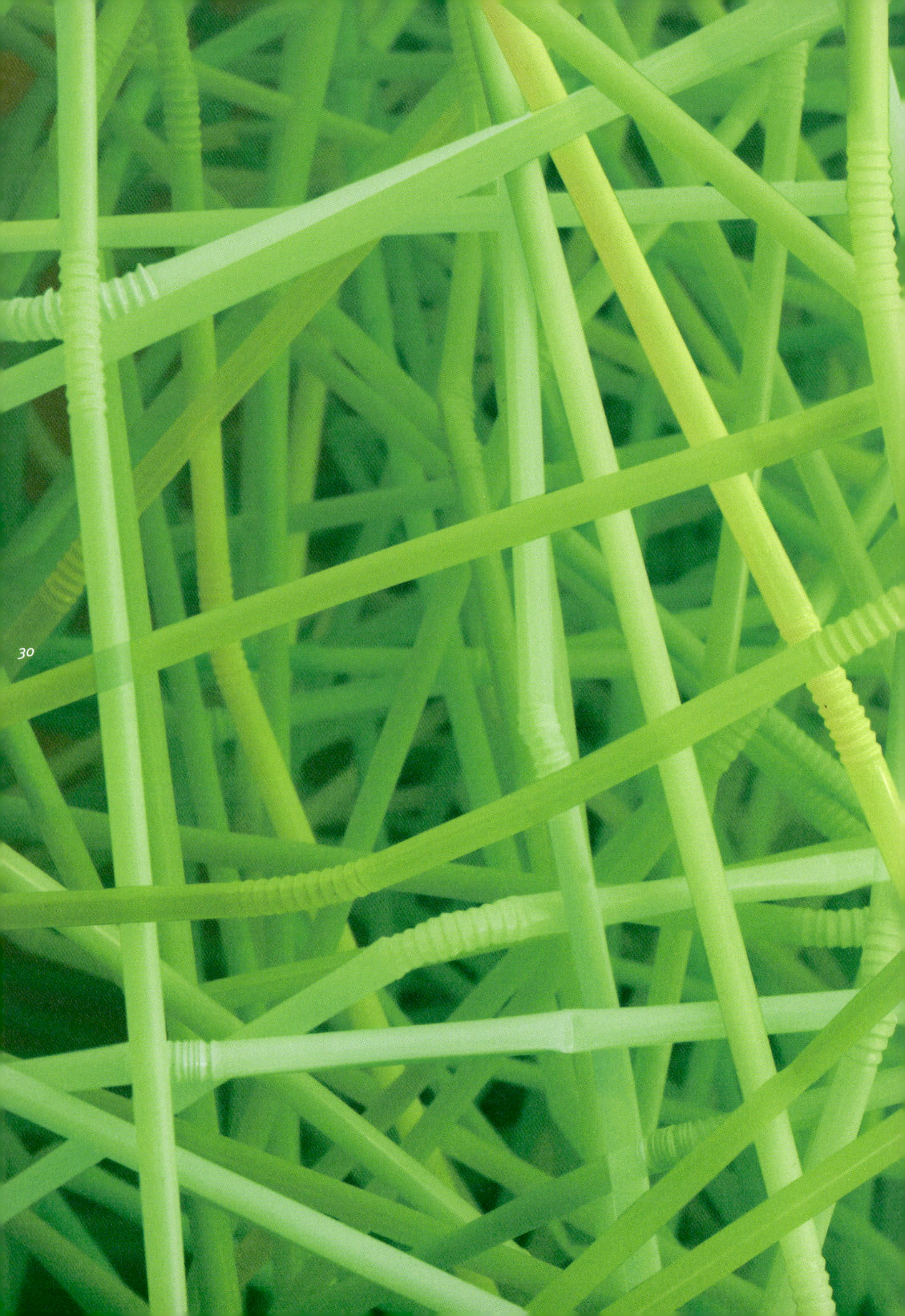

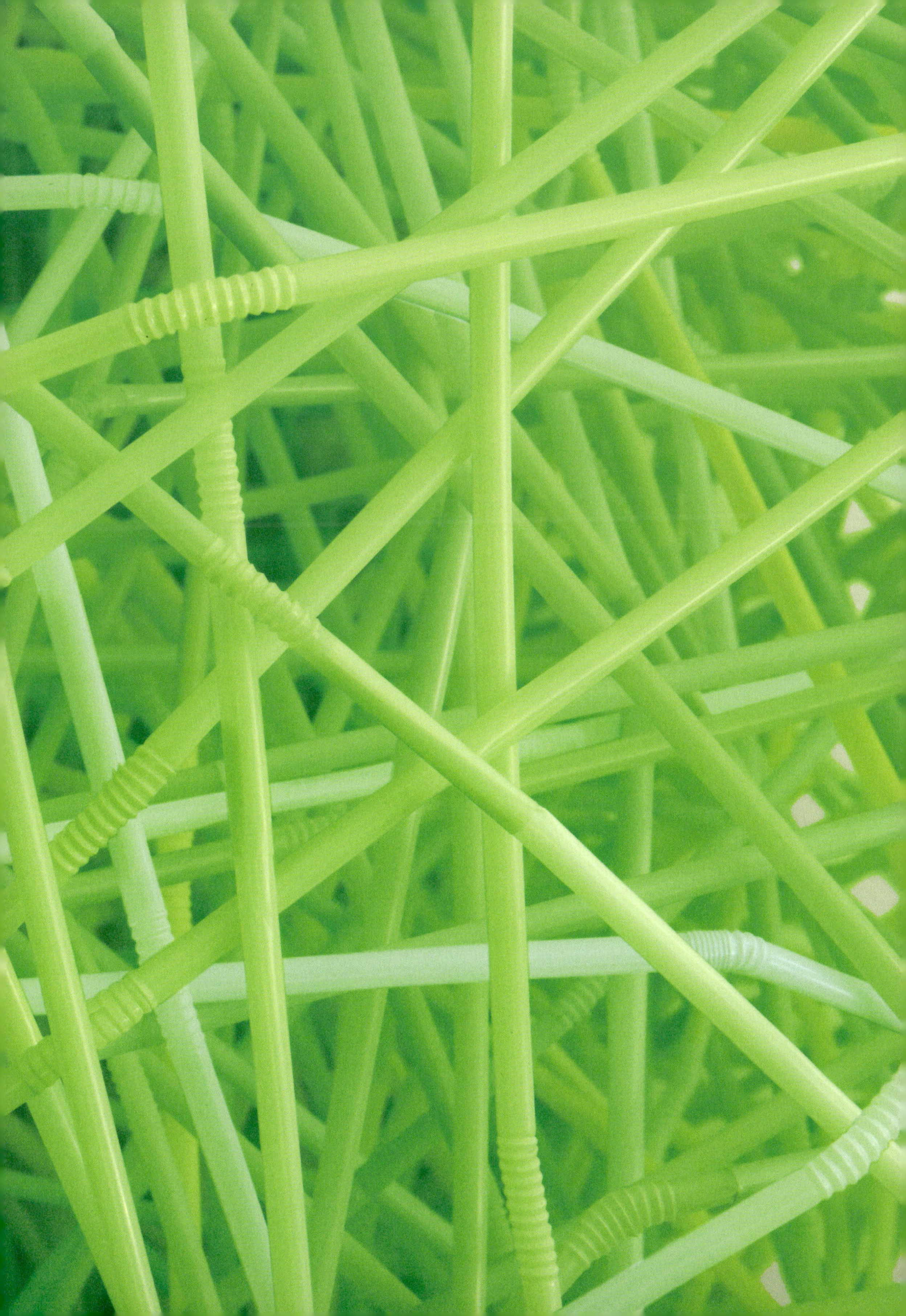

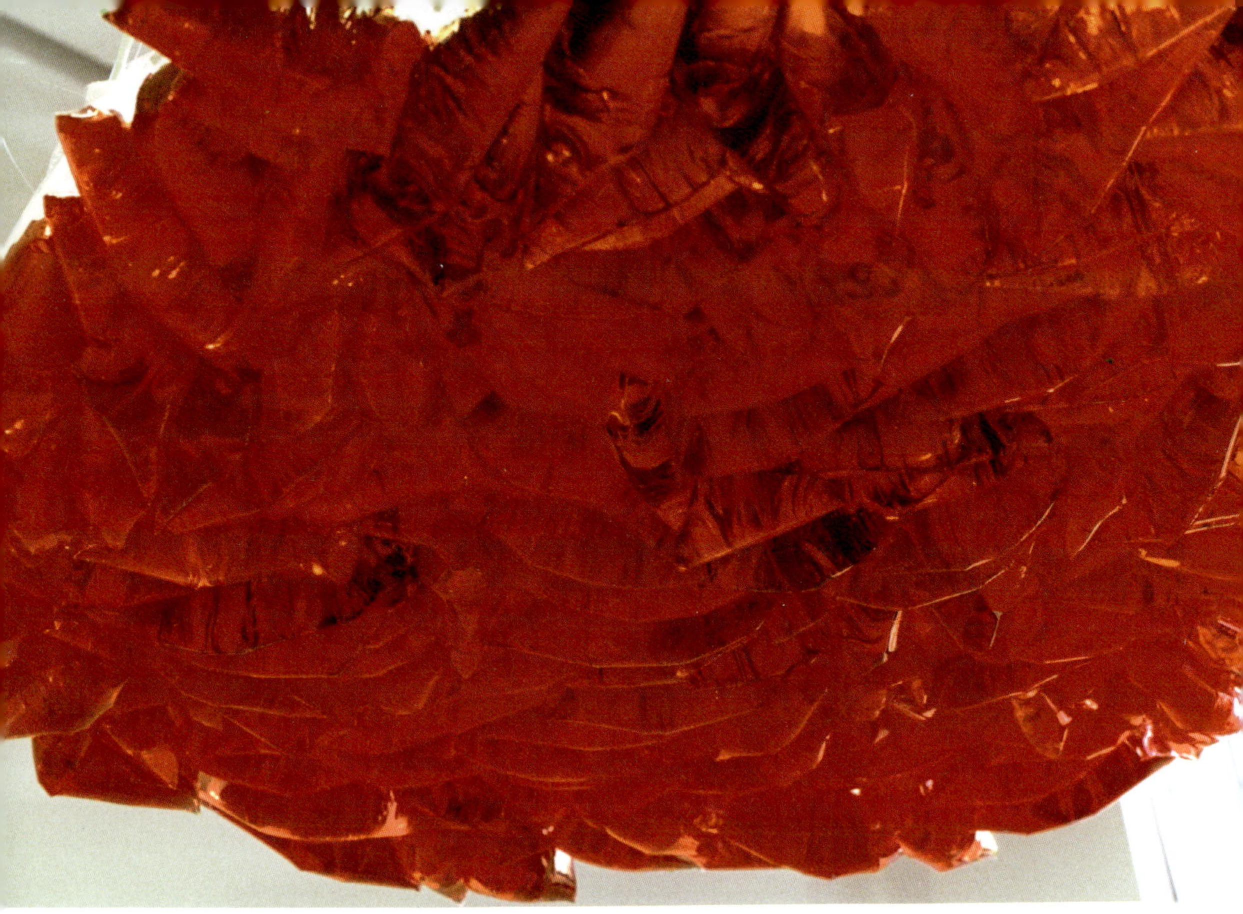

rechts
Jugo 2001
Installation
Plastikbeutel . gefärbtes Wasser
Trinkhalme . Nylonschnur
Ø 140 cm . Höhe ca. 400 cm
Abstand vom Boden 120 cm
Kunstraum Düsseldorf

oben
Jugo
Detail

S. 34-37
Grünzeug 2012
Fotomontage . Installation
Farbprint auf Kapa
135 x 200 cm
Fotopension Köln

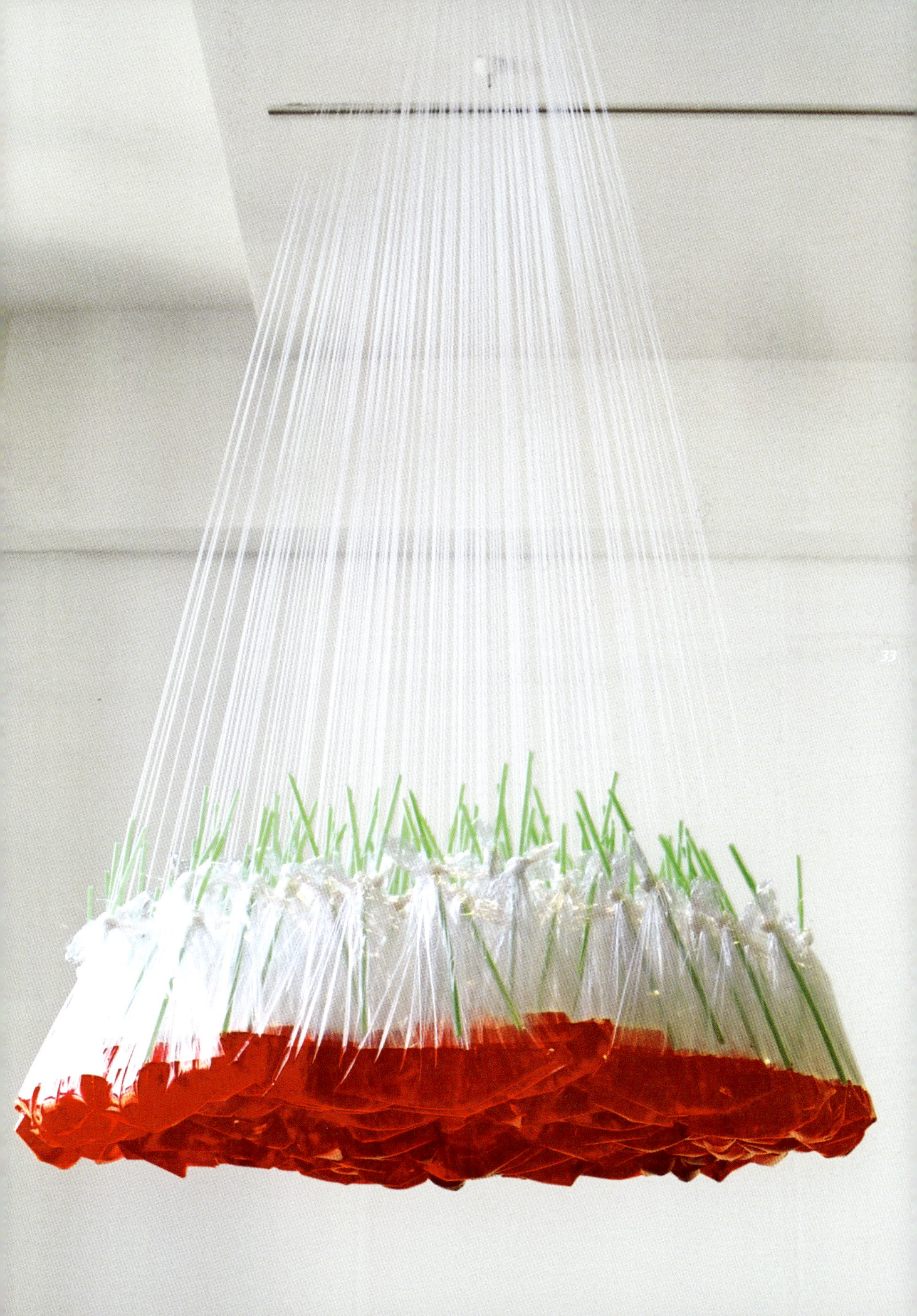

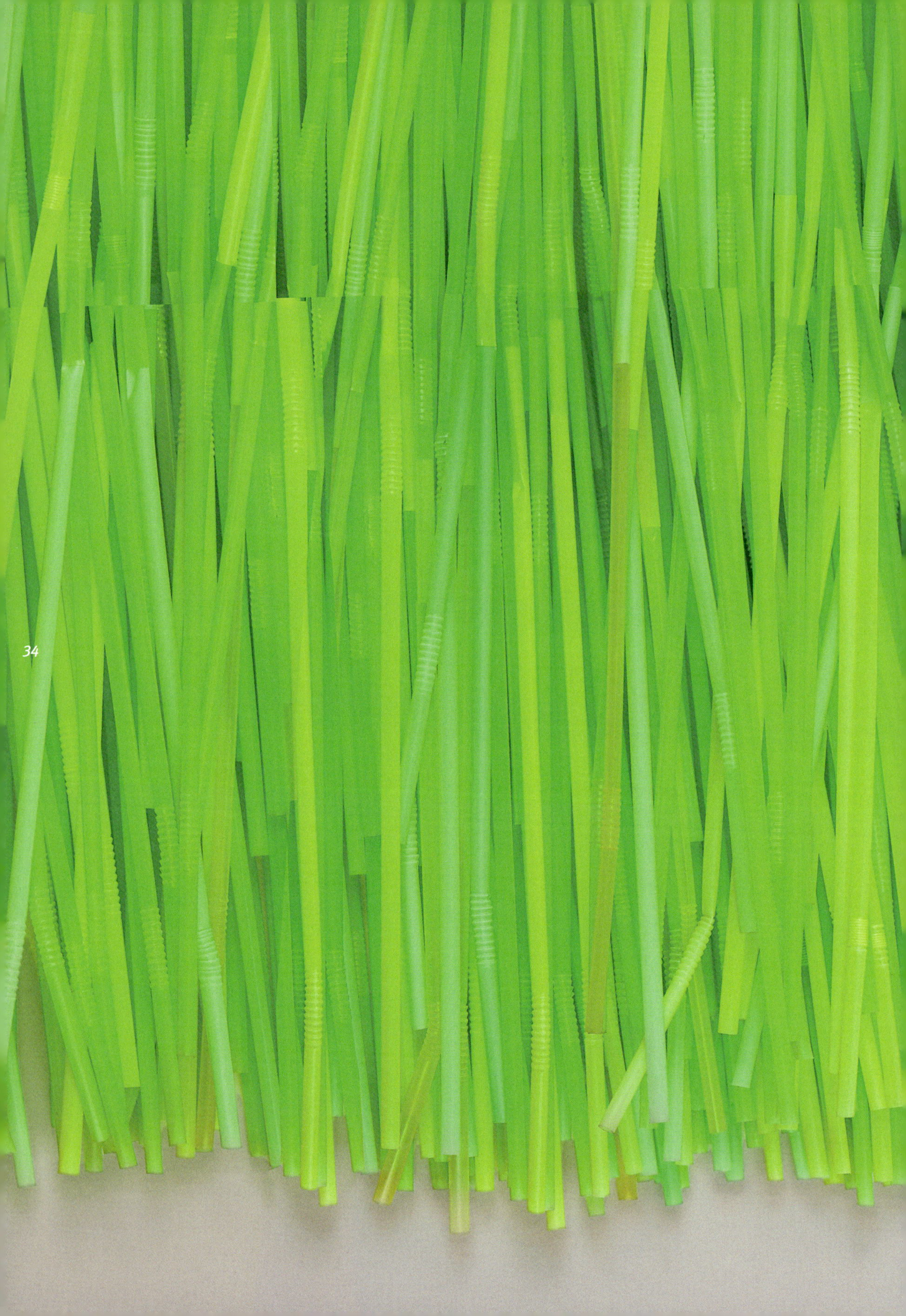

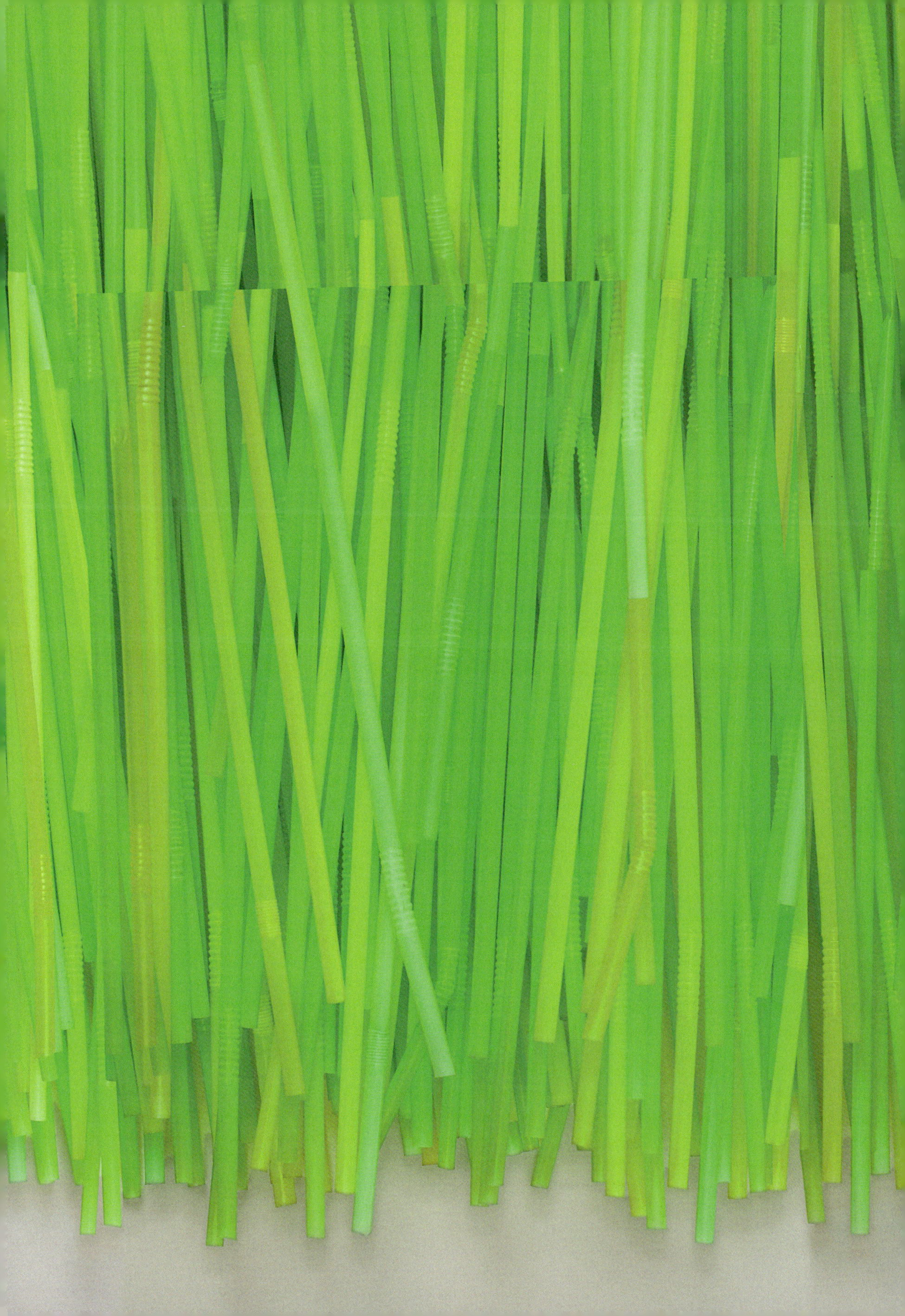

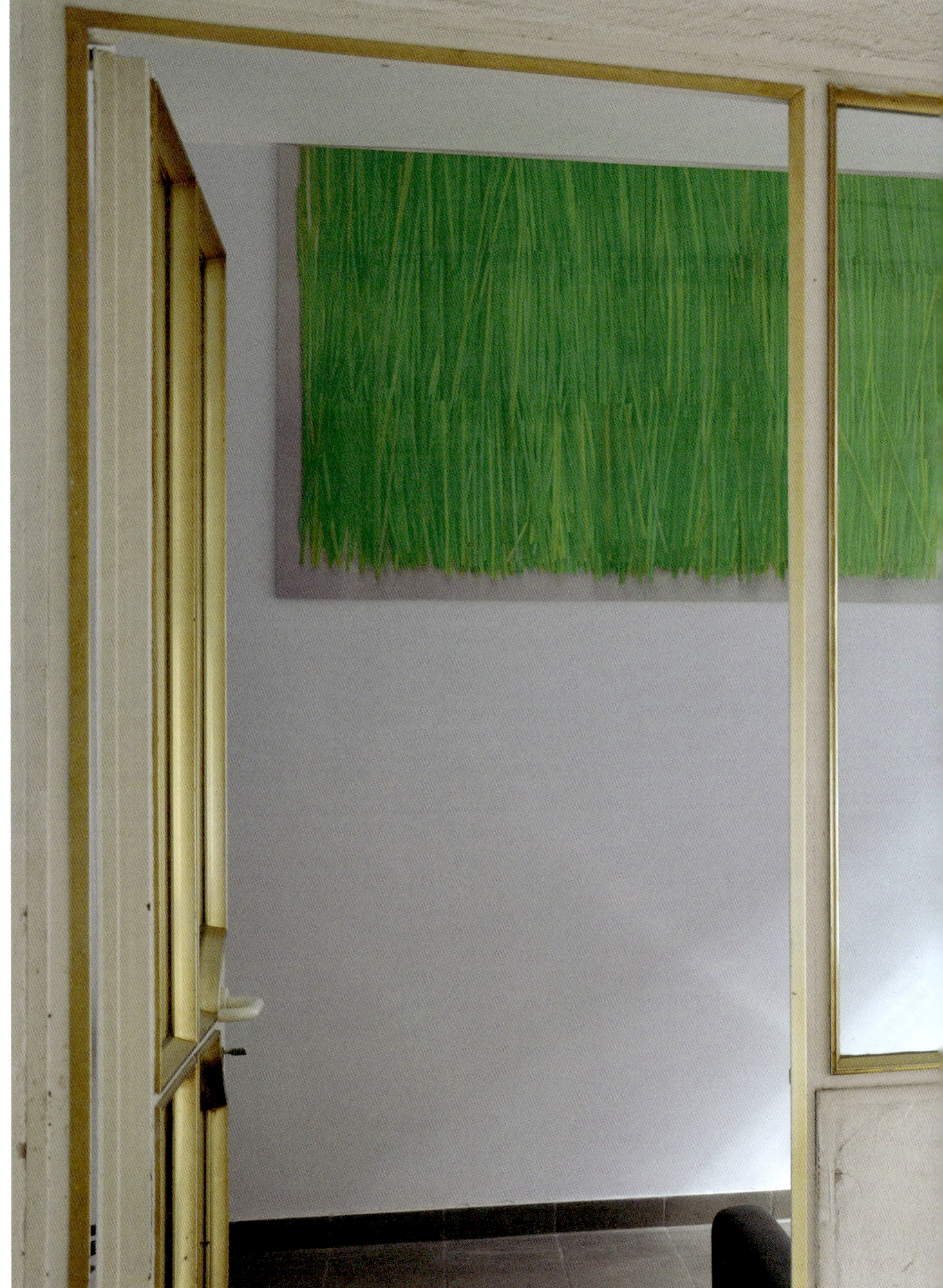

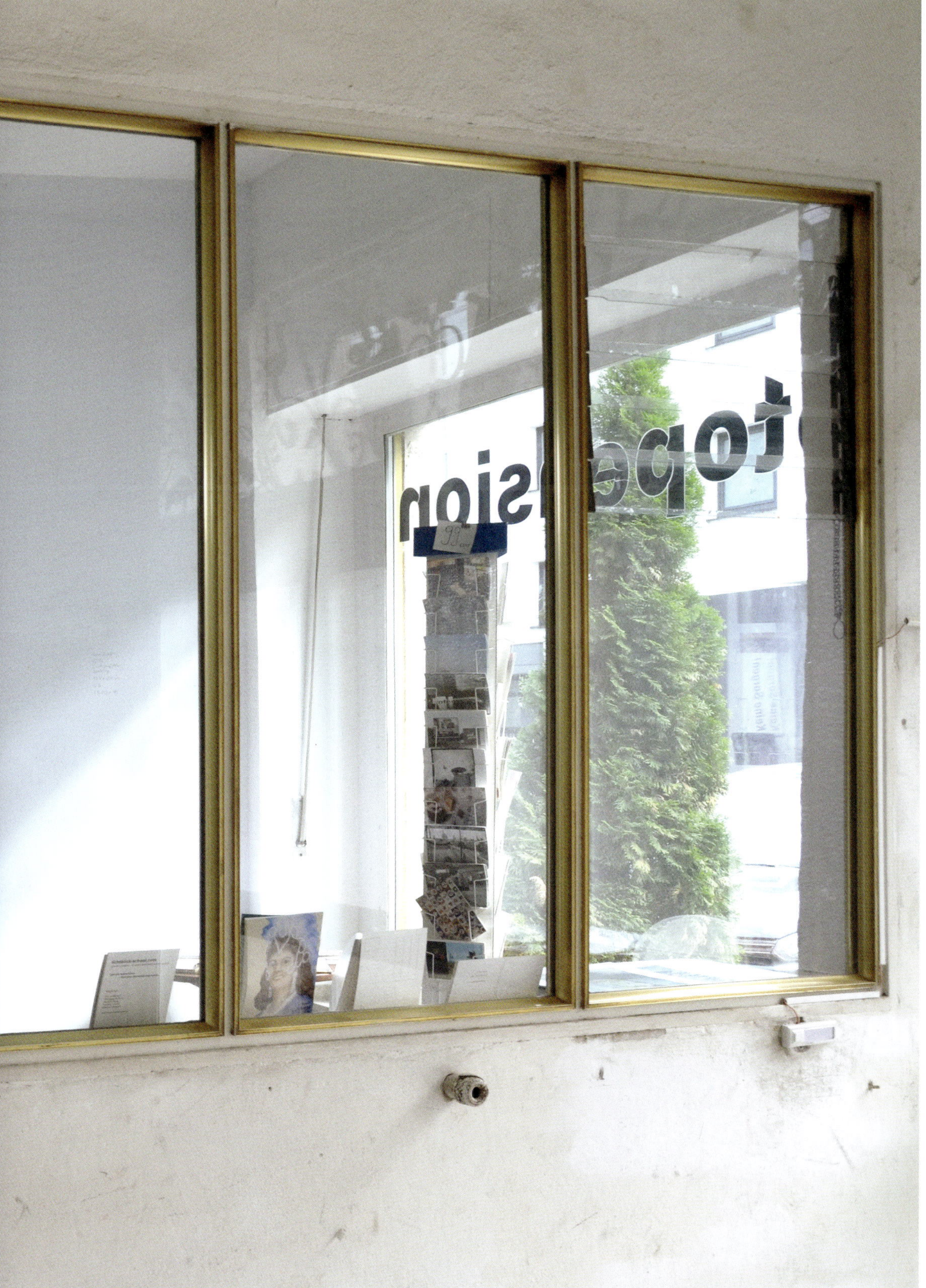

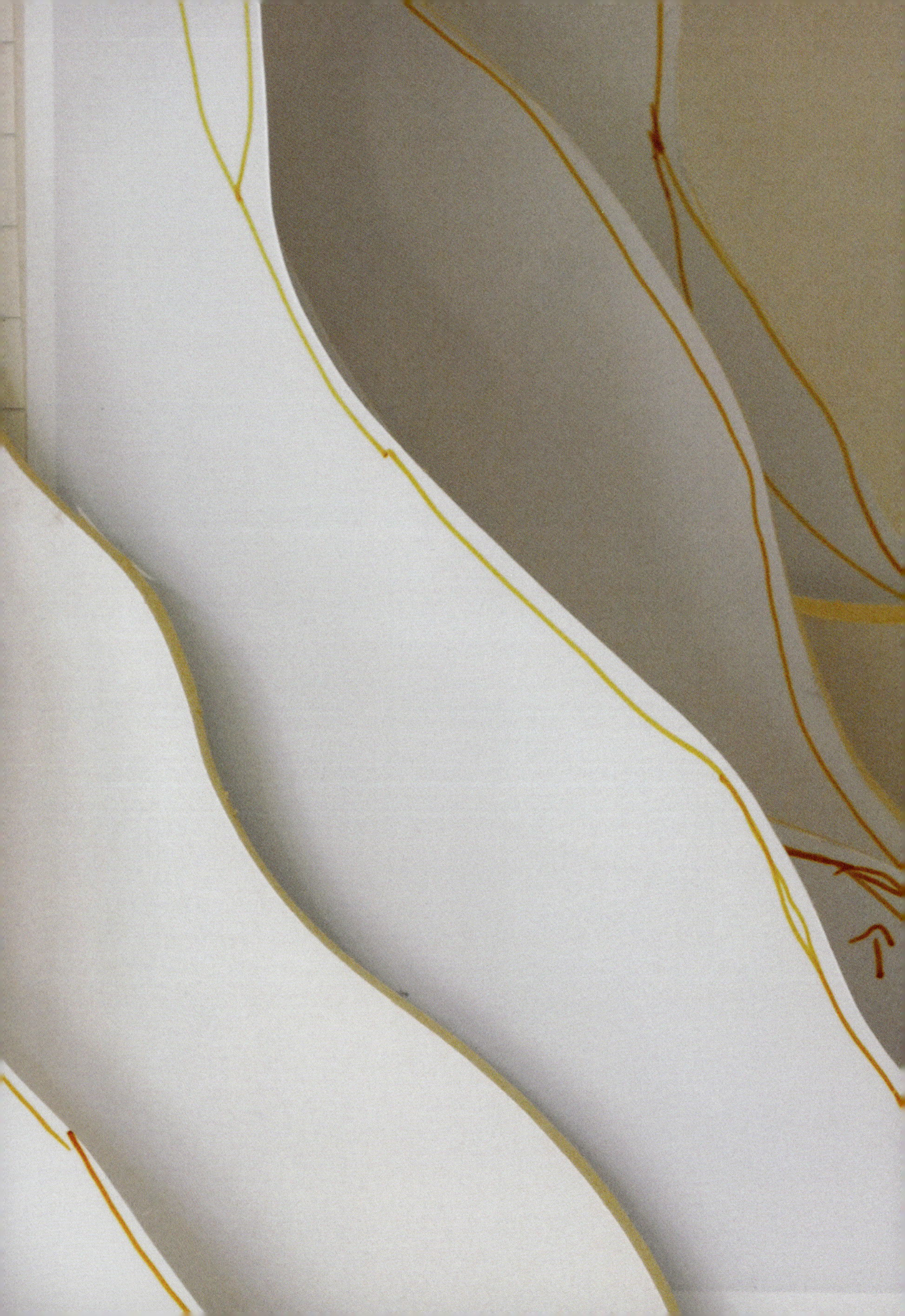

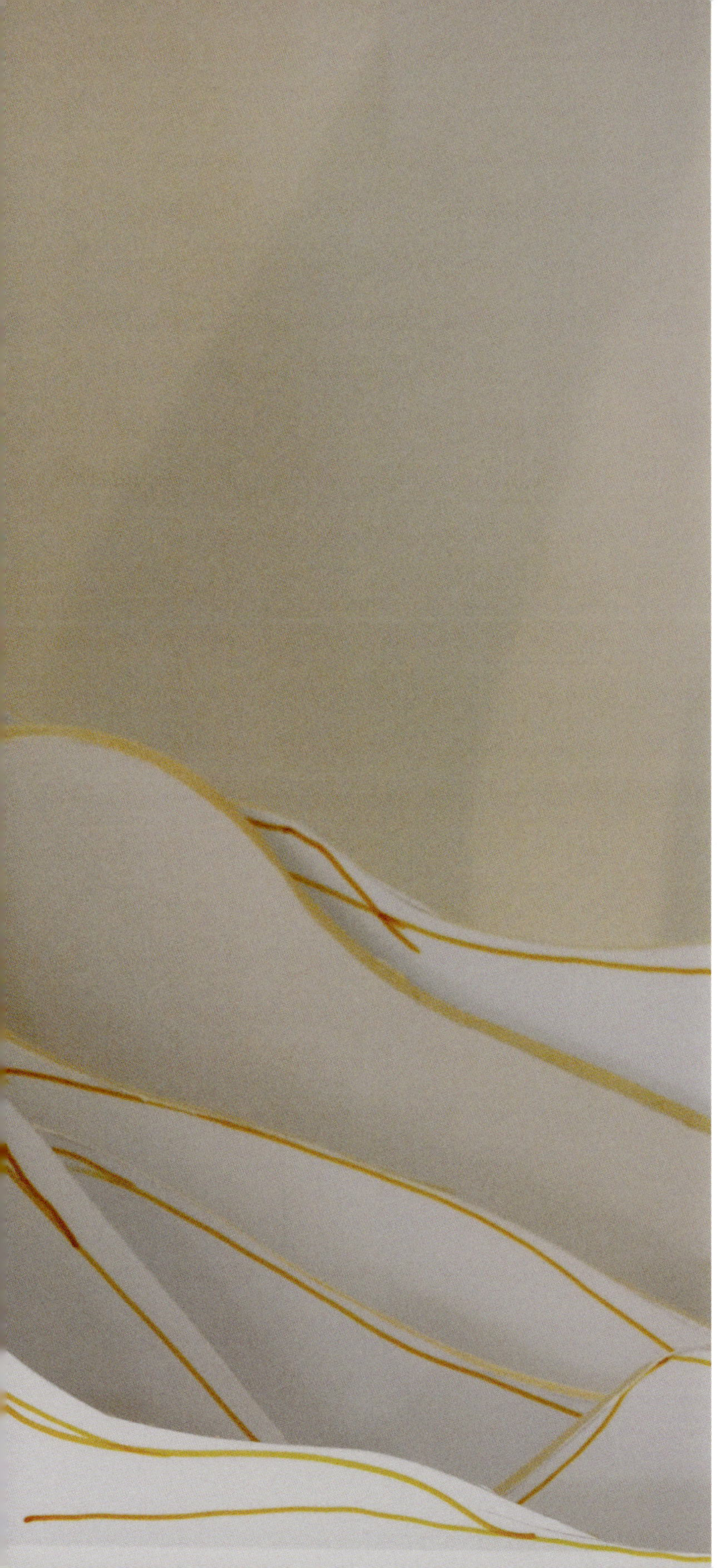

links und S. 40
Carte blanche 2018/20
Detailansichten

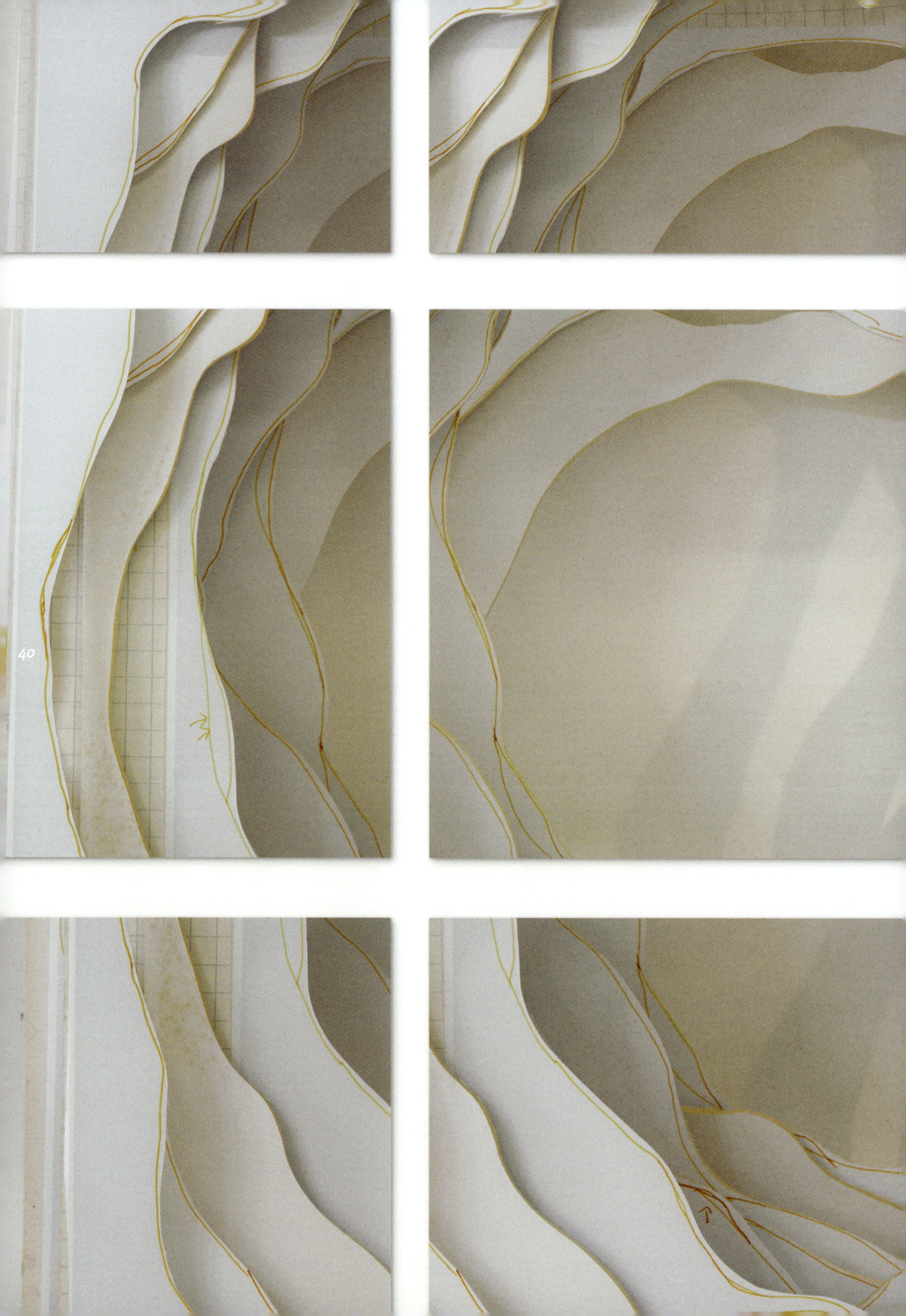

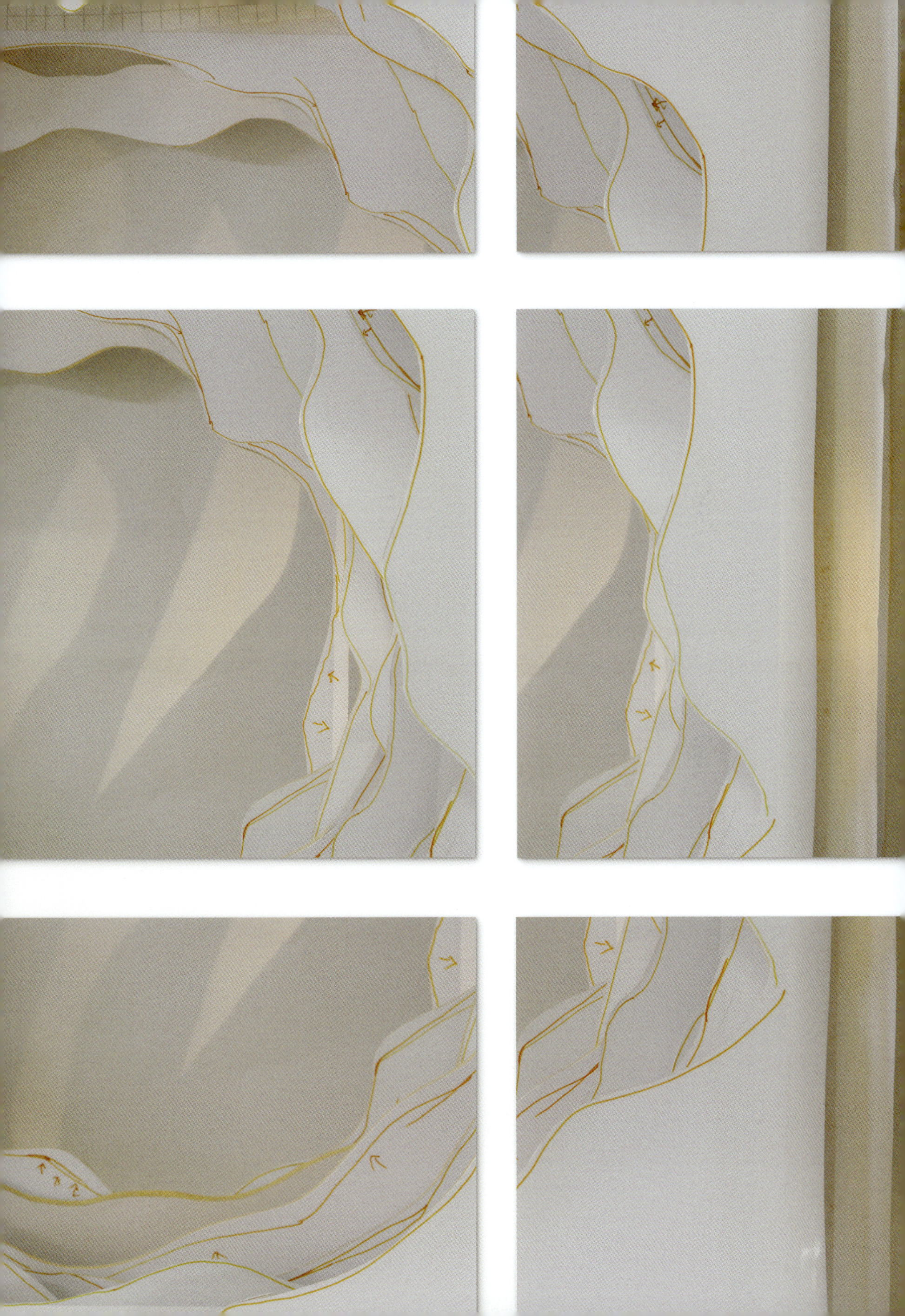

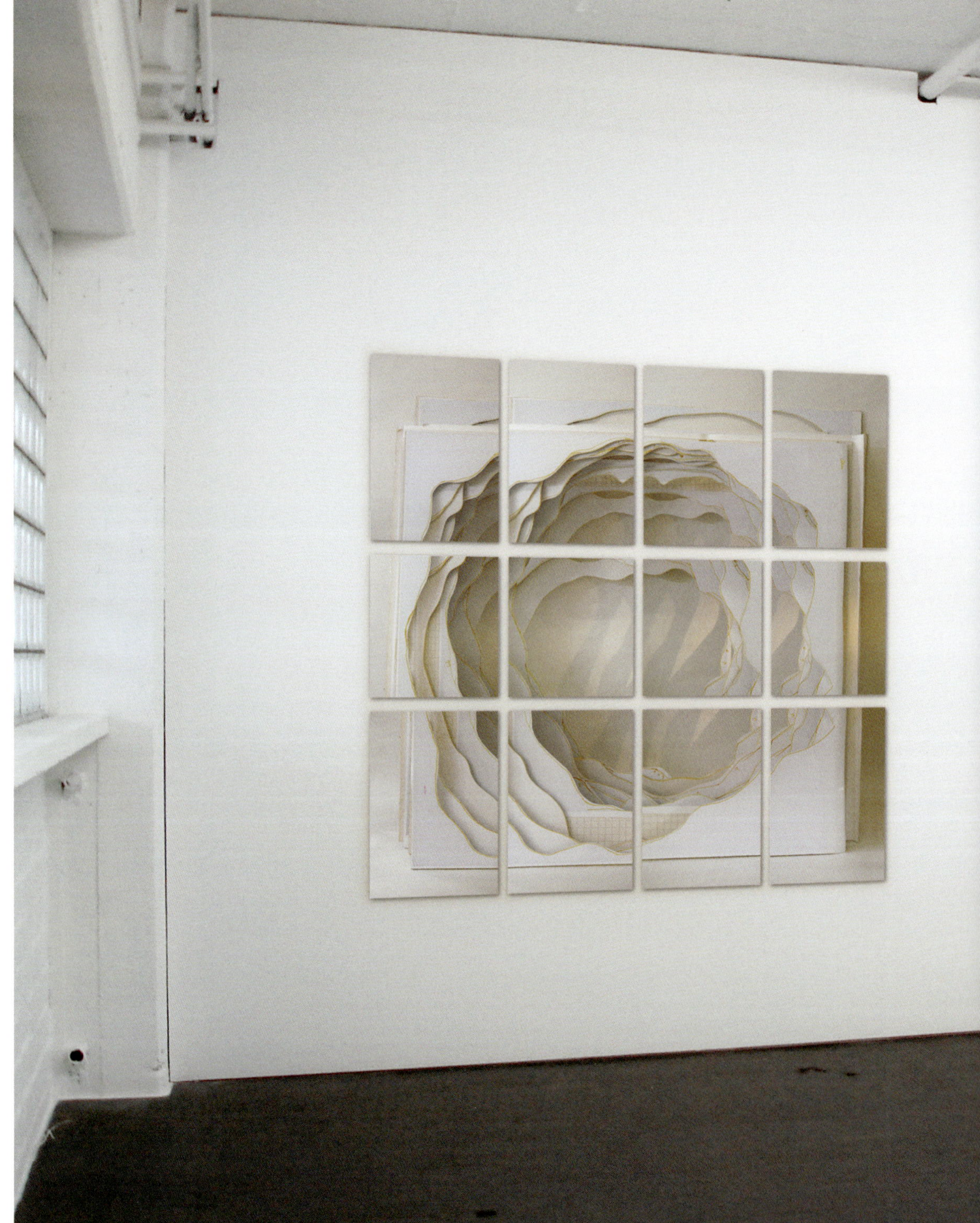

Carte blanche 2018/20
Farbprints auf Aluminium
12-teilige Wandarbeit
172 x 168 x 1 cm

Wooden Sculpture 2019/20
Farbprints auf Aluminium
157 x 57 x 1 cm

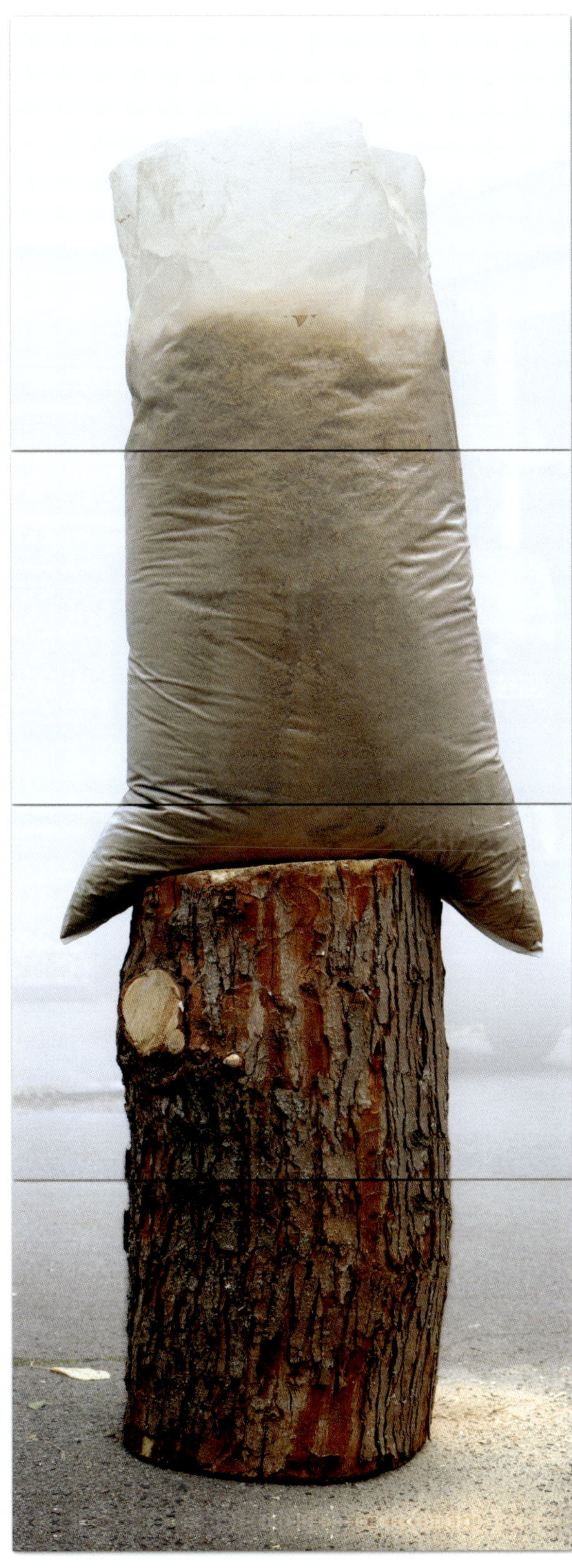

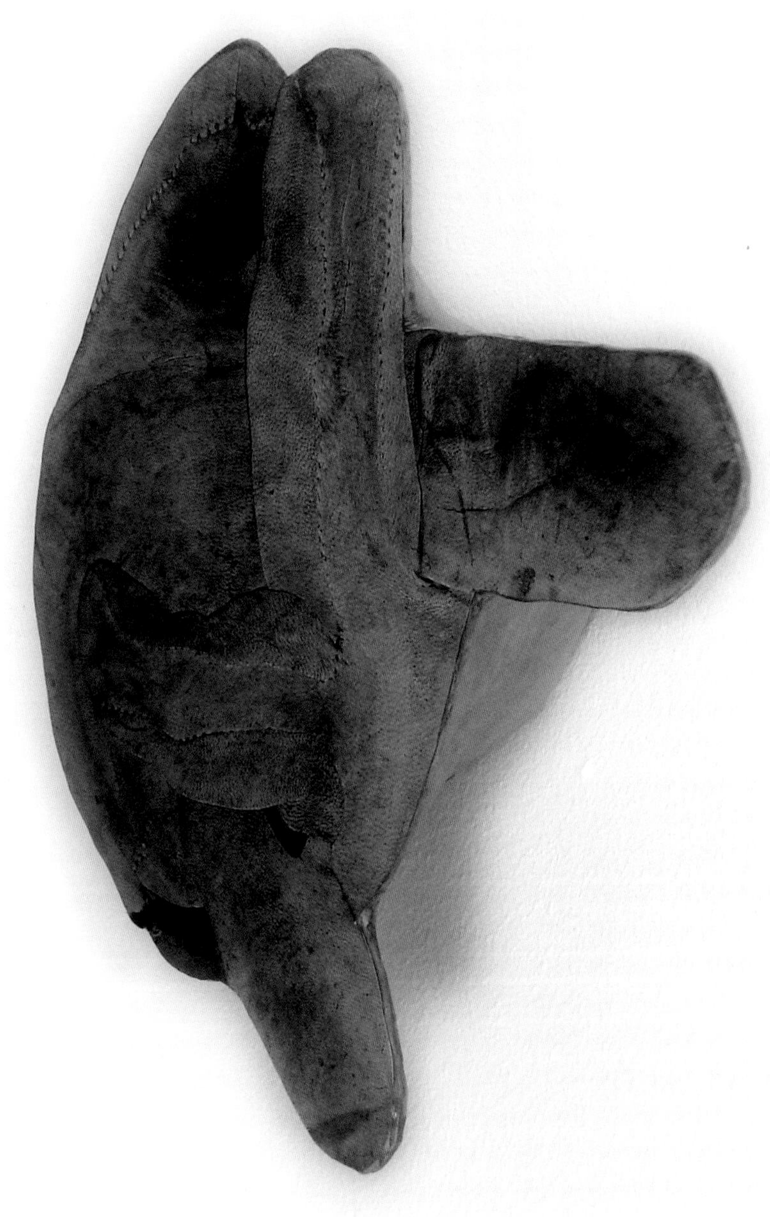

Clouthtool 2013
Fotostück . verschiedene Materialien
37 x 30 x 8 cm

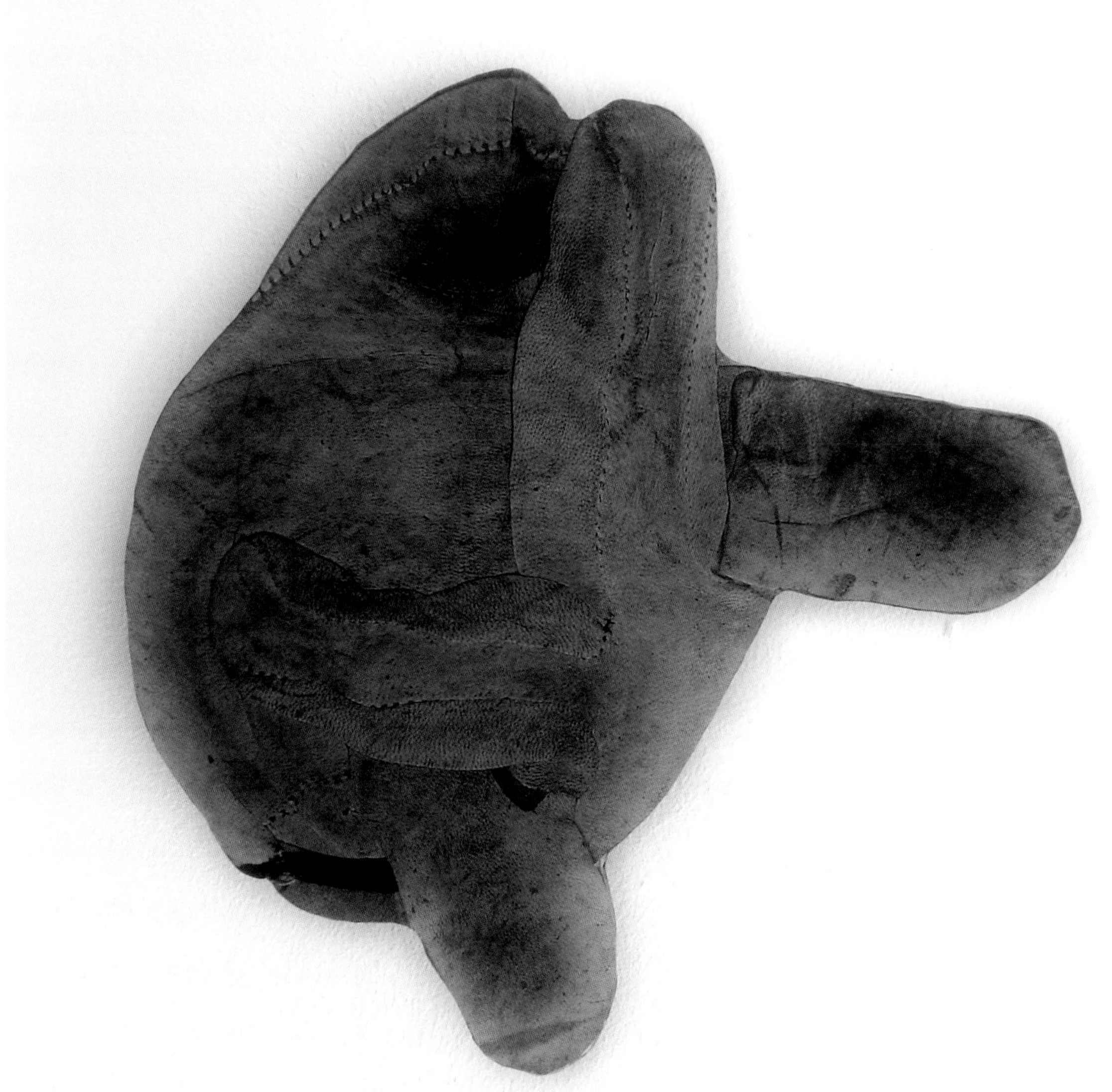

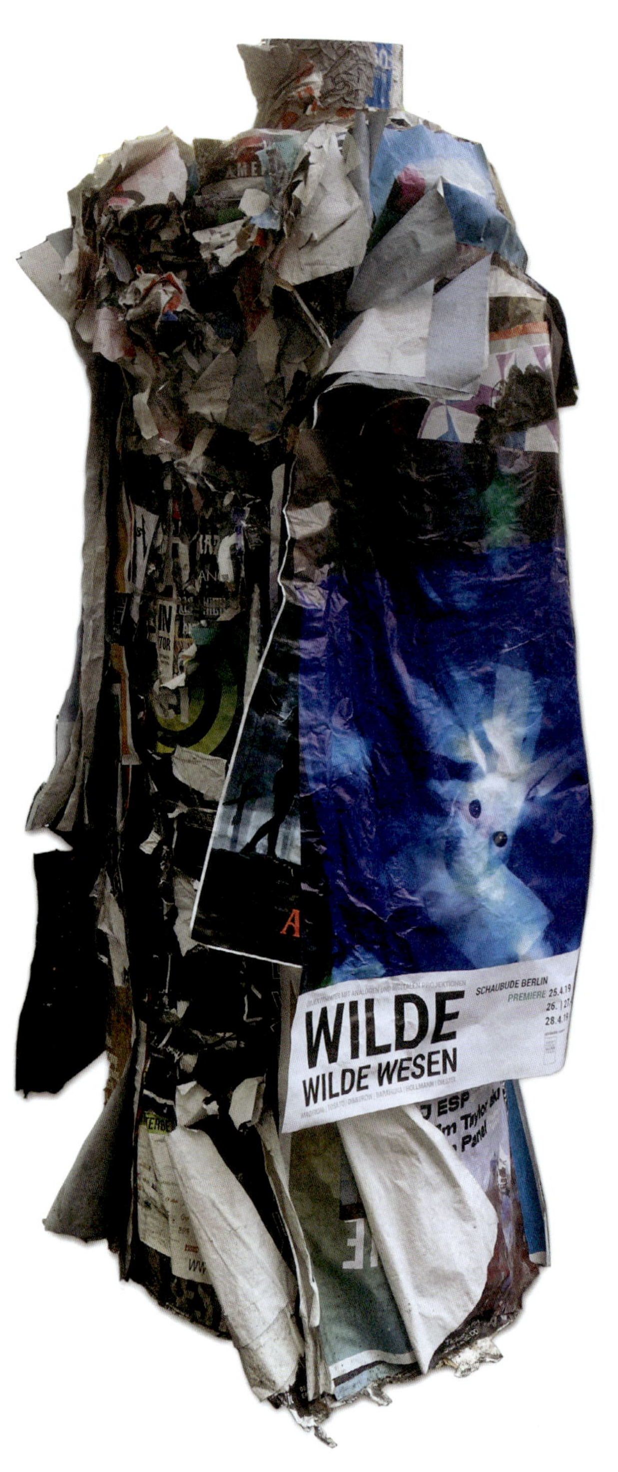

Wilde Wesen 2020
Fotostück . Rahmen
42,5 x 32,5 x 2,5 cm
(Abbildung ohne Rahmen)

rechts
Santiago Sculpture 2018
Fotostück . Rahmen
42,5 x 32,5 x 2,5 cm
(Abbildung ohne Rahmen)

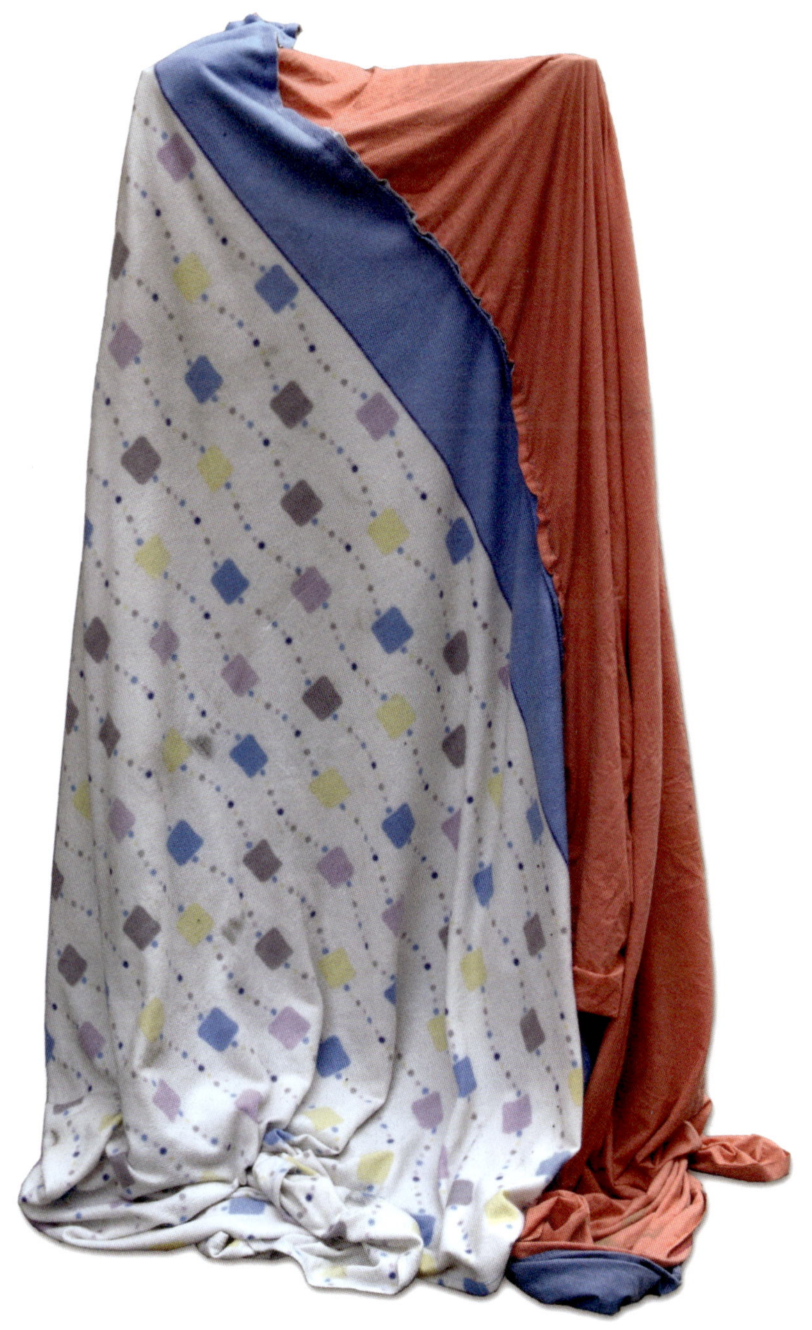

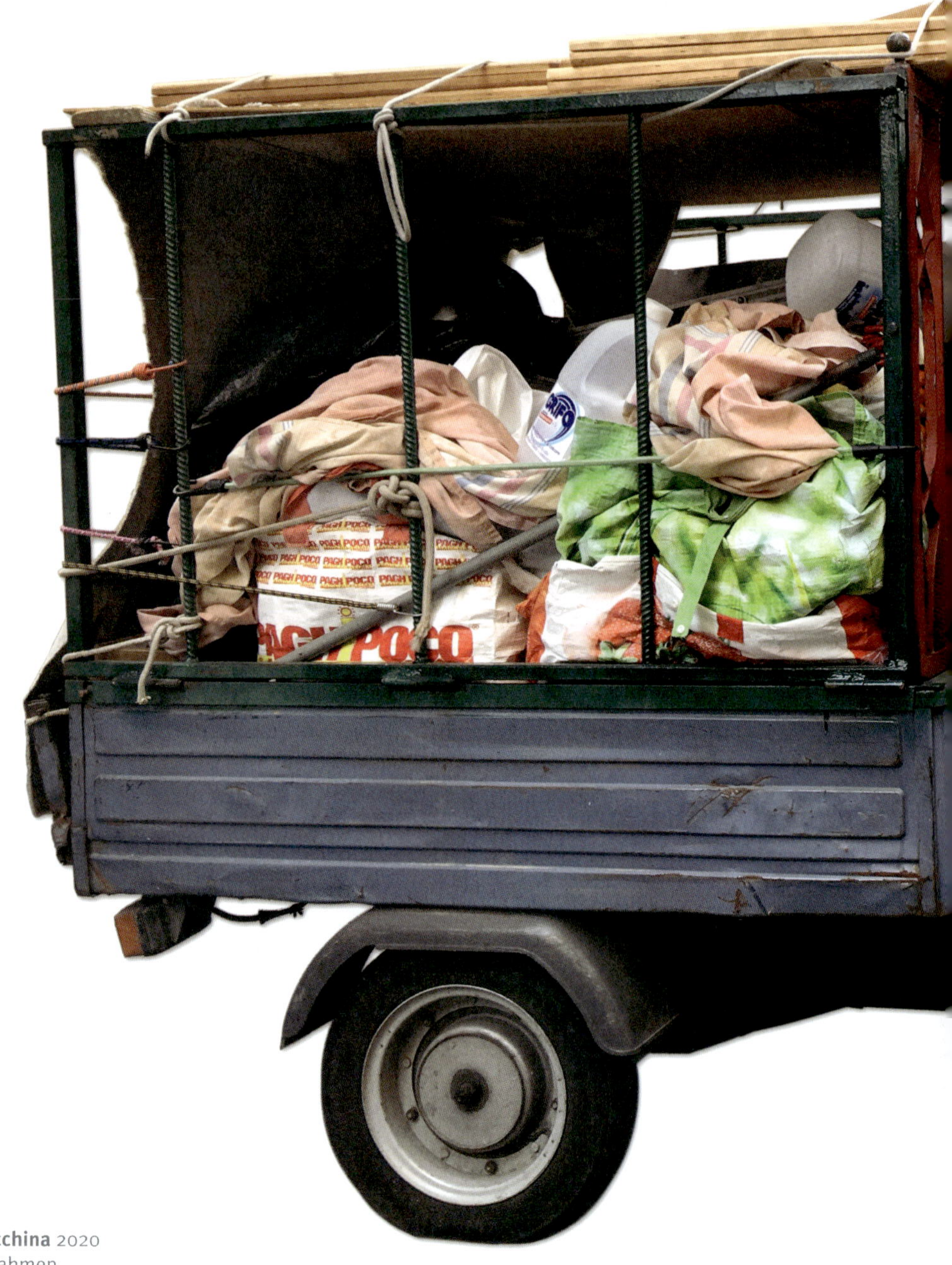

Palermo Macchina 2020
Fotostück . Rahmen
32,5 x 42,5 x 2,5 cm
(Abbildung ohne Rahmen)

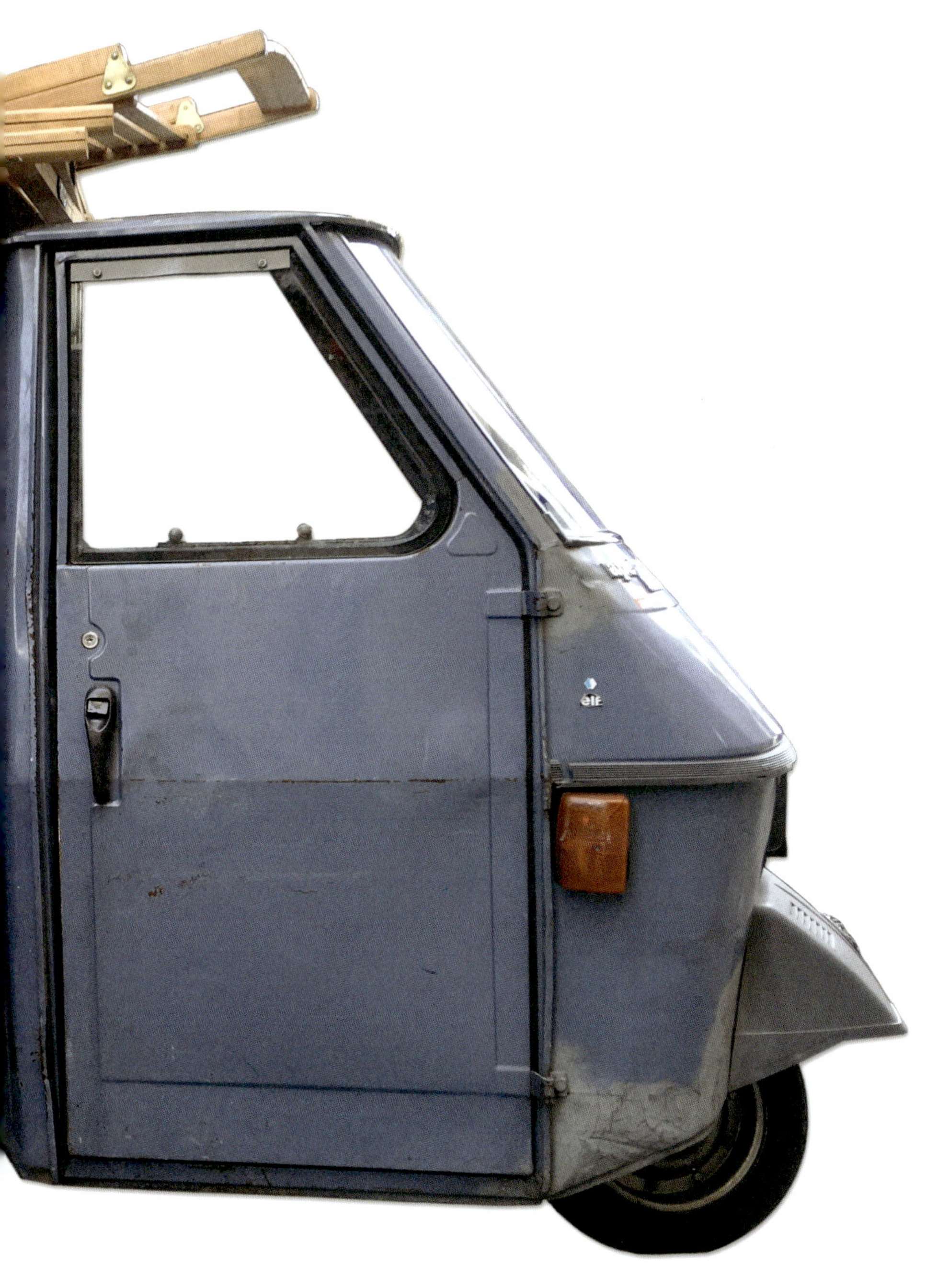

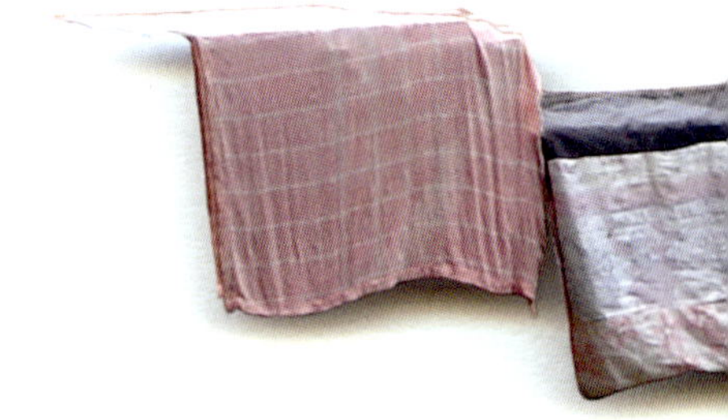

Roupa de Lençois 2018
Fotostück . Rahmen
22,5 x 42,5 x 2,5 cm
(Abbildung ohne Rahmen)

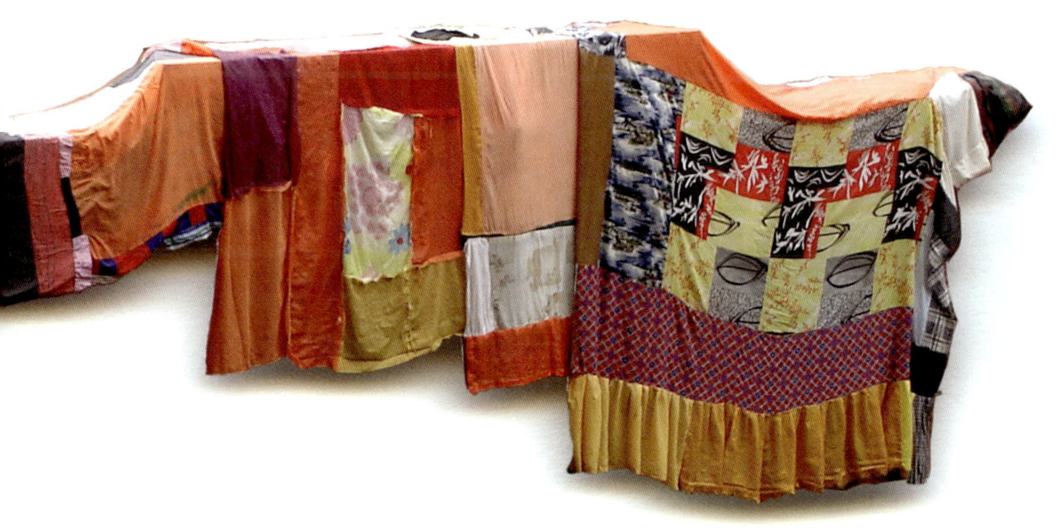

mansionaticum – Aspekte zu einer Werkauswahl von Ute Bartel
Ute Bartel im Gespräch mit Barbara Hofmann-Johnson

Barbara Hofmann-Johnson:
Bei deiner künstlerischen Arbeit liegt nach Anfängen in den Bereichen Skulptur, Performances und Aktionen inzwischen der Schwerpunkt auf dem Medium Fotografie, die du mit ihren analogen und digitalen Gestaltungsmöglichkeiten sowohl zweidimensional als auch dreidimensional in Fotoobjekten einsetzt.
Fokussiert auf Formen, Strukturen und Farben von Alltagsobjekten und Nahrungsmitteln entstanden hierbei in den vergangenen Jahren Einzelarbeiten und Werkgruppen in unterschiedlichen Bildformaten.
Wie würdest du die Entwicklung deiner Arbeit und dein künstlerisches Interesse in Hinblick auf die Fotografie beschreiben?

Ute Bartel:
Die Fotografie bildet seit vielen Jahren verstärkt einen Schwerpunkt, hat allerdings schon immer eine große Rolle gespielt. Meine Arbeit in diesem Bereich hat sich aus sehr frühen Diainstallationen und Projektionen in Verbindung mit skulpturalen Elementen und Performances entwickelt. Im bildhaften oder – wie in den letzten Jahren wieder verstärkt – im plastischen und raumbezogenen Zusammenhang ist die Fotografie wesentlicher Teil meines Konzepts. Bei den in diesem Buch abgebildeten Arbeiten haben mich insbesondere die Dinge interessiert, die mich umgeben oder die mir begegnen, deren Eigenarten wie Formen, Silhouetten, Farben und Strukturen. Manchmal sehe ich etwas wie zum ersten Mal, einfach das Objekt als solches. Gegenstände des täglichen Gebrauchs werden üblicherweise ihrem Zweck entsprechend verwendet, bekommen Gebrauchsspuren, schließlich werden sie aussortiert und weggeworfen. Mich interessieren die Dinge mit ihren zufällig entstandenen Veränderungen. Jenseits der Funktion betrachte ich die Objekte in ihrem ästhetischen Dasein.
Ich arbeite mit Fotografie mit dem Blick einer Bildhauerin. Mein wichtigstes Werkzeug ist die Kamera, mit der ich Dinge intuitiv oder absichtsvoll abbilde. Fotos werden zum wichtigen Material. Ein wesentlicher Teil meiner künstlerischen Arbeit beginnt jedoch erst nach dem Fotografieren. Je nachdem, wie das Besondere des Gegenstands zum Ausdruck kommen soll, entsteht die weitere Bearbeitung, häufig zunächst auf experimentelle Art und Weise.
In den letzten Jahren habe ich »Fotostücke« – wie ich ausgeschnittene Fotografien mit Bezug auf ihre haptische Qualität nenne – auch mit anderen Materialien kombiniert. Es entstehen so collageartige oder plastische Arbeiten.

BHJ:
Der Titel dieser Publikation lautet **mansionaticum**. Durch seinen lateinischen Ursprung wirkt er ein wenig verrätselnd und mutet wissenschaftlich historisierend an, womit er im Kontrast zu der Alltäglichkeit und Banalität der Objekte steht, die in deinen Arbeiten in neue Wahrnehmungszusammenhänge überführt werden. Was bedeutet er, und warum hast du ihn gewählt?

UB:
»mansionaticum« bedeutet etymologisch »das zum Wohnen, zum Haushalt Gehörige« und beschreibt den Ursprung der hier abgebildeten Arbeiten inhaltlich, grenzt sie damit gleichzeitig von anderen Werkreihen ab.
Die Banalitäten des Alltags sind durchaus geheimnisvoll. Ich erlebe sie als einen eigenen Kosmos. Sie können aber auch wie eine Ewigkeit, eben wie ein Zeitalter des immer Gleichen im Tagesablauf empfunden werden. Der Titel vereint dies beides. Das gefiel mir.

BHJ:
Betrachtet man die in dieser Publikation vorgestellten Arbeiten chronologisch, so gehört der großformatige **Wandteppich** aus dem Jahr 1997 *(Abb. S. 152 ff.)* zu den frühen Arbeiten, die dein Interesse an Formen, Farben und Strukturen von alltäglichen Gegenständen und deren formale Verwandlung erkennbar werden lassen. Indem du hier mehrfach reproduzierte gleiche Bildmotive nebeneinander und im Anschnitt über Eck als großformatiges Quadrat anordnest, lösen sich die einzelnen Motive in ornamentale Abstraktion auf. Erst bei näherem Hinsehen erkennt man, um was es sich bei der Collage mit ihren Reihungen von außen nach innen handelt. Als ornamentales Muster wirkt der »Bilderteppich« bei aller Sorgfalt und Strenge der Anordnung auch spielerisch. Was war die Motivation für diese frühe Arbeit?

UB:
Die durch Form- und Farbwiederholungen entstandene ornamentale Wirkung der 1300 Fotografien der analogen Collage **Wandteppich** bildet ein Äquivalent zur Tätigkeit des Wäscheaufhängens, die ja ebenfalls in Reihungen und zeitlichen Wiederholungen mit sich wiederholenden Kleidungsstücken geschieht – so wie ich es in meiner Kindheit erlebte. Mit einer Mischung aus Faszination und Befremdung beobachtete ich damals die nach Form und Farbe sortiert gehängte Wäsche meiner Mutter an schier endlos scheinenden Wäscheleinen im Garten. Diese alltägliche Handlung habe ich als spielerisch und sehr ästhetisch empfunden und wusste doch gleichzeitig, dass es für sie eine Notwendigkeit war. Die 315 x 315 cm große Collage ist ihr gewidmet. **Wandteppich** ist aus einer Mischung von Konzept und Spiel entstanden, bei der ich neben der ästhetischen Wirkung auch das Beruhigende und Konzentrierte der Tätigkeit zum Ausdruck bringen wollte.
Das Spielerische ist auch für die Entstehung meiner anderen Arbeiten von Bedeutung. Für mich hat Kunst häufig mit Spielen zu tun.

BHJ:
Bei der Wandarbeit **Gefliest 2** aus dem Jahr 2006 *(Abb. S. 144 ff.)* werden Wurstscheiben ihres alltäglichen Kontexts enthoben, um, fotografiert und auf Wänden angeordnet, ein Fliesenmuster zu suggerieren.
Seitdem tauchen auch andere Lebensmittel wie beispielsweise die Schalen von Obst oder Salatgurken in deinen Arbeiten auf und entfalten ein bildnerisch neu zu betrachtendes Eigenleben. Wie entwickelten sich diese weiteren Arbeiten?

UB:
Das Schlüsselerlebnis der Installation **Gefliest 2** liegt in Rom im Petersdom auf dem Boden: wunderbare, gegeneinander gespiegelte Marmorplatten, die mich aufgrund ihrer strukturellen Ähnlichkeit an rohes Rindfleisch denken ließen. Diese Wahrnehmung ließ mich nicht mehr los. So entstanden später aus diesem Zusammenhang heraus mehrere Arbeiten mit Wurst- und Schinkenstrukturen.
Gefliest 2 ist als In-situ-Arbeit für den Ausstellungsort, dem Geologisch-Paläontologischen Museum in Münster, konzipiert worden. Die fliesenartig angebrachten Fotografien ersetzen die ehemals an der Wand befestigte große Marmorplatte. Die geöffnete Tür mitten in der Installation gibt den Blick frei auf zwei Tierschädel, die in den dahinter liegenden Räumen genauso dort hängen. Die strukturelle Ähnlichkeit von Fleisch und Marmor ist enorm und gleichzeitig sehr verwunderlich. Mich interessiert bei diesen Arbeiten die Irritation von Sehgewohnheiten.
Die Wandarbeit **Großes Orange** *(Abb. S. 112 ff.)* basiert hingegen auf dem Spiel meiner Kindheit, eine Mandarine in einem zusammenhängenden Stück zu schälen. Die Arbeit an der endgültigen Form von **Großes Orange** war, über verschiedene Experimente und Entwicklungen hinweg, ein längerer Prozess, an dessen Ende ich die Anhäufung fotografierter, ausgedruckter und anschließend ausgeschnittener Schalen in vier mal vier sich überschneidenden Segmenten nochmals fotografiert habe. Ich wollte den kleinen orangefarbenen Schalen eine deutliche Größe und Präsenz geben und entschied mich für ein Format von 178 x 261 cm.

BHJ:
Die Windung als eigene Formgestaltung der Mandarinenschale taucht auch in anderen Arbeiten mit Kartoffelschalen oder etwa in dem Werk **kleines Schalensortiment** *(2014, Abb. S. 116/117)* mit unterschiedlichen Obstschalen auf. Die Formspiralen und Oberflächentexturen sowie die eigene Farbigkeit des Obstes beziehungsweise der Kartoffelschalen werden in eine zeitlose fotografische Welt überführt, in der es anders als in der natürlichen Welt keine Vergänglichkeit, kein Faulen und Zerfallen gibt. Siehst du diese Arbeiten im Hinblick auf ihre Vergänglichkeit und die Metaphorik der Zeit auch in der Tradition von Stillleben?

UB:
Vordergründig nicht, denn mich interessieren eher die visuellen Erscheinungen als metaphorische Übertragungen. Die Arbeit beginnt beispielsweise mit der Frage, wie man – abhängig von der Form – eine Frucht oder ein Gemüse schält. Auch dies ist ja im Übrigen »zum Haushalt gehörend«. Eine Gurke schält man beispielsweise längs in Streifen, während bei einer rundlichen Kartoffel, geschält nach der traditionellen Technik, die endlos scheinenden Schalen zwischen Daumen und Messer spiralförmig auf einen stetig wachsenden Haufen gleiten. Aus sechs so geschälten, fotografierten, digital aneinander montierten und ausgeschnittenen Kartoffelschalen entstand die Arbeit **Verwicklung 2** *(Abb. S. 126 ff.)*. Echte Kartoffelschalen würden dicht aufeinander liegen, aber die Materialspannung des verdrehten und umeinander gewickelten Fotopapiers lässt einen luftigen Zwischenraum entstehen.
Bei den in einem Stück gepellten Mandarinen hingegen entstehen unterschiedlichste unregelmäßige Formen, die ich in der Serie **Mandas** *(Abb. S. 108/109)* in Weiß vor weißem Grund ein-

zeln ins Zentrum rücke, indem ich die orangefarbige Bildseite verberge, sodass die Farbigkeit nur noch reflektierend die Form betont. Es geht hier also um diese Formentstehungen, die eine Spannung zum uns bekannten Objekt und dessen Materialität hervorrufen und mithilfe der Fotografie »festgehalten« werden.
Esswaren sind wie alles Lebende vergänglich. Der Verfallsprozess und die Vergänglichkeit des Originals interessieren mich jedoch nicht weiter, ebenso wenig die Symbolhaftigkeit, wie man es von traditionellen Stillleben kennt. Dennoch entsteht aus dem ehemaligen »Jetzt« eine zeitlose Welt.

BHJ:
Weitere Arbeiten zeigen Anordnungen von Gurken auf ornamentalen Wachstuchdecken. Sie erinnern an alltägliche Küchenszenen und tragen humorvoll Titel wie **krumme Dinger** oder **Schlangengurken** *(Abb. S. 85 ff.)*
Einerseits beschreiben diese die Form der Gurken, spielen darüber hinaus aber auch auf weiterführende gesellschaftliche Bedeutungsebenen an. So bezeichnet die Redewendung »ein krummes Ding drehen« ja eher eine kriminelle Handlung.
Welche Bedeutung haben die Titel deiner Arbeiten? Betrachtest du sie als wichtigen Bestandteil der Gestaltung? Hier denke ich auch an die seit 2009 entstehende Werkgruppe **Fundstücke** *(Abb. S. 66 ff.)*.

UB:
Die Gurkenarbeiten sind im Zusammenhang mit der Krümmungsverordnung der EU aus den 1980er-Jahren entstanden, die später wieder aufgehoben wurde. Solchen Absurditäten völlig überflüssiger, hilfloser Regelungsversuche zum Trotz habe ich krumme Schlangengurken gesucht. Ich fand sie in orientalischen Läden, ebenso die Tischdecken. Warum heißen die Dinger Schlangengurken, wenn sie doch gerade sein sollen? Schlangen sind immer gewunden, nie gerade. Die Titel transportieren etwas von diesem Zusammenhang und von dem Humor der Arbeiten. Die Wirkungen und Spannungen der merkwürdig verdrehten Gurken werden auf der blaugrundigen mit Ornamenten überladenen Plastikdecke deutlicher als auf einem monochromen Hintergrund. Ich wollte auch an die Grenzen des guten Geschmacks gehen. Ohne die Gurken sind die Decken nicht zu ertragen.
Der Titel **Fundstücke** ist wiederum sachlich gewählt und informiert quasi über den Entstehungshintergrund. Die in diesem Fall mittels Fotografie vor der Vergänglichkeit bewahrten Dinge sollten klar, schön und auratisch wirken.

BHJ:
In der Werkgruppe der **Frühstücksmuster** *(Abb. S. 72 ff.)* wurden Frühstücksbrettchen, die aus den 1970er-Jahre stammen könnten, zum motivischen Ausgangspunkt von vergrößerten und auf Bildträgern aufgezogenen Fotoobjekten. In der starken Vergrößerung erinnern die Gebrauchsspuren ein wenig an Schnittmuster und verbinden das poetische Potenzial von wiederkehrenden Handlungen mit abstrakter Bildlichkeit. Das alltäglich Einfache wird »nobilitiert«. Wie die Wachstuchdecken gehören die Frühstücksbrettchen mit Blick auf deren Nutzungs-

gewohnheit eher zu Haushalten, die das Porzellangeschirr ebenso wie die weiße Tischdecke nur sonntags nutzen – so könnte man jedenfalls den erzählerischen Zusammenhang deuten. Möchtest du mit deiner Arbeit auch soziologische Wahrnehmungsaspekte ansprechen?

UB:
Mit der Auswahl von Gegenständen aus dem Alltag berühre ich automatisch soziologische Wahrnehmungsaspekte, obgleich das nicht mein Hauptanliegen ist. Ich möchte nah an den visuellen Erscheinungen bleiben, zu denen die sichtbaren Spuren von Gebrauch und Leben gehören. Sie lassen zum einen aus einem anonymen industriell gefertigten Massenprodukt einen individualisierten, einzigartigen Gegenstand werden, der eine Geschichte hat. Dennoch stammen diese Gebrauchsspuren auch aus einem ritualisierten Alltag, was in einem gewissen Gegensatz zum Individuellen steht – deshalb der Titel **Frühstücksmuster**. Die etwa quadratischen Formate sind mittels digitaler Bildbearbeitung aus ehemals länglichen Brettchen entstanden und präsentieren sich wie in einem Musterkatalog.
Zum anderen werden die vielen Kratzer, Schnittspuren und abgeplatzten Ecken der quasi aus dem Müll gezogenen Originale neben Form, Farbe, Struktur und Oberfläche zu bildnerischen Mitteln, die die Motive eigenwillig bis hin zur Auflösung verändern und abstrahieren. Gerade diese Veränderung und Abstraktion macht sie für mich wertvoll und interessant und schafft eine spezielle Ästhetik bekannter und doch neu zu betrachtender Objekte. Ein mit Blumen geschmücktes Brettchen wäre in diesem Sinne im Neuzustand für mich ebenso uninteressant wie ein neuer Porzellanteller.
Also, ja, man kann sagen, dass diese Gegenstände mit der bildnerischen Übersetzung nobilitiert werden. Dies wird bei den Fotoobjekten **Frühstücksmuster** und **Brettchen** *(Abb. S. 78 ff.)* auch durch die genaue Bearbeitung und letztendlich durch die Übergröße absichtsvoll betont. Bei der Reihe **Fundstücke** werden die Motive aus ihrem Umfeld isoliert, auf Form und Farbigkeit reduziert, um so in ihrer Objekthaftigkeit ein stärkeres Eigenleben zu entfalten. Die Aufwertung der der Vergänglichkeit entrissenen Dinge geschieht hier durch die auratisch-leuchtende Präsentation in Kästen.

BHJ:
Neben den beschriebenen Arbeiten und Werkgruppen beschäftigst du dich seit einiger Zeit wieder mit Performances und skulpturalen Inszenierungen, die im Kontext und im Dialog mit den auf Fotografie beruhenden Arbeiten präsentiert werden. In dieser Publikation sind Beispiele hierzu abgebildet *(S. 4 ff.)*.

UB:
Bei der Aktion **Satu ke enam** *(Abb. S. 12 ff.)* sind flach gepresste Krupuk (indonesisches Krabbengebäck) die »Protagonisten« eines »plastischen« Prozesses. In heißem Fett frittiert, bewegen und verformen sich die flachen Scheibchen stetig, als seien sie lebende Wesen. Sie dehnen sich in alle Richtungen, wölben sich nach oben und unten, um nach wenigen Sekunden der Entfaltung eine bleibende plastische Form anzunehmen. Dabei vervielfachen sie ihr Volumen. »satu ke enam« ist indonesisch und bedeutet »aus eins mach' sechs«.

Die Aktion zeigt, dass ich eine wichtige Basis künstlerischer Fragestellungen bereits in den Dingen selbst angelegt sehe, hier also Formungsprozesse sichtbar mache und durch die simultane Videoprojektion, die in einem angrenzenden Raum gezeigt wird, betone. Dort blickt man in den übergroßen Wok und kann die Vorgänge konzentriert beobachten.
In einem weiteren Raum sind in der Wandarbeit **Trimatra**, was dreidimensional bedeutet *(Abb. S. 4 ff.)*, sechs Krupuk bei ihrer Formwerdung, im flüssigen Fett schwimmend, jedoch wieder zweidimensional, auf rundlichen Fotos zu sehen, umgeben von blasenartigen Formen aufgeblähter dünner Plastikbeutelchen, die in ihrer Form der Bläschenbildung beim Frittieren ähneln. Die Arbeiten mit Krupuk sind beeinflusst von mehreren Aufenthalten in Indonesien.
Ich beobachte auch auf Reisen das Alltagsgeschehen vor Ort, was nichts mit Exotik zu tun hat. Krupuk wird zu indonesischen Gerichten gereicht – wie bei uns Brot. Dünne Plastikbeutel sind in Indonesien das Verpackungsmaterial und Transportmittel von Esswaren schlechthin, seit man keine Bananenblätter mehr benutzt. Auch Fische auf dem Markt von Brastagi in Sumatra werden darin verpackt, so ist die Arbeit **Goldfischen** *(Abb. S. 24 ff.)* entstanden. Das auf einen runden Spiegel montierte Fotostück zeigt eine von oben fotografierte, magentafarbige Plastikschüssel mit darin eingezwängten Goldfischen. Spiegel und Foto sind umringt von pink-weiß-gestreiften, aufgeblähten dünnen Plastikbeuteln und erweitern das Bild ins Dreidimensionale.

BHJ:
Mithin verbinden sich in allen deinen in dieser Publikation vorgestellten Arbeiten und Werkgruppen Momente des Drei- und Zweidimensionalen in einem Wechselspiel von ästhetisch und räumlich suggestiven und subtil auch humorvollen Wahrnehmungsebenen. Skulpturale und haptische Konstellationen von alltäglichen Objekten erscheinen im Bereich der Fotografie in neuen Wahrnehmungsmöglichkeiten.

UB:
Das Besondere und Faszinierende der auf das Abbild von Objekten und Situationen bezogenen Fotografie ist in meinen Augen die dem Medium und dem bildnerischen Verfahren innewohnende Reduktion auf die Zweidimensionalität. Ein fotografisches Bild entsteht mit immateriellem Licht. Es entfaltet seine Kraft über das Erkennen des Abgebildeten und die daraus folgende Erinnerung an die sinnlichen Erfahrungen.
Diese Eigenarten des Dargestellten zu verdeutlichen, zu verstärken oder überhaupt zu schaffen, ist ein wichtiges Ziel meiner Arbeiten.

Barbara Hofmann-Johnson studierte Kunstgeschichte, Germanistik, Theater- Film und Fernsehwissenschaften in Köln und kuratierte eine Vielzahl von Ausstellungen im Bereich zeitgenössischer Kunst und Fotografie.
Seit 2016 leitet sie das Museum für Photographie in Braunschweig.

mansionaticum – aspects of a selection of work by Ute Bartel
Ute Bartel in conversation with Barbara Hofmann-Johnson

Barbara Hofmann-Johnson:
Having begun with sculpture, performance and actions, the focus of your artistic work is now on the medium of photography. You use the full range of its analogue and digital possibilities to create both two-dimensional pieces and three-dimensional photo objects.
Most recently these have been individual pieces and work groups in various formats that focus on the forms, structures and colors of everyday objects and foodstuffs.
How would you describe the development of your work and your artistic interest with regards to photography?

Ute Bartel:
Photography has become increasingly important to me over the years, but it has always played a major role. My work with photography developed from very early slide installations and projections relating to sculptural elements and performances. Photography is an essential part of my concept in the pictorial and—more so in recent years—in the plastic and spatial context. Regarding the works depicted in this book, I was particularly interested in the things around me or that I came across—their unique characteristics such as shape, silhouette, color and structure. Sometimes I see things as if for the first time, the object as such. Everyday objects are normally used in a specific and intended way, they become marked with traces of wear, and are ultimately worn out and thrown away. I'm interested in things that have incidental changes made to them. I view objects in their aesthetic existence, beyond function.
I work with photography with the eye of a sculptor. My most important tool is the camera, which I use to reproduce things intuitively or intentionally. Photos have become an important material. The more essential part of my artistic work, however, begins after the photograph has been taken. The subsequent processing is often done in an experimental manner, depending on how the particularity of the object is to be expressed.
In recent years I have also combined what I call "photo bits"—cut out photographs with a haptic quality—with other materials, to create collage-like or plastic work.

BHJ:
The title of this publication is mansionaticum. As a Latin word it is quite enigmatic and has academic and historicizing connotations, in stark contrast to the everydayness and banality of the objects that are transferred into new perceptual contexts. What does the title mean and why did you choose it?

UB:
The etymological meaning of "mansionaticum" is "that which pertains to the house or to the household" and describes the origin of the content of the works depicted here, simultaneously differentiating them from other work series.

The banalities of everyday life are by all means enigmatic. I experience them as a separate cosmos. But they can also be seen as an eternity, like an era of endless repetition in the daily routine. The title brings both of these together. I liked that.

BHJ:
Looking at the work presented in this publication chronologically, the large-format **Wandteppich** (Tapestry) from 1997 *(ill. pp. 152 ff.)* is one of the early works, in which your interest in the shapes, colors and structures of everyday objects and their formal transformation becomes apparent. By arranging multiple reproductions of the same motif next to each other and cutting out corners to make a large-format square, the individual motif dissolves into ornamental abstraction. Only on closer inspection does one recognize what the collage, with its sequences from outside in, is made up of. As an ornamental pattern, the "carpet of images" also seems playful, regardless of all the care and rigor of the arrangement. What was the motivation for this early work?

UB:
The ornamental effect of the 1,300 photographs in the analogue collage **Wandteppich**, created through the repetition of shape and color, is equivalent to the activity of hanging up laundry as I experienced it in my childhood, which also took place in sequences and temporal repetitions with repeating items of clothing. I watched, with a mixture of fascination and alienation, as my mother hung laundry according to shape and color on seemingly endless washing lines in the garden. I found this everyday act playful and very aesthetic, yet at the same time I knew that, for her, it was something that had to be done. The 315 x 315 cm collage is dedicated to her. **Wandteppich** came about through a mix of concept and play. Alongside the aesthetic effect, I also wanted to express the concentration involved and the calming effect of the activity.
Playfulness is also important for the creation of my other works. For me, art often has a lot to do with playing.

BHJ:
In the wall-mounted piece **Gefliest 2** (Tiled 2) of 2006 *(ill. pp. 144 ff.)*, slices of sausage are taken out of their everyday context by being photographed and arranged on the wall to suggest a tile pattern.
Since then other foodstuffs such as fruit peels or cucumbers have appeared in your work and evolved their own independent artistic existence. How did these other works develop?

UB:
In **Gefliest 2**, the key experience "lies" on the floor of St. Peter's Basilica in Rome: the wonderful marble slabs reflecting in one another made me think of raw beef because of their structural similarity. This perception stayed with me and later resulted in several works using the structure of sausage and ham.
Gefliest 2 was conceived as an in-situ piece for the exhibition space, the Geological-Paleontological Museum in Münster. The mounted, tile-like photographs replaced large marble slabs

that were previously attached to the wall. The open door in the middle of the installation allows a view of two animal skulls hanging on the walls in the rooms beyond. The structural similarity between meat and marble is huge and at the same time very surprising. My interest in these works is to shake up viewing habits.
The wall piece **Großes Orange** *(Large Orange, ill. pp. 112 ff.)*, on the other hand, is based on a game I played in my childhood, where I tried to peel a mandarin in one continuous piece. The final form of **Großes Orange** was arrived at after a long process, with a variety of experiments and developments on the way, at the end of which the pile of photographed, printed and then cut out peels were once again photographed in four-by-four overlapping segments. I wanted to give the small orange peels a significant size and presence and decided on a format of 178 x 261 cm.

BHJ:
Spiralling as the particular design of the mandarin peel also appears in other works with potato peels or in the piece **kleines Schalensortiment** *(Small Assortment of Peels, 2014, ill. pp. 116/117)* with a selection of fruit peels. The spiral shapes and surface textures, as well as the particular color of the peels, are transferred into a timeless photographic world, where, unlike in the natural world, there is no transience, no rot and decay. Do you see these works, with regard to their transience and the imagery of time, in the tradition of still-lifes?

UB:
Not primarily, as I am more interested in visual appearances than metaphorical translations. The work begins, for example, with the question of how to peel a fruit or a vegetable, depending on its shape. This too, by the way, is something that "pertains to the household." For example, you peel a cucumber lengthways in strips, while a round potato, peeled by using the traditional technique, the seemingly endless peels slide between thumb and knife in a spiral onto a steadily growing pile. The piece **Verwicklung 2** *(Entanglement 2, ill. pp. 126 ff.)* was made using six potatoes peeled this way, which were then photographed, digitally mounted next to one another and cut out. Real potato peels would lie close together, but the material tension of the photo paper, twisted and wound around each other, allowed a space between them.
Whereas mandarins peeled in one piece create a wide variety of irregular shapes. I put these center stage as individual pieces, white on a white background, in the series **Mandas** *(ill. pp. 108/109)*, by hiding the orange-colored side of the image so that the color emphasizes the shape only as a reflection. Here, the origins of shape evoke a tension with known objects and their materiality and are "captured" by means of photography.
Foodstuffs, like all living matter, is transient. However, the process of decay and the transience of the original doesn't interest me beyond that, neither does the symbolism of the traditional still-life. Nevertheless, a timeless world is formed from a past "now."

BHJ:
Others works show arrangements of cucumbers on ornamental waxed tablecloths. They are reminiscent of everyday kitchen scenes and have humorous titles such as **krumme Dinger**

(Crooked Things) or **Schlangengurken** *(literally "Snake cucumbers," a common name for the ordinary cucumber, ill. pp. 85 ff.)*. On one hand they describe the shape of the cucumber, but also allude to another social layer of meaning beyond that. The phrase "crooked thing" might describe a criminal or unjust act.
What is the significance of the titles of your works? Do you see them as an important part of the composition? I am also thinking here of the work group **Fundstücke** *(Finds, ill. pp. 66 ff.)* that you began in 2009.

UB:
The cucumber works were made within the context of the EU's curvature regulation from the nineteen-eighties, which was later repealed. Despite the absurdity of such completely superfluous and impotent attempts at regulation, I looked for crooked cucumbers. I found them in oriental shops, along with the tablecloths. Why are these things called "snake cucumbers" if they're supposed to be straight? Snakes are always curved, never straight. The titles transport something of this context and the humor of the works. The effects and tensions of the strangely distorted cucumbers are clearer on the blue, heavily ornamental plastic tablecloth than on a monochrome background. I also wanted to test the limits of good taste. The tablecloths are unbearable without the cucumbers.
The title **Fundstücke**, on the other hand, was chosen objectively and can be seen as to provide background information on its origins. The things that are, in this case, preserved from impermanence by photography should appear clear, beautiful and auratic.

BHJ:
In the work group **Frühstücksmuster** (Breakfast Patterns, *ill. pp. 72 ff.*), breakfast boards, which could be from the nineteen-seventies, become the motif starting point of enlarged mounted photo objects. Greatly magnified, the signs of wear are a little reminiscent of cutting patterns and connect the poetic potential of recurring activities with abstract imagery. Everyday simplicity is "ennobled." Like the waxed tablecloths, the breakfast boards, in terms of the usage, would seem to belong to households that only use the porcelain dishes and the white tablecloth on Sundays—one could at least interpret the narrative connection this way. Do you also seek to address sociological aspects of perception with your work?

UB:
By selecting everyday objects, I automatically touch on sociological aspects of perception, even though that isn't my main objective. I want to stay close to the visual appearances that the visible signs of use and life belong to. They transform an anonymous, mass-produced product into an individualized, unique object that has a story. However, these signs of use are also the result of ritualized routine, which stands in contradiction to individuality in a way—thus the title Frühstücksmuster. The roughly square objects are created from oblong boards using digital image processing and present themselves as if in a pattern catalogue.
The many scratches, cut marks and chipped corners of the originals, which were pulled out of the garbage, as it were, along with the shape, color, structure and surface, become artistic

means, which willfully change and abstract the motifs to complete dissolution. It is this change and abstraction that makes them valuable and interesting to me and creates the specific aesthetic of an object that is familiar and yet looked at in a new way. In this sense, a brand-new floral board would be as uninteresting to me as a new china plate.
So, yes, one could say that these objects are ennobled through artistic translation. This is deliberately emphasized in the photo objects **Frühstücksmuster** and **Brettchen** *(Small Boards, ill. pp. 78 ff.)* by precise processing and finally by their oversizing. In the series **Fundstücke**, the motifs are isolated from their setting and reduced to shape and color, in order to develop a strong independent physical existence. These things, wrested from transience, are elevated through their auratic, vibrant presentation in cabinets.

BHJ:
Alongside the pieces and work groups described, you have once again been engaged in performances and sculptural staging, which are presented in context and in dialogue with the works based on photography. This publication contains examples of this *(pp. 4 ff.)*.

UB:
In the action **Satu ke enam** *(ill. pp. 12 ff.)* flat pressed krupuk (Indonesian crackers) are the "protagonists" of a "plastic" process. Fried in hot fat, the flat discs move and morph continuously, as if they were living beings. They swell in all directions, arch upwards and downwards, before taking on a permanent plastic form after a few seconds of expansion. Their volume multiples in the process. "Satu ke enam" is Indonesian and means "to make six from one."
The action shows that I see important basic questions inherent in the things themselves. Here I make the processes of formation visible and emphasize them with a video projected simultaneously in an adjacent room. The view into an over-sized wok provides a concentrated observation of the process.
In another room, in the work **Trimatra**, which means "three-dimensional" *(ill. pp. 4 ff.)*, six pieces krupuk in the process of taking on form, swimming in oil, but seen, yet again, two-dimensionally on round photos, are surrounded by bubble-like shapes, made from inflated thin plastic bags, similar to the blistering forms observed during frying. The work with krupuk is influenced by several trips to Indonesia.
While traveling I keep observing everyday events, which has nothing to do with exoticism. Krupuk are served with Indonesian meals—like bread in our country. In Indonesia, thin plastic bags have been the ultimate means of packing and transporting food since they stopped using banana leaves. Fish at the market of Brastagi in Sumatra are even packed in them, which is how the piece **Goldfischen** *(Goldfishing, ill. pp. 24 ff.)* came about. This photo piece, mounted on a round mirror, shows a magenta colored plastic bowl full of goldfish, photographed from above. Mirror and photo are surrounded by thin, pink-and-white striped, inflated plastic bags, expanding the image into the third dimension.

BHJ:
So, all of the pieces and work groups presented in this publication are connected by moments

of three- and two-dimensionality in an interplay of aesthetic and spatially suggestive as well as subtly humorous layers of perception. Through photography you create new ways of seeing sculptural and haptic constellations of everyday objects.

UB:
The special and fascinating thing about photography in the depiction of objects and situations is, in my eyes, the reduction to two-dimensionality intrinsic in the medium and the artistic process. A photographic image is made of immaterial light. It unfurls its power through the recognition of what is depicted and the consequent memory of sensual experience.
An important aim of my work is to illustrate, enhance or even create the particularities of what is depicted.

Barbara Hofmann-Johnson studied art history, German language and literature, theatre, film and television studies in Cologne. She has curated numerous exhibitions in the fields of contemporary art and photography and has been the director of the Museum of Photography in Braunschweig since 2016.

66

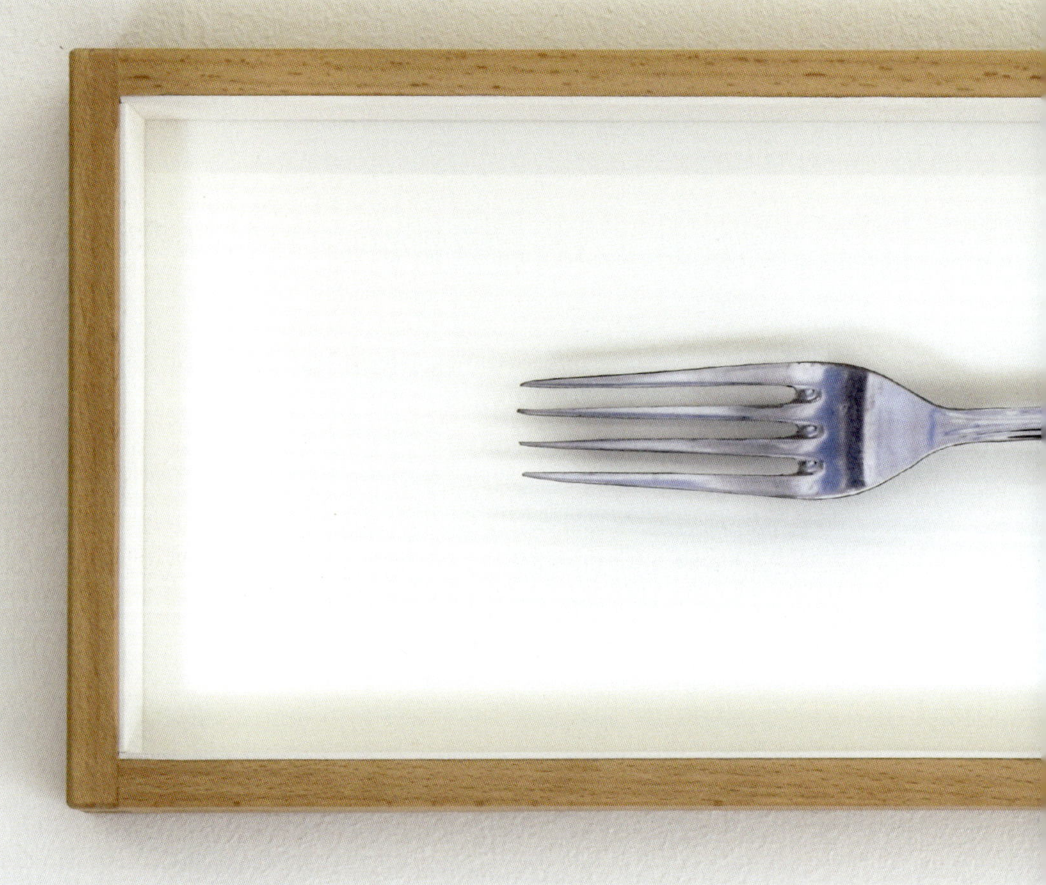

Gabel 2016
aus der Serie **Fundstücke**
Fotostück (originalgroß)
Farbfolie . Karton . Holzkasten
15 x 40 x 3 cm

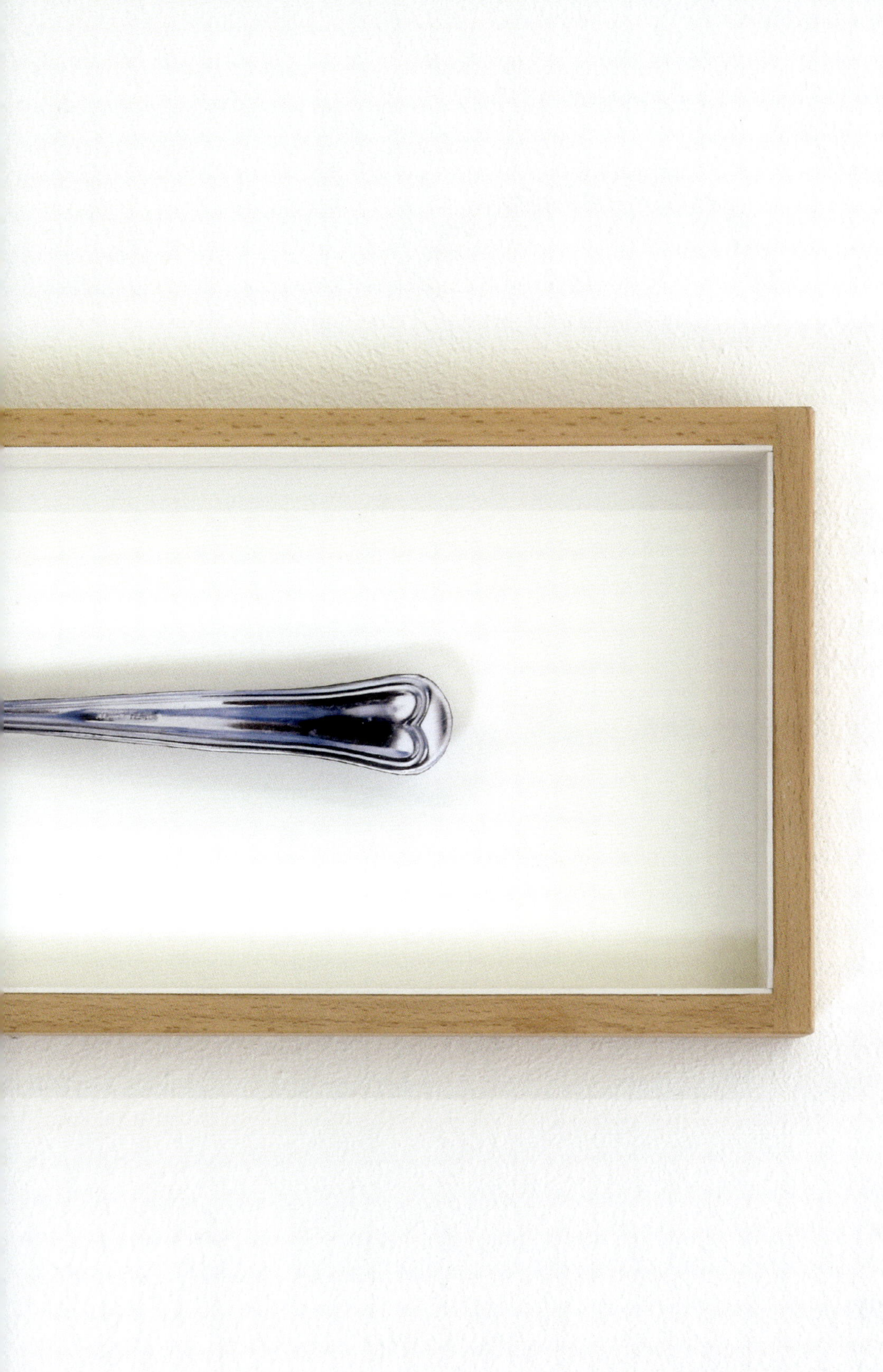

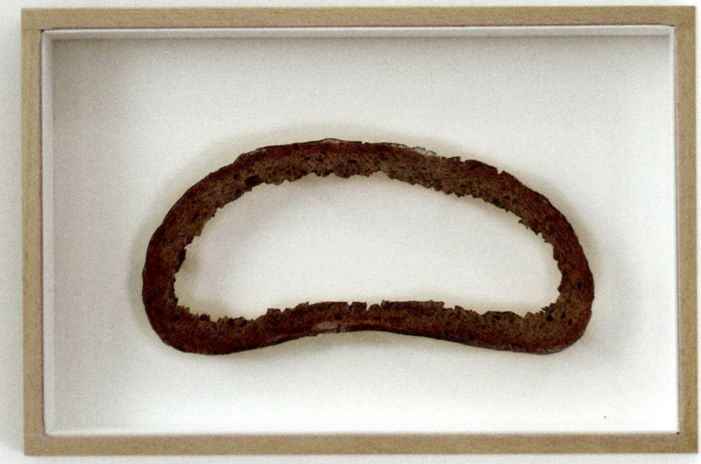

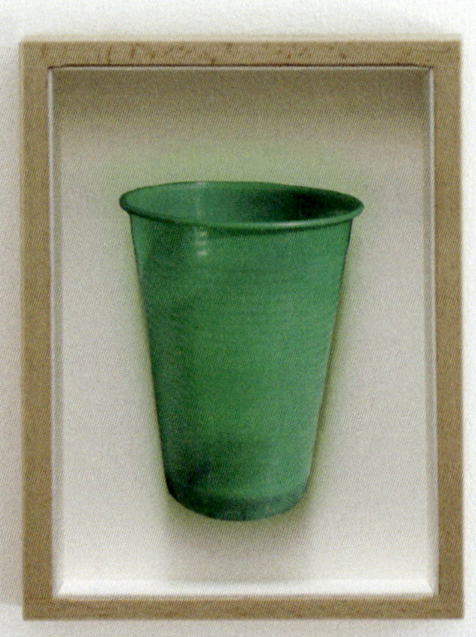

Brot 2010
aus der Serie **Fundstücke**
Fotostück (originalgroß) . Farbfolie .
Karton . Holzkasten
20 x 30 x 3 cm

Becher 2009
aus der Serie **Fundstücke**
Fotostück (originalgroß) . Farbfolie .
Karton . Holzkasten
20 x 15 x 3 cm

Topf 2016
aus der Serie **Fundstücke**
Fotostück (originalgroß) . Farbfolie .
Karton . Holzkasten
30 x 40 x 3 cm

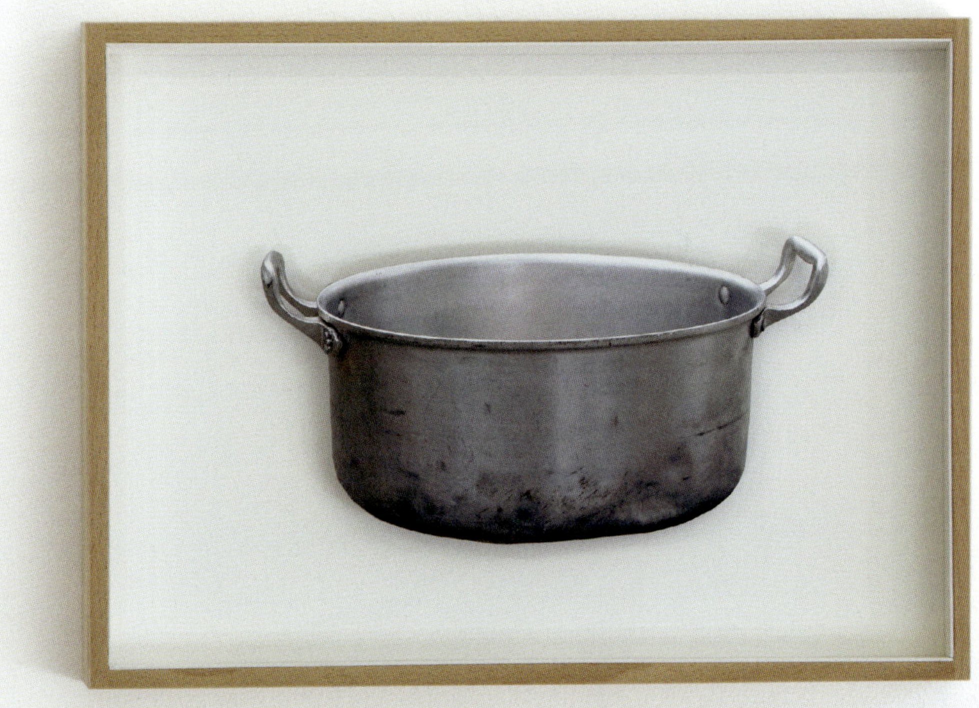

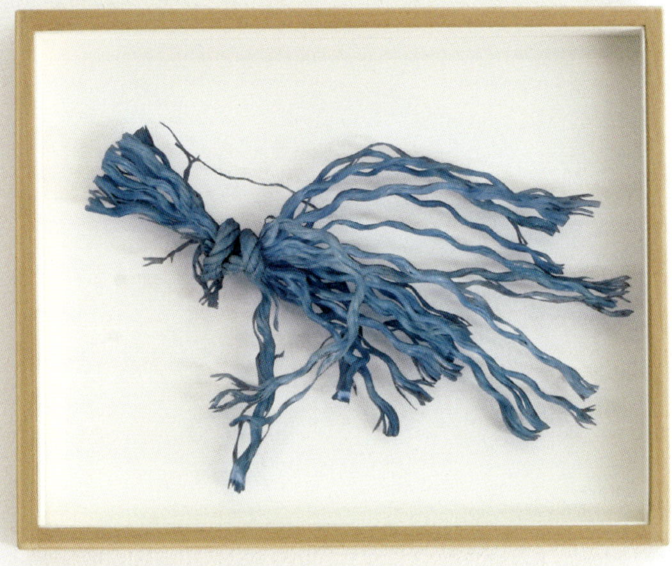

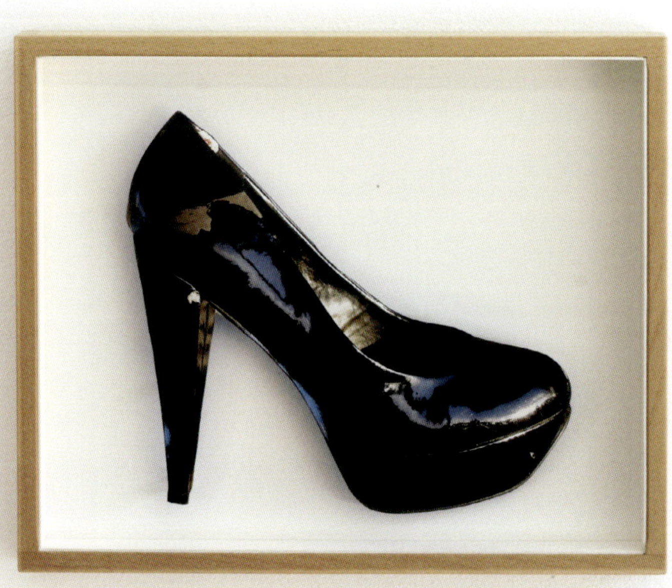

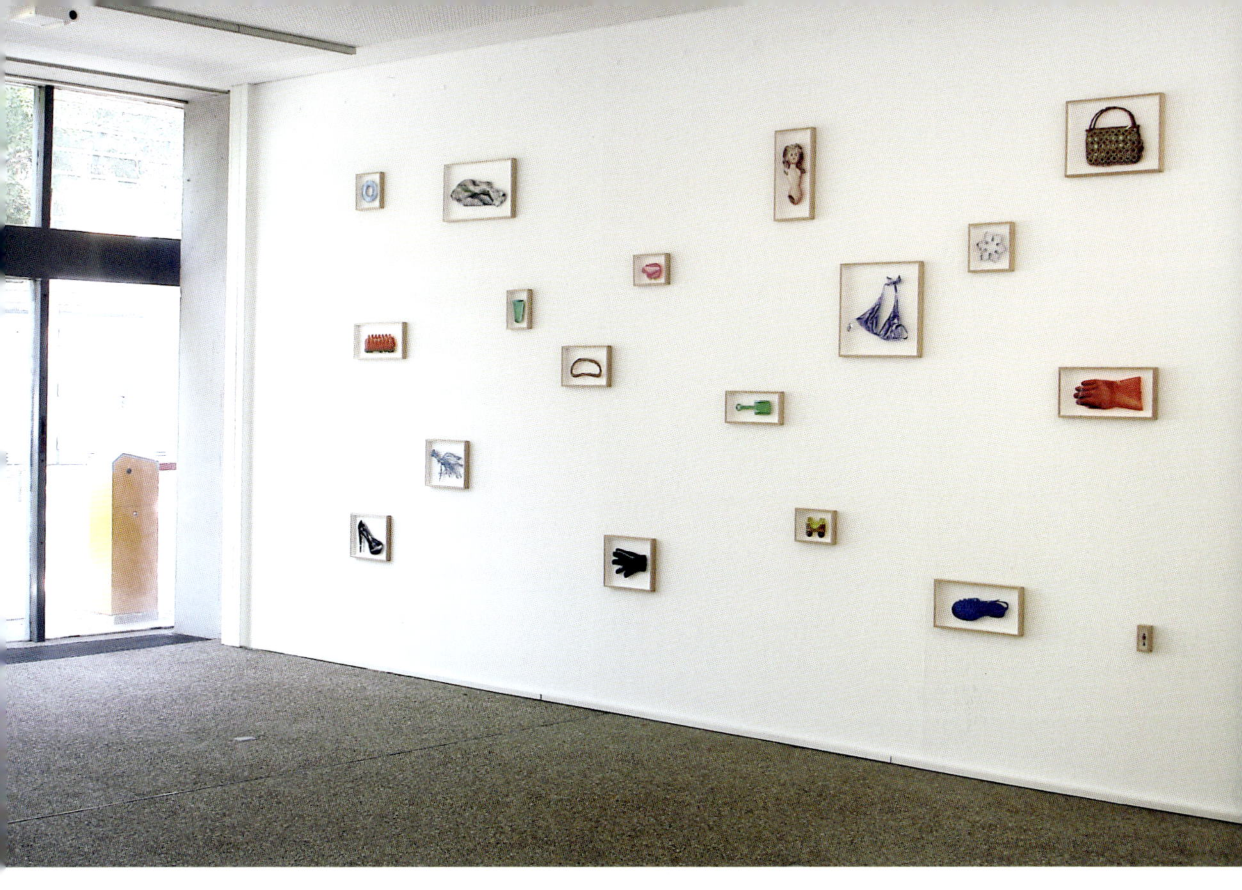

links oben
Knoten blau 2010
aus der Serie **Fundstücke**
Fotostück (originalgroß) . Farbfolie
Karton . Holzkasten
25 x 30 x 3 cm

links unten
Stöckel schwarz 2010
aus der Serie **Fundstücke**
Fotostück (originalgroß) . Farbfolie
Karton . Holzkasten
25 x 30 x 3 cm

oben
Fundstücke
seit 2009
Fotoobjekte / Installation
Installationsfläche variabel
hier 210 x 680 x 3 cm
Regierungspräsidium Karlsruhe

Frühstücksmuster #5 (Holzimitat) 2010
Fotostück . MDF . Holz
50 x 50 x 5 cm

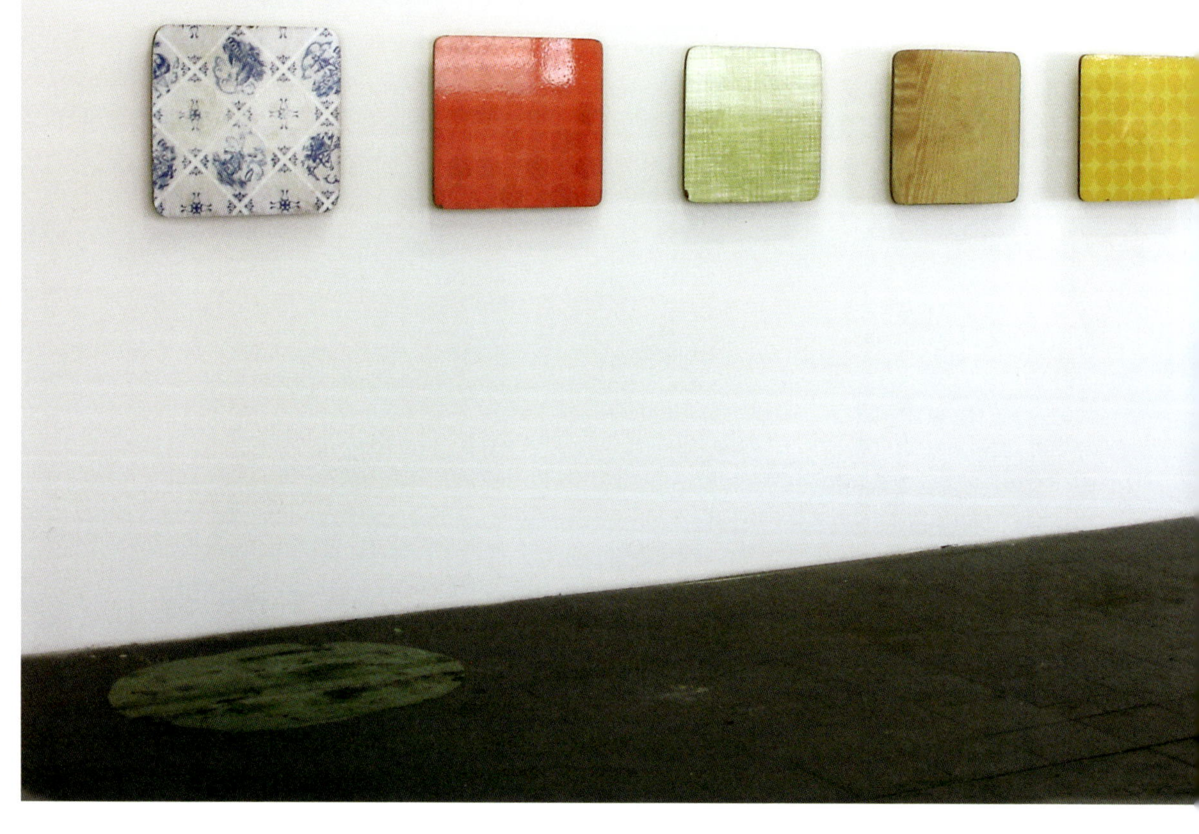
SHIFTING REALITIES....Photographie und ihre Wirklichkeiten
03.09. – 03.10.2010
Bridget Baker, Ute Bartel, Michael Baumgarten, Boris Becker, Ute Behrend, Martina Geccelli, Wilfried Gohsens,
Uschi Huber, Martina Sauter, Susa Templin, Petra Weifenbach, Joachim Weischer, Won Seoung Won

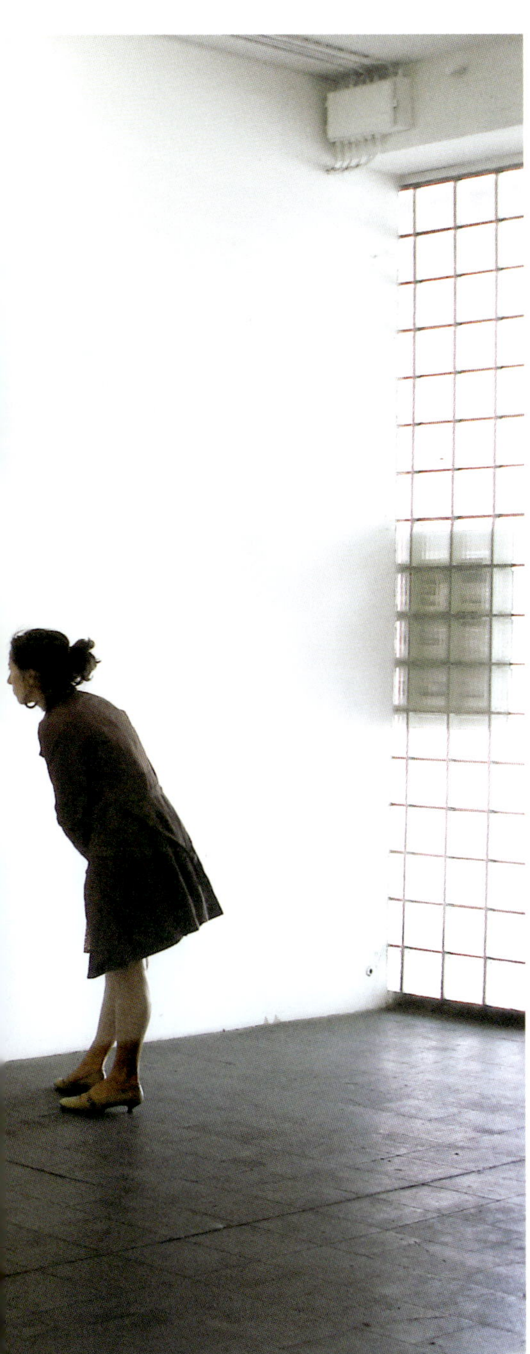

Frühstücksmuster #1
(Holland blau) 2010
50 x 52 x 5 cm

Frühstücksmuster #2
(rot) 2010
49 x 51 x 5 cm

Frühstücksmuster #4
(grün) 2010
48 x 47 x 5 cm

Frühstücksmuster #5
(Holzimitat) 2010
50 x 50 x 5 cm

Frühstücksmuster #3
(gelb) 2010
50 x 54 x 5 cm

nachfolgende Seiten
Frühstücksmuster #1
(Holland blau)
Detail
Frühstücksmuster #4
(grün)
Detail

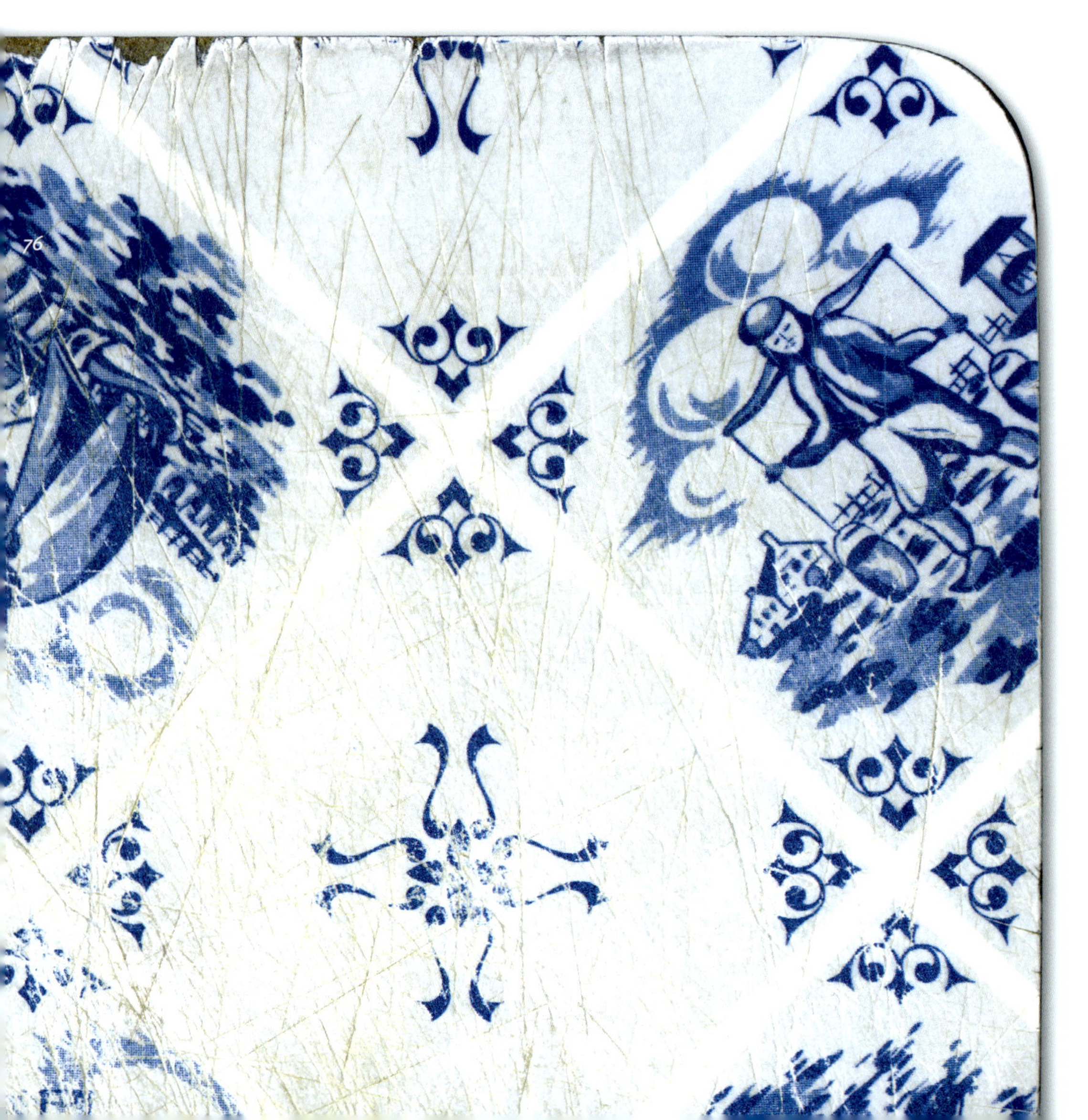

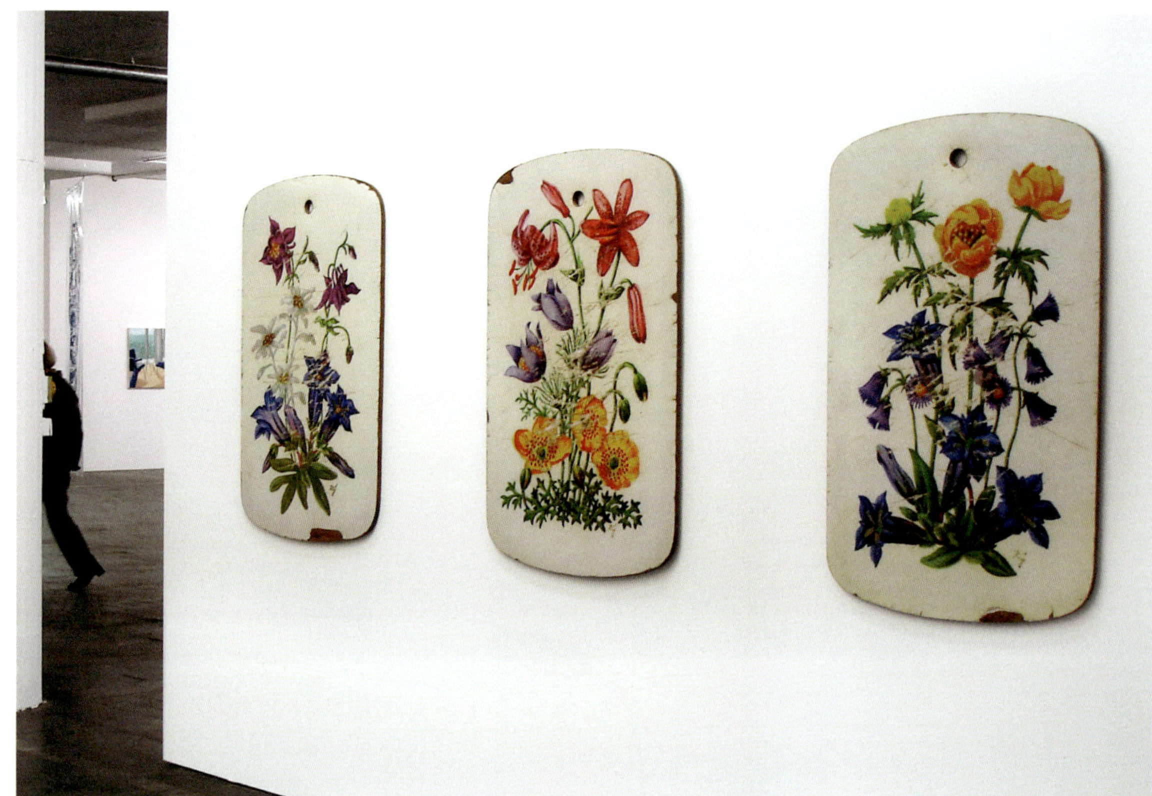

Brettchen 2009
Fotostücke . MDF . Beize
je ca. 128 x 74 x 2 cm

Brettchen #3 (Edelweiß) **Brettchen #4 (Lilie)** **Brettchen #5 (Butterblume)**

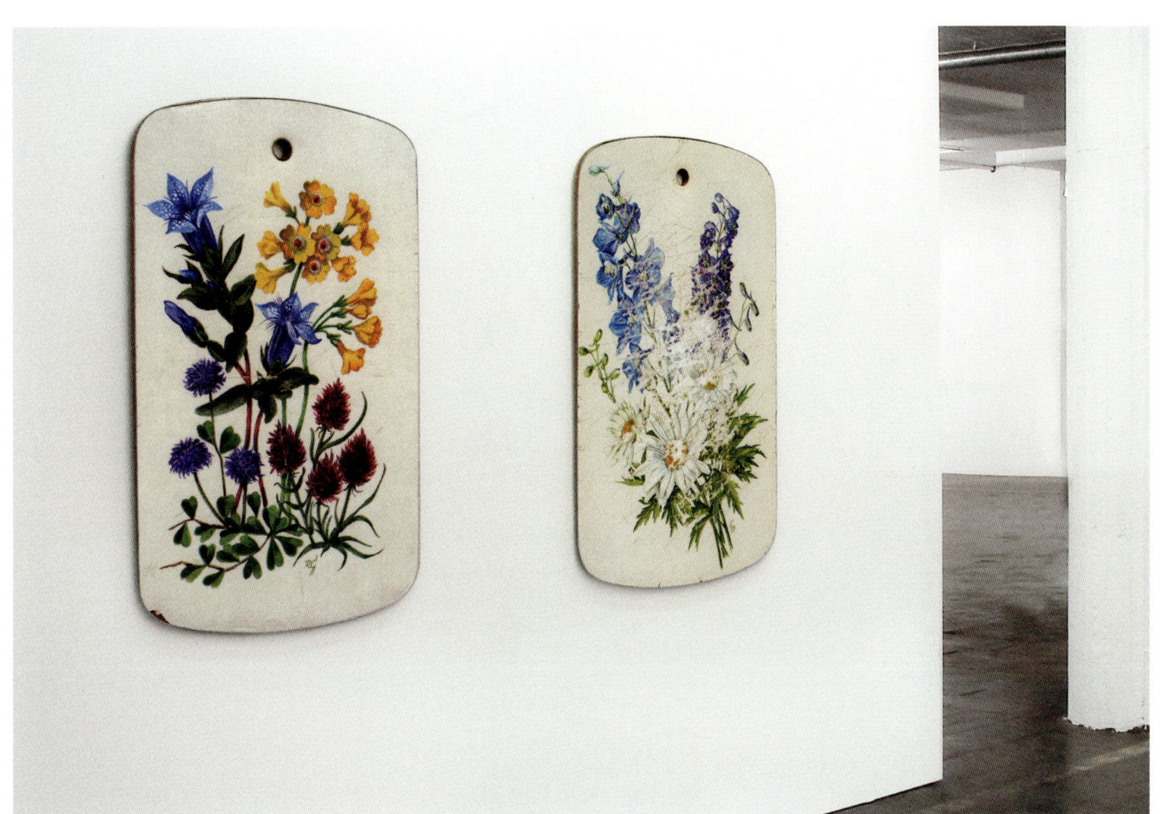

Brettchen #1 (Schlüsselblume)

Brettchen #2 (Rittersporn)

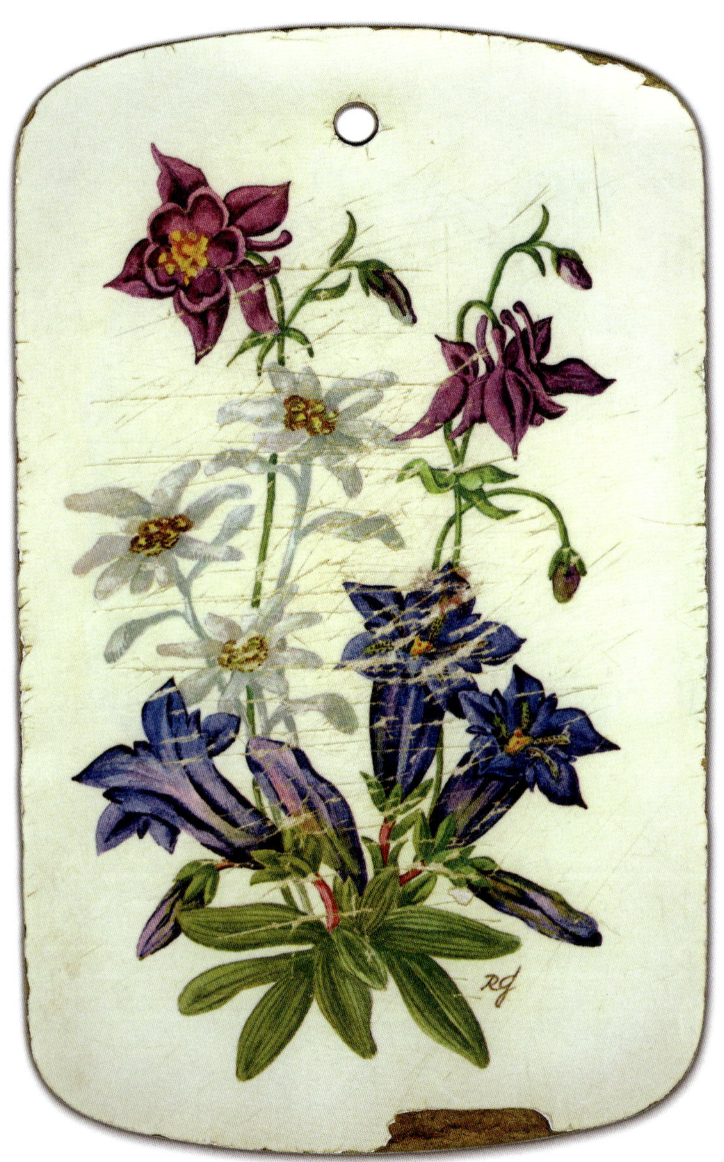

Brettchen #3 (Edelweiß)
Fotostück . MDF . Beize
128 x 74 x 2 cm
rechts Detail

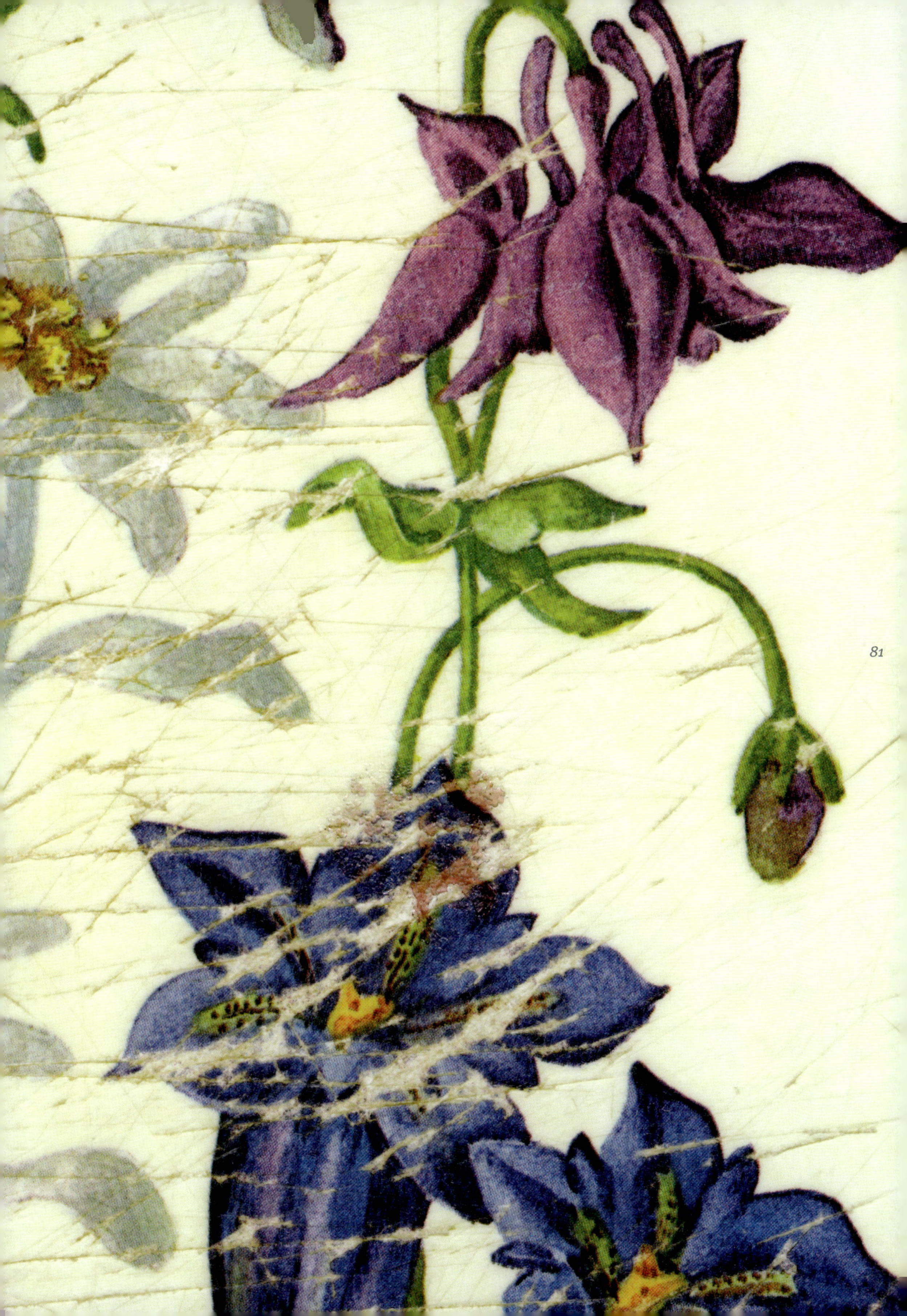

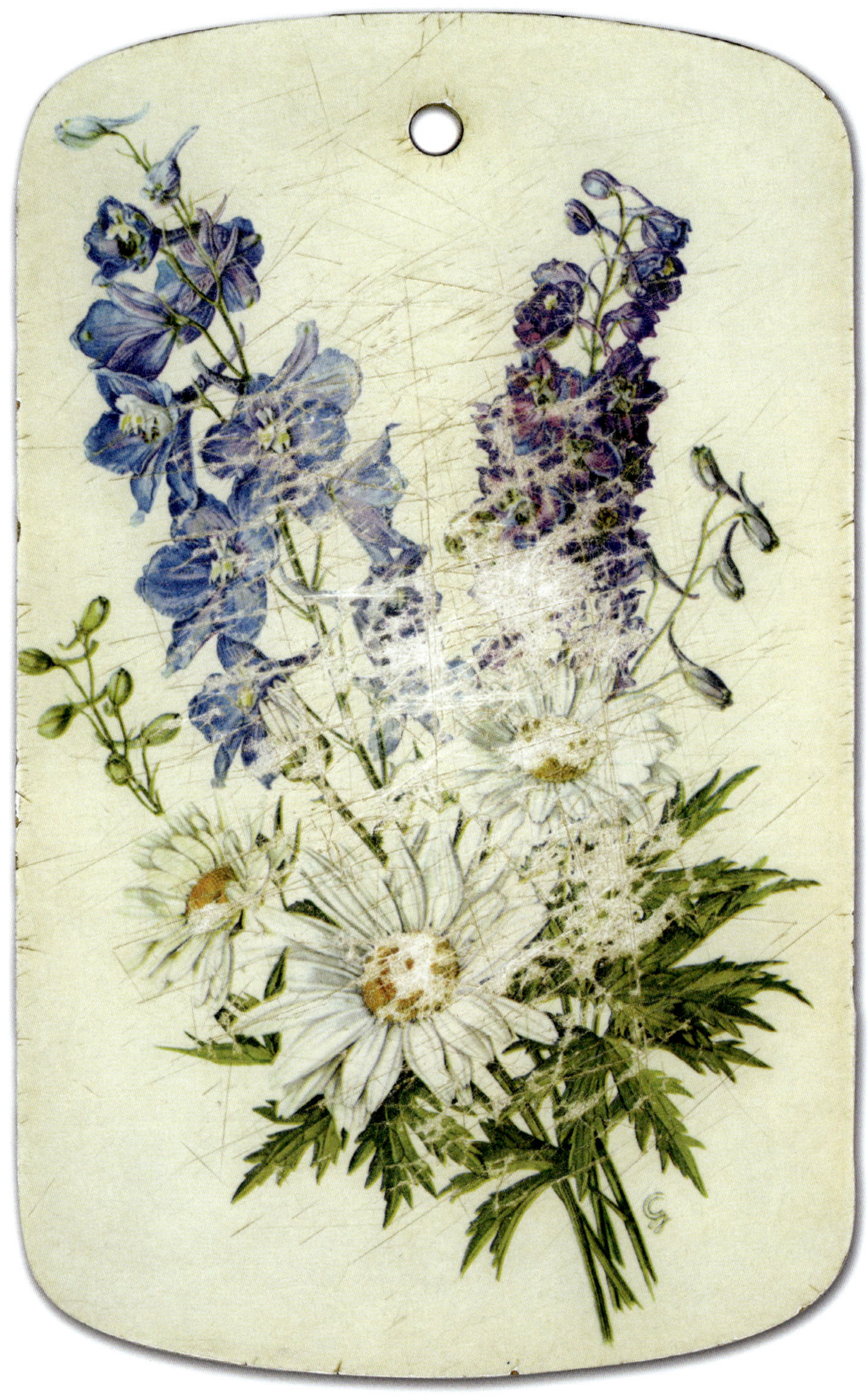

Brettchen #4 (Rittersporn)
2008
Fotostück . MDF . Beize
128 x 74 x 2 cm

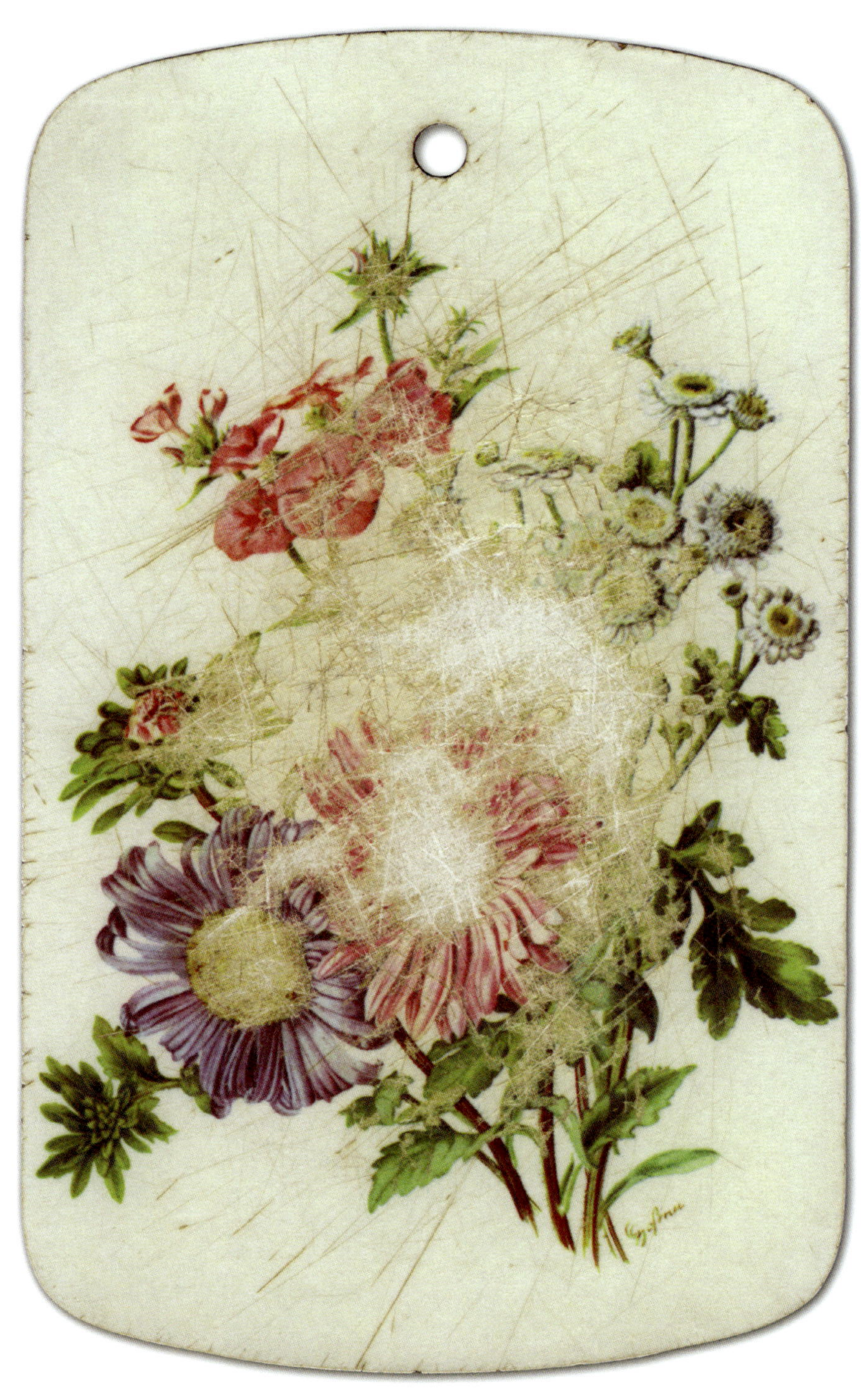

Brettchen #7 (rosa)
2020
Fotostück . MDF . Beize
128 x 74 x 2 cm

rechts
krumme Dinger 2014
Fotostücke . Wachstuch . Keilrahmen
145 x 115 x 2 cm

S. 86
krumme Dinger
Detail

S. 88
krumme Dinger 2014
Fotostücke . Wachstuch . Keilrahmen
145 x 115 x 2 cm
Schlangengurke 2014
Fotostücke . Wachstuch . Keilrahmen
145 x 120 x 2 cm
Künstlerforum Bonn

S. 90
Schlangengurke
Detail

S. 92
Schlangengurke und
Tasche (aus der Serie **Fundstücke**)
Galerie UP ART CONTEMPORARY

S. 94
Endlosgurke auf Gold 2014
Fotostücke . Wachstuch . Keilrahmen
60 x 80 x 2 cm

S. 96
zu Besuch 2014
Fotostücke . Wachstuch . Keilrahmen
90 x 120 x 2 cm

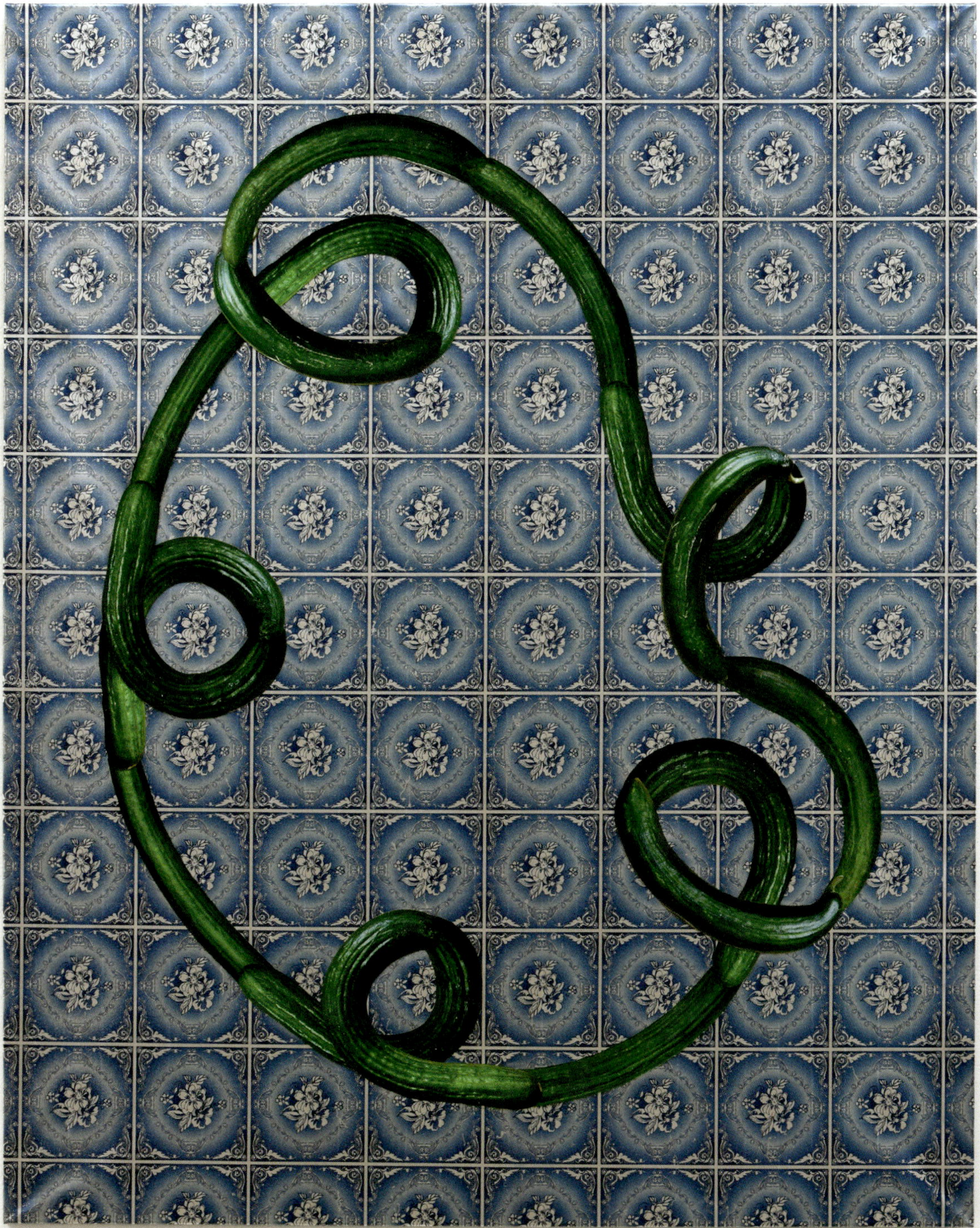

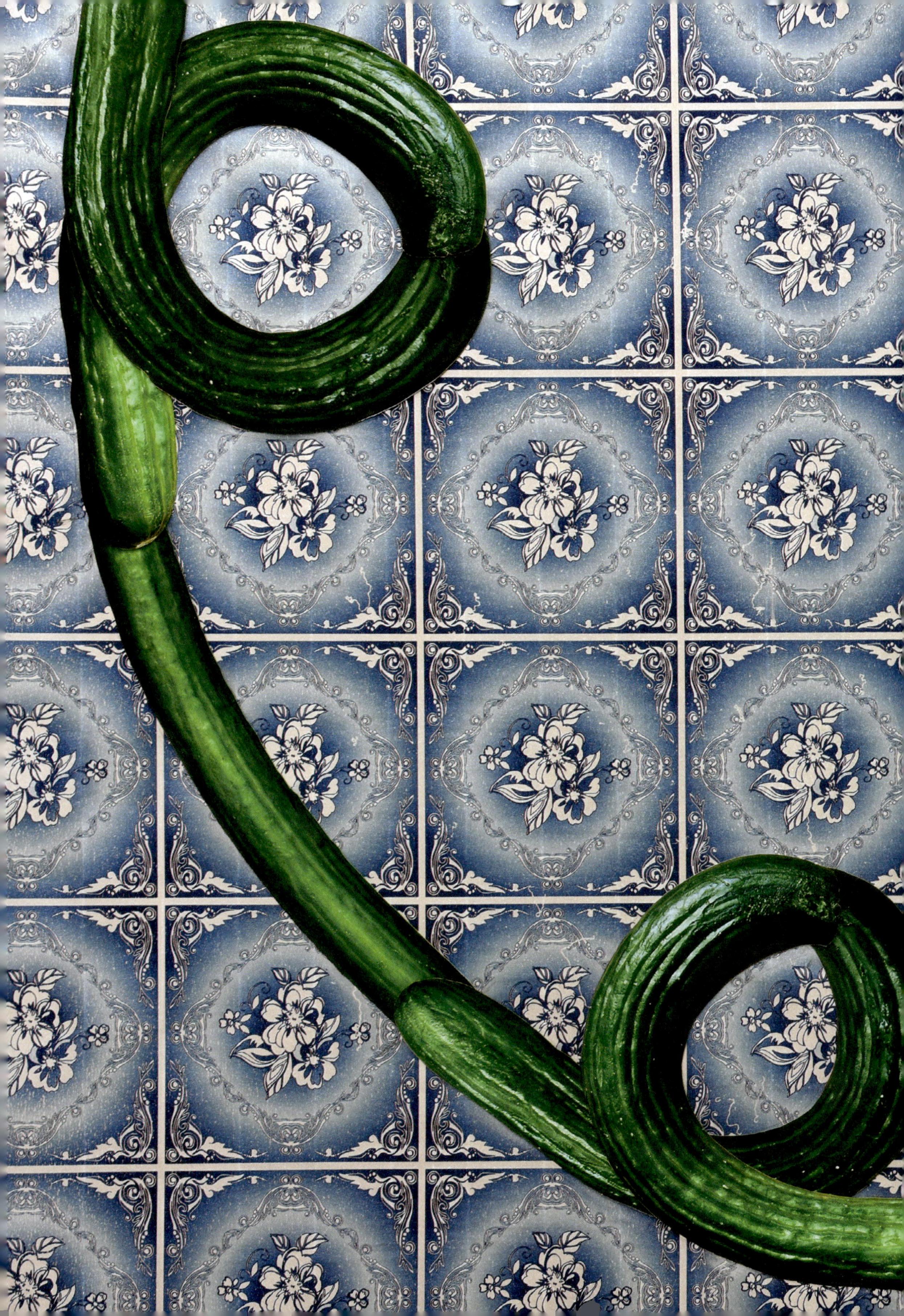

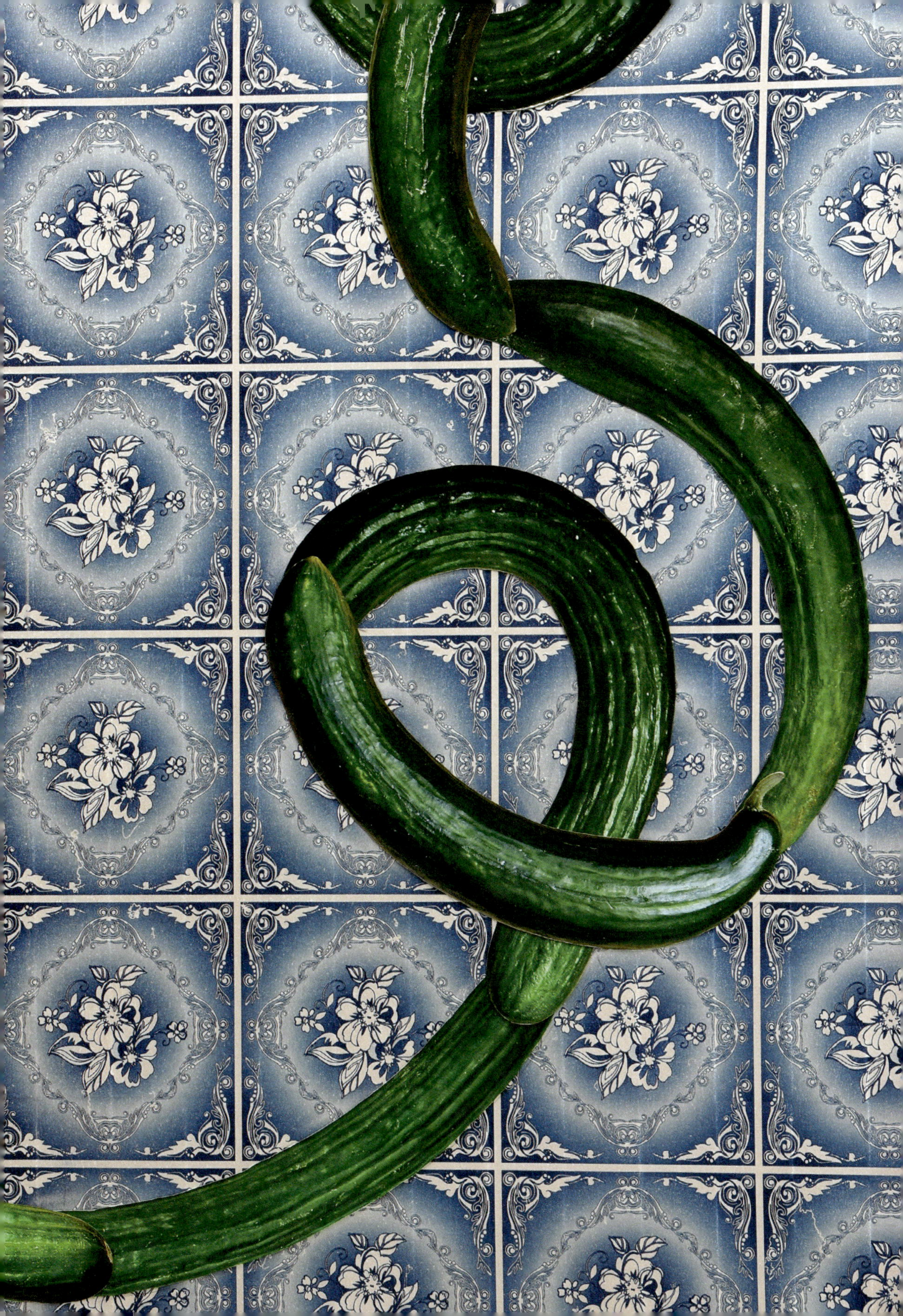

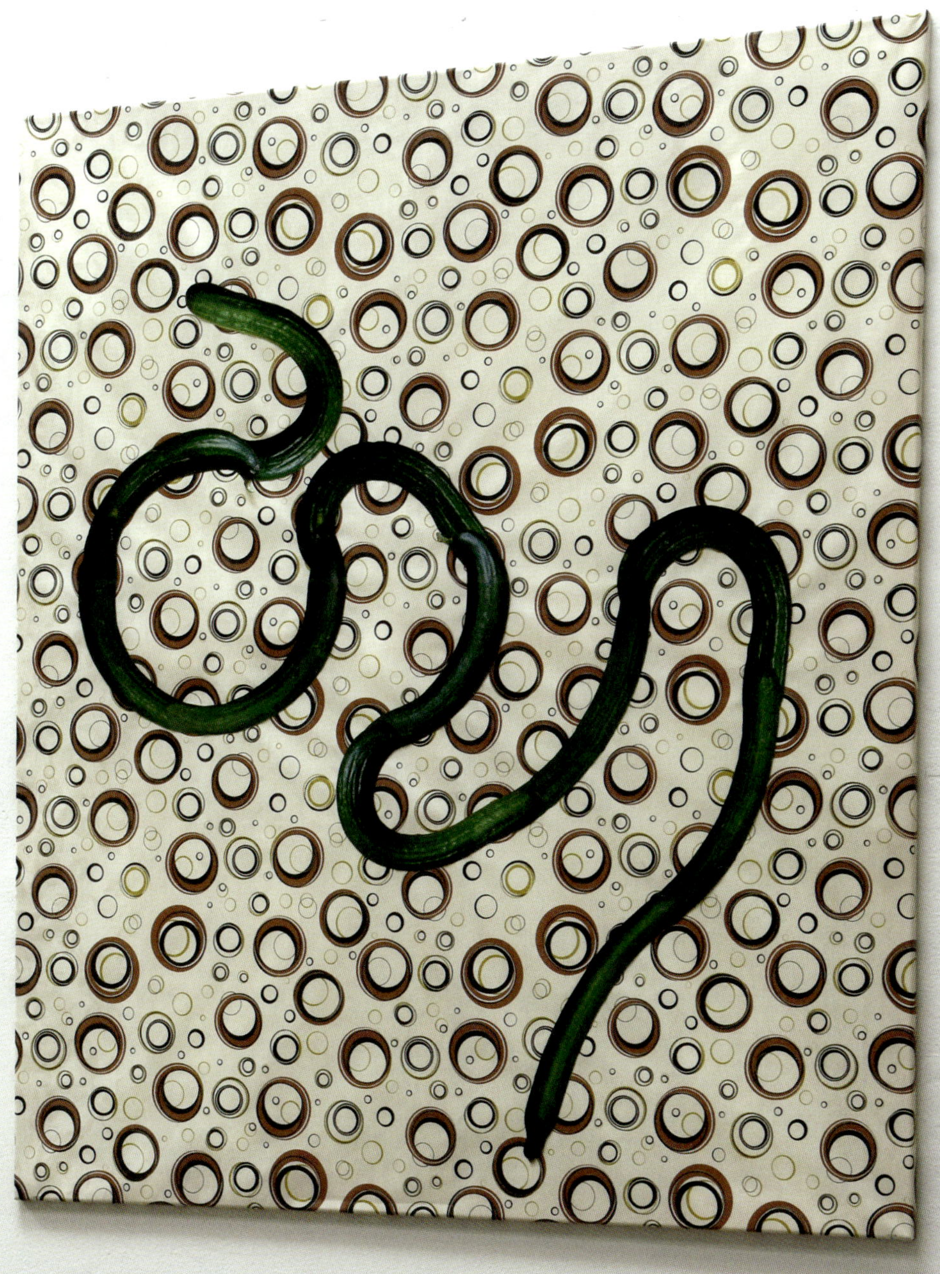

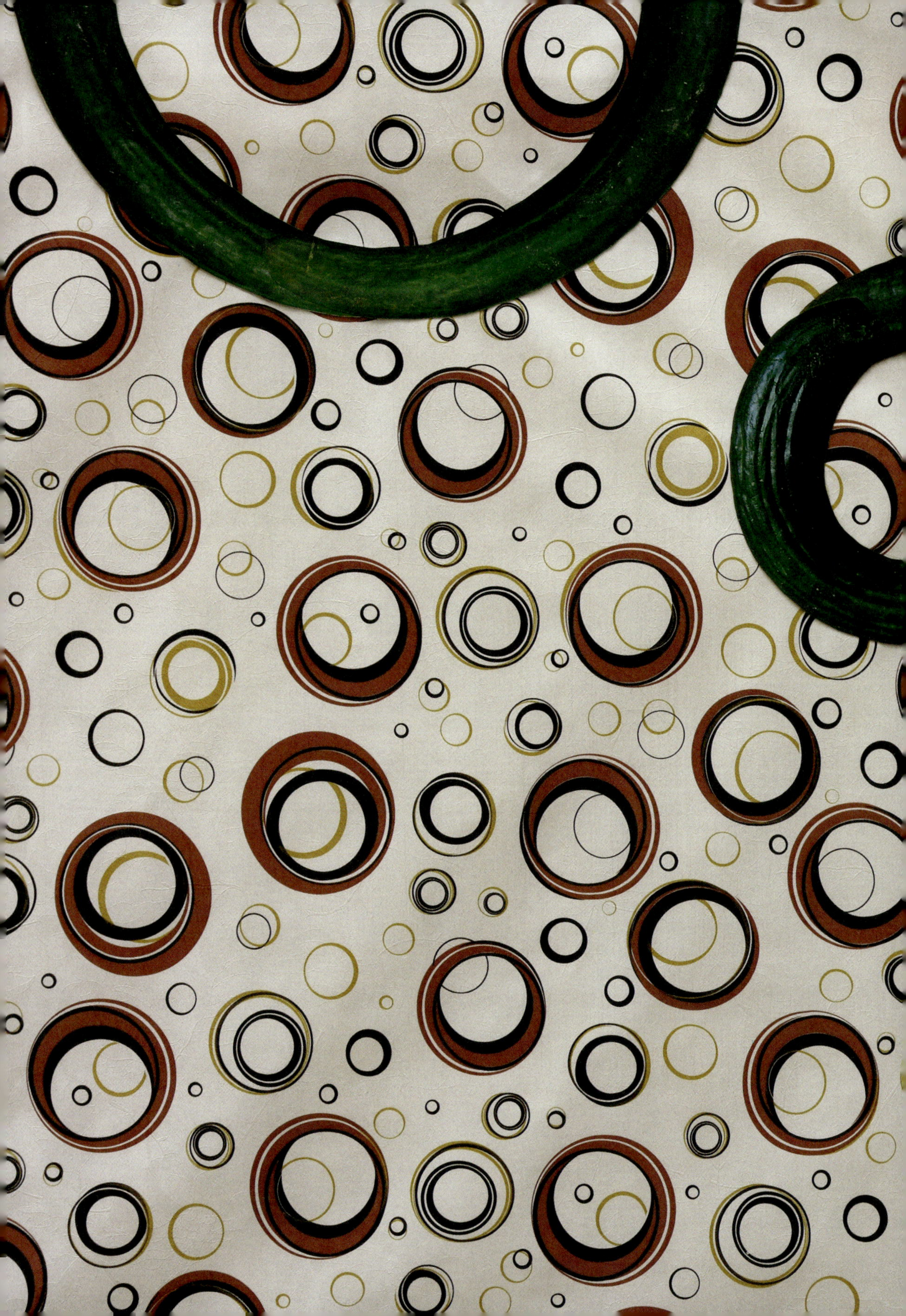

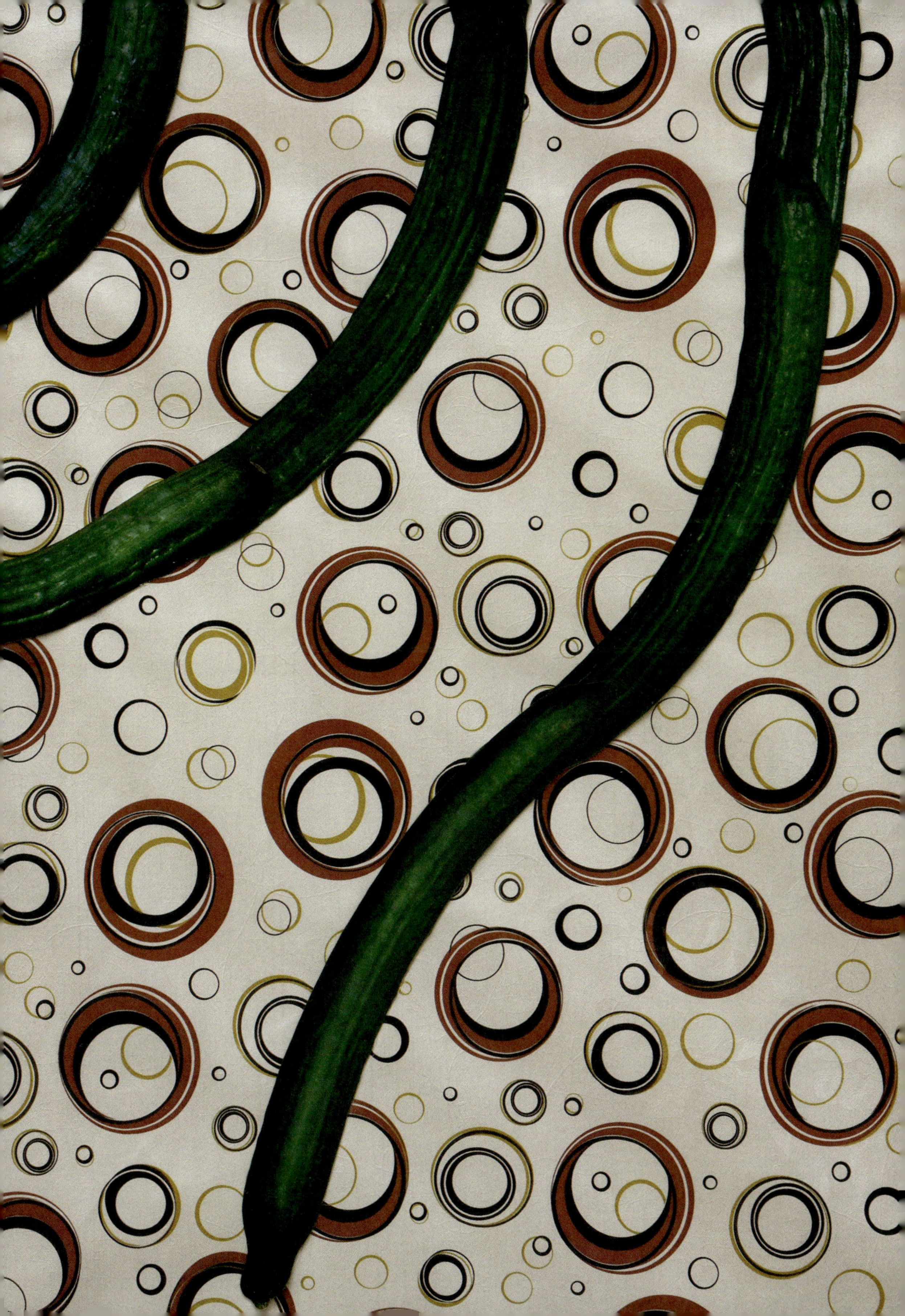

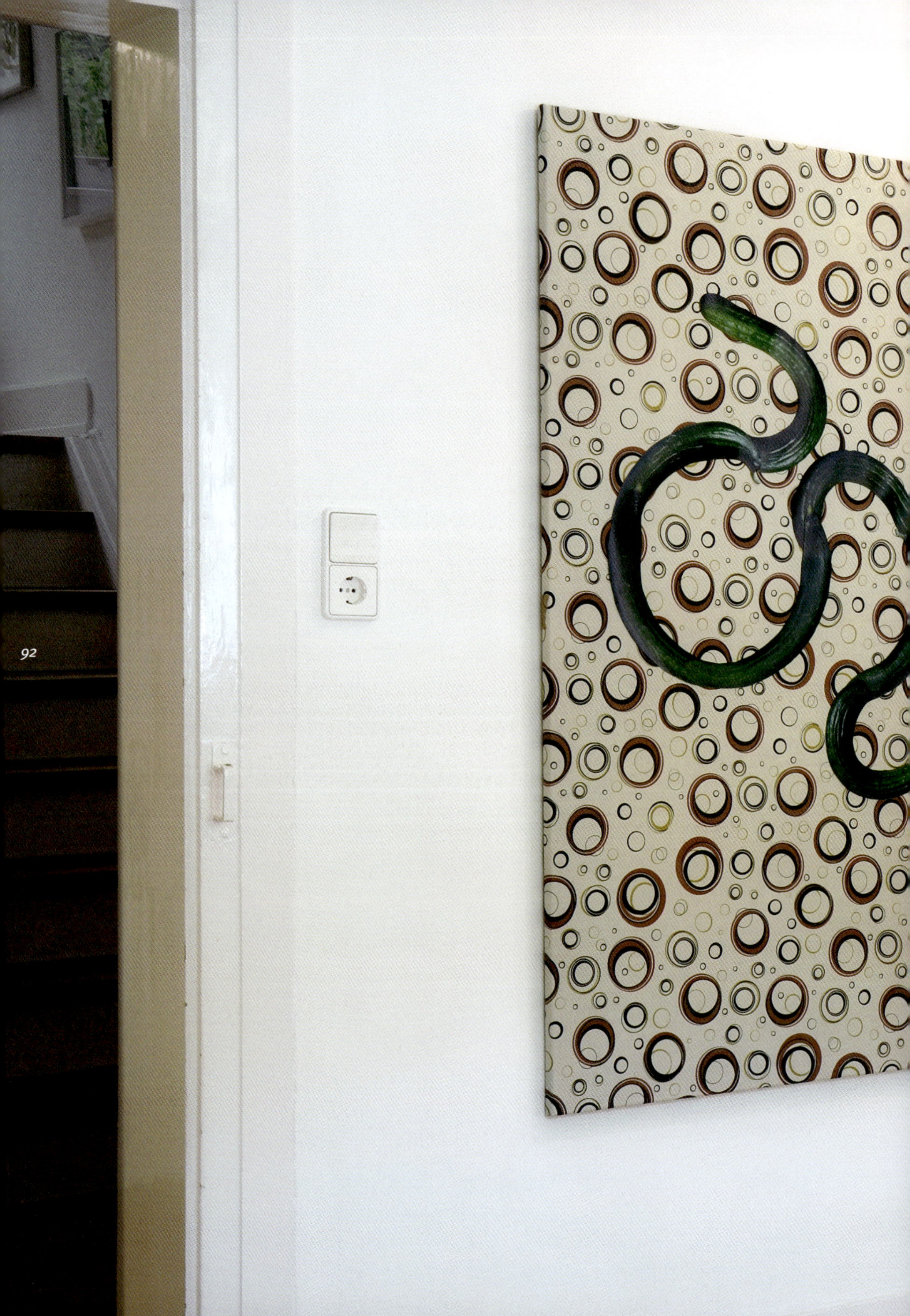

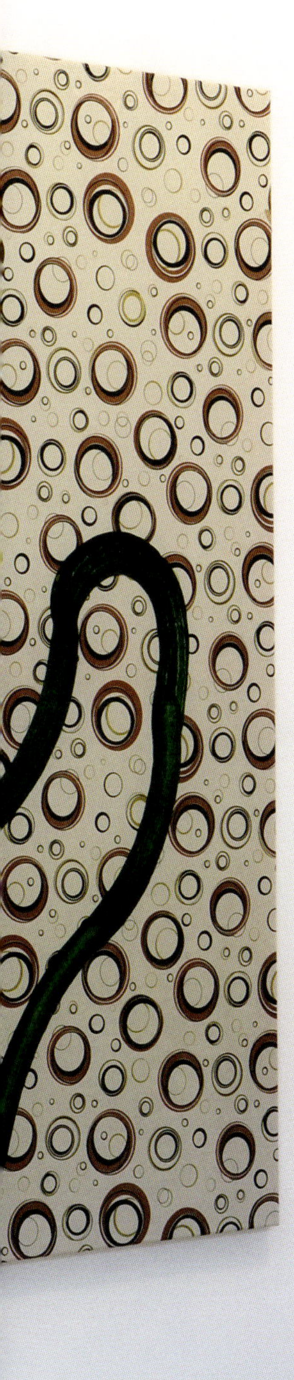

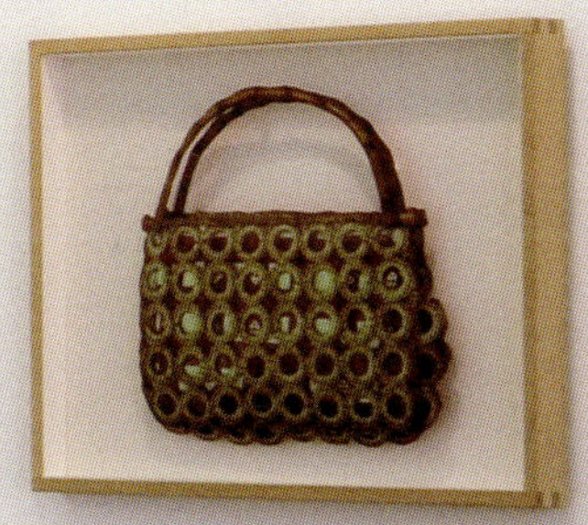

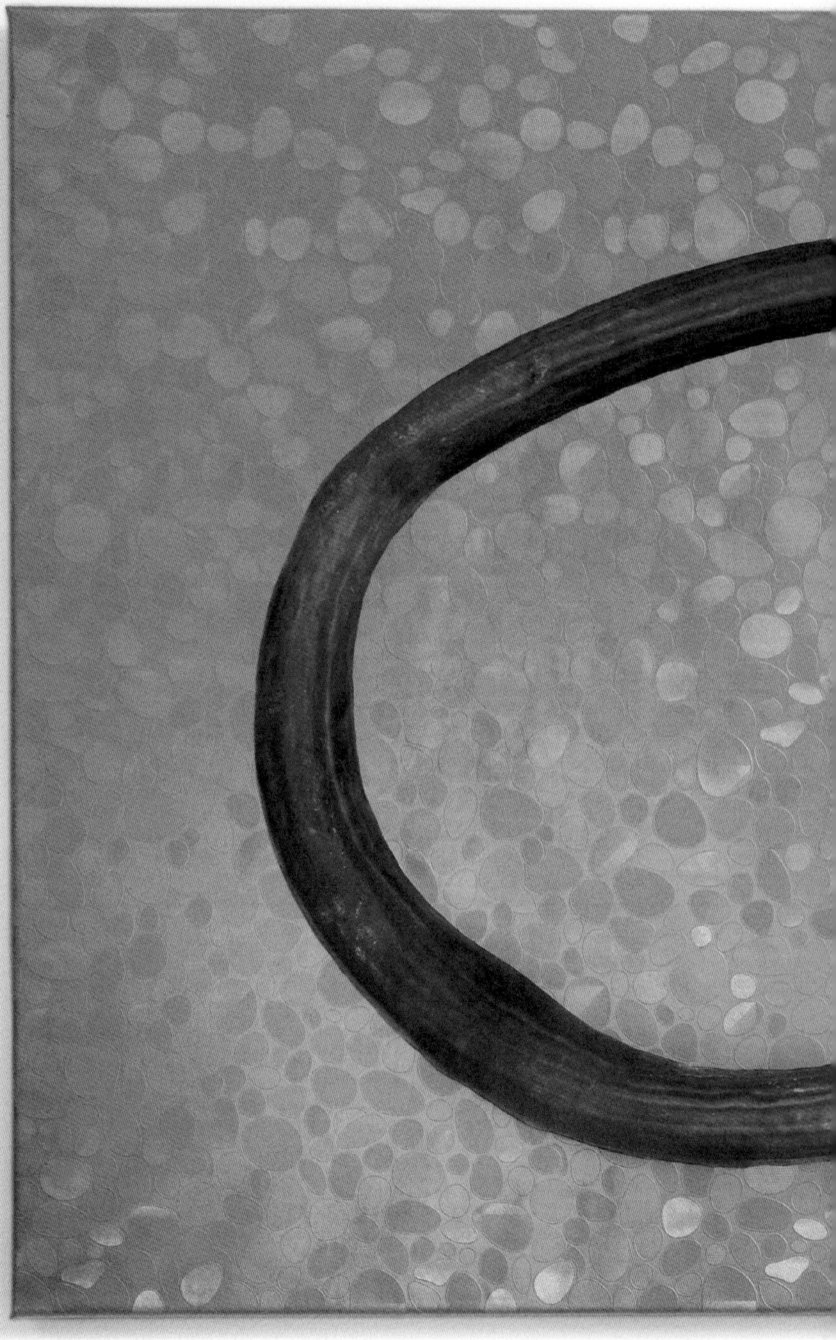

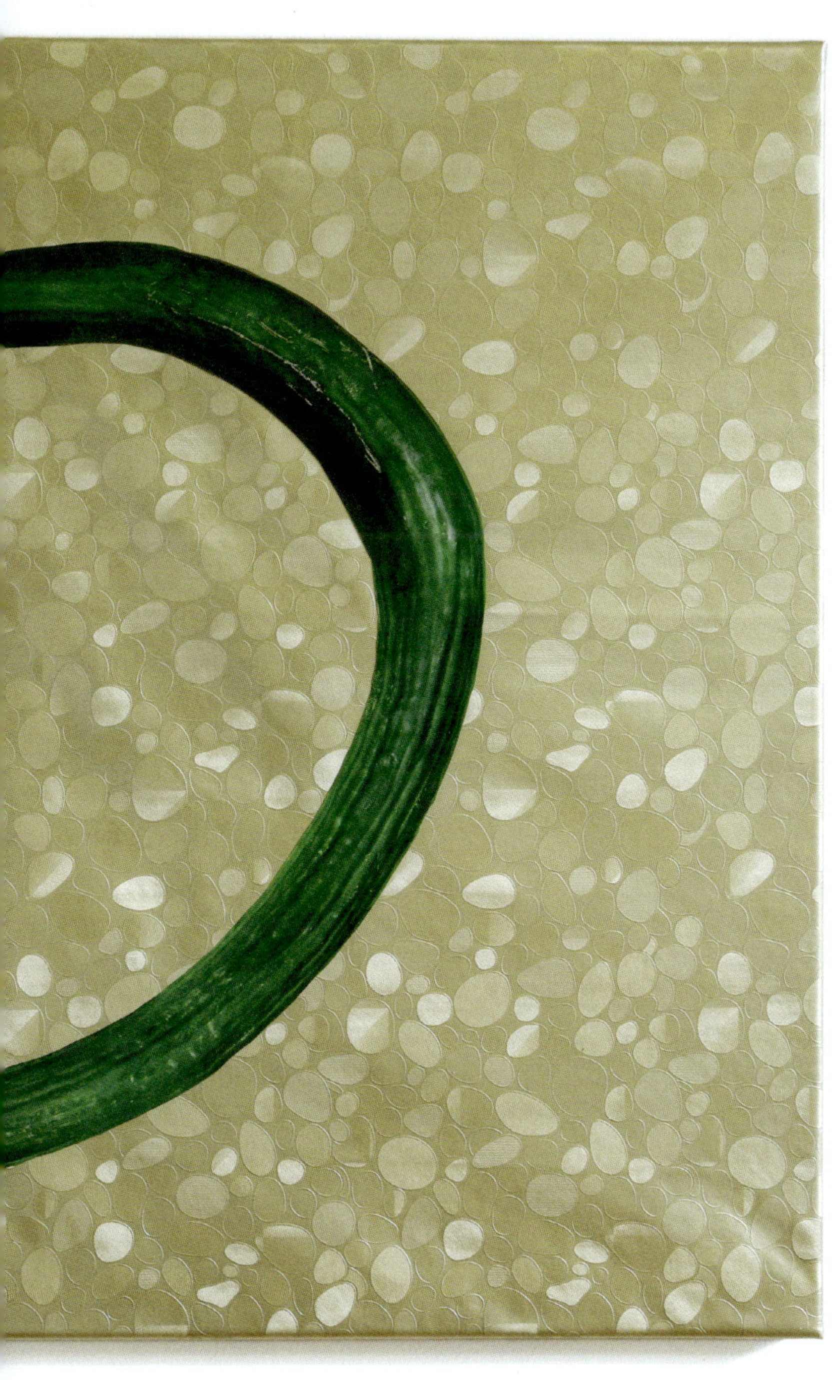

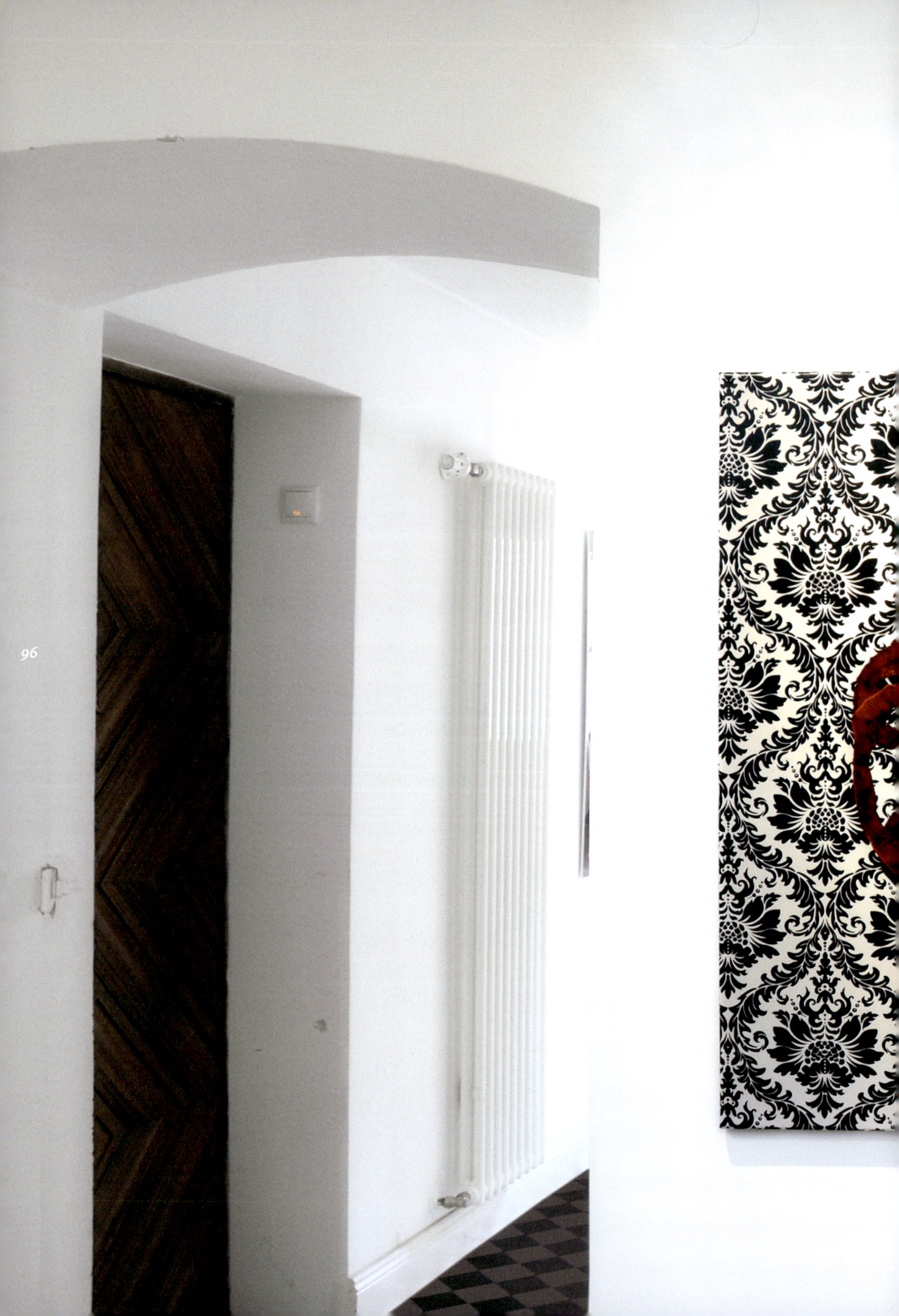

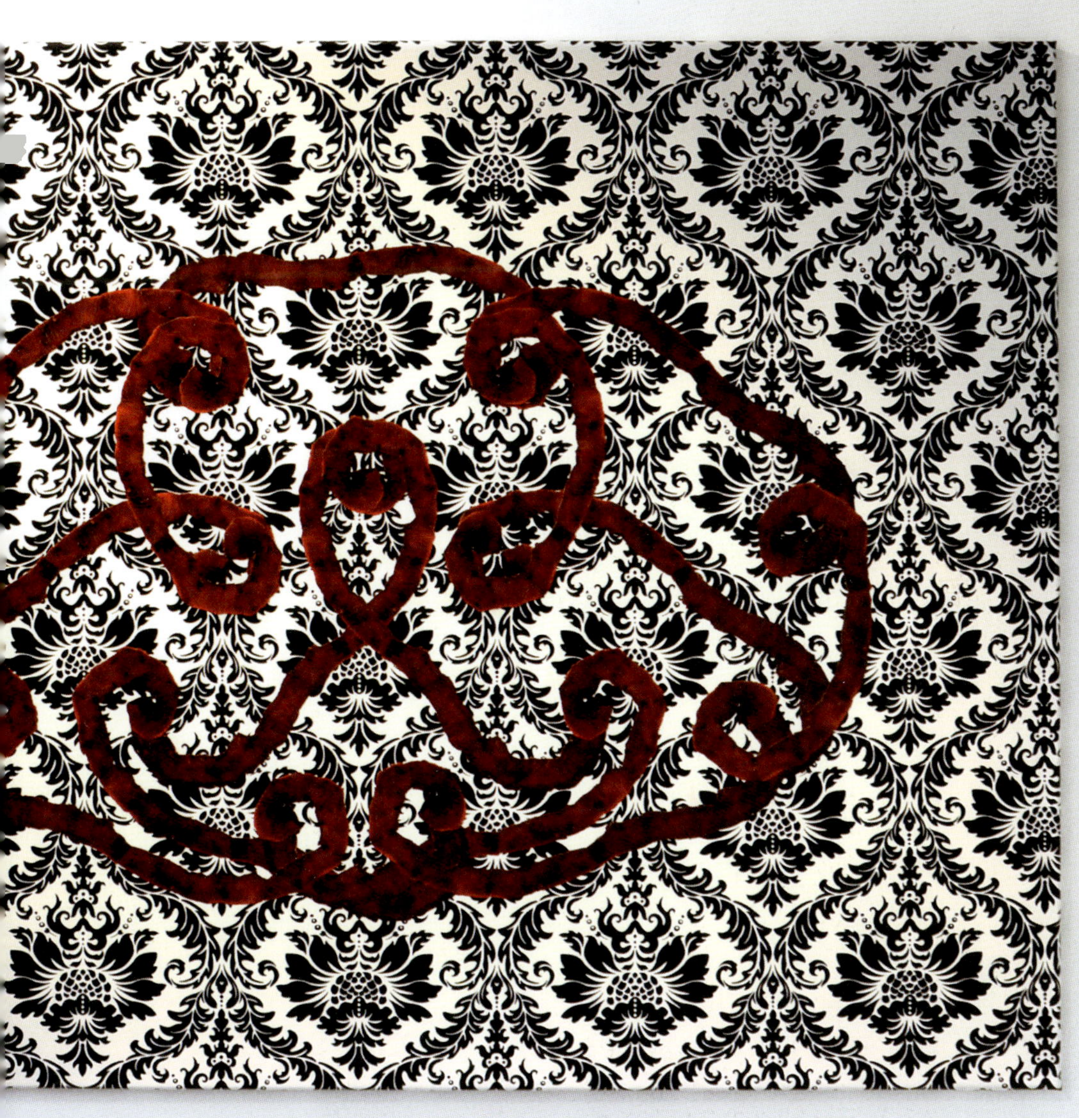

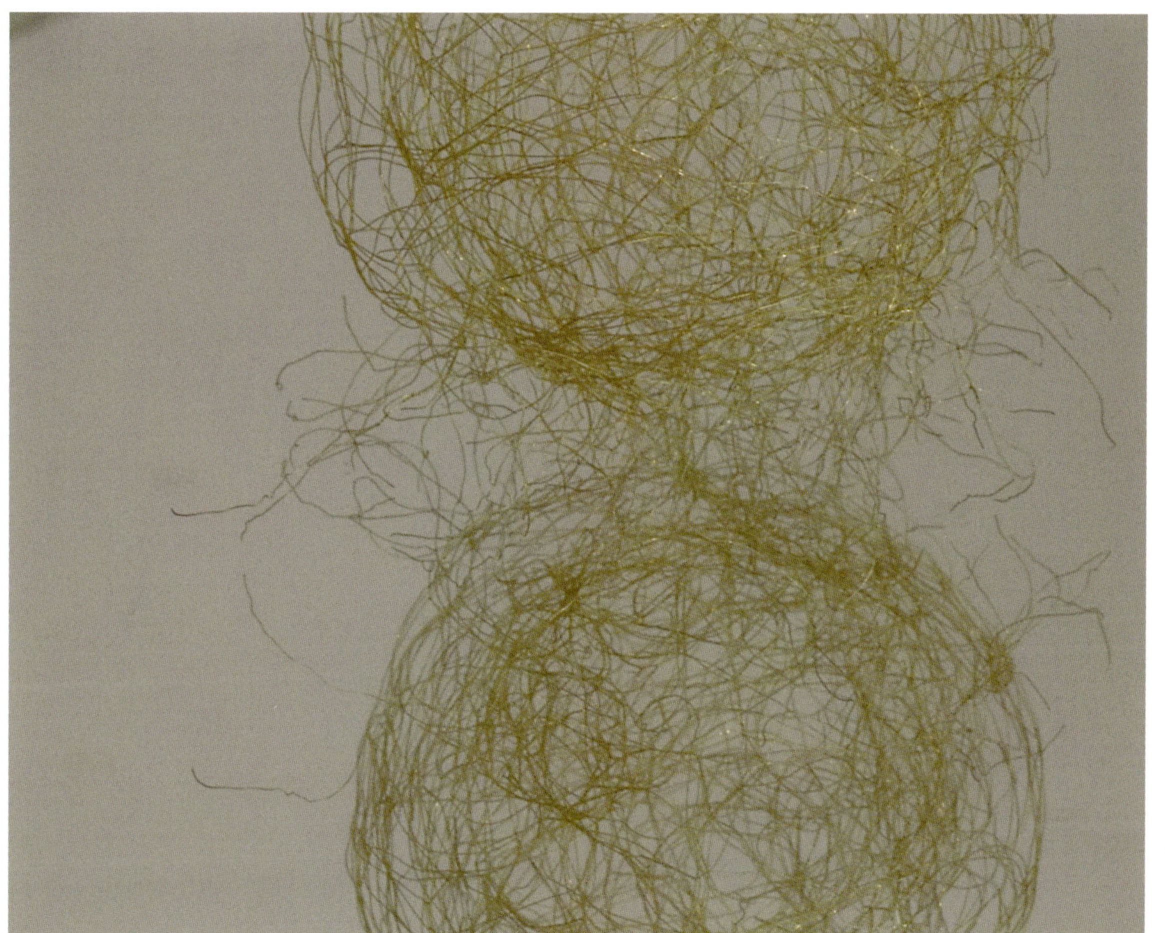

links
Salonstück I (auf leichten Füßen) 2017
Draht . Spiegeltischchen
68 x 51 x 36 cm

oben
Salonstück I (auf leichten Füßen)
Detail

S. 100
Salonstück II (pas de deux)
Detail

S. 102
Salon 2017
vorn: **Salonstück II** (pas de deux)
hinten: **krumme Dinger**

S. 103
Salonstück II (pas de deux) 2017
Draht . Spiegeltischchen
59 x 51 x 36 cm

S. 104-107
Salon 2017
Ausstellungsansichten
Wasserschloss Reelkirchen

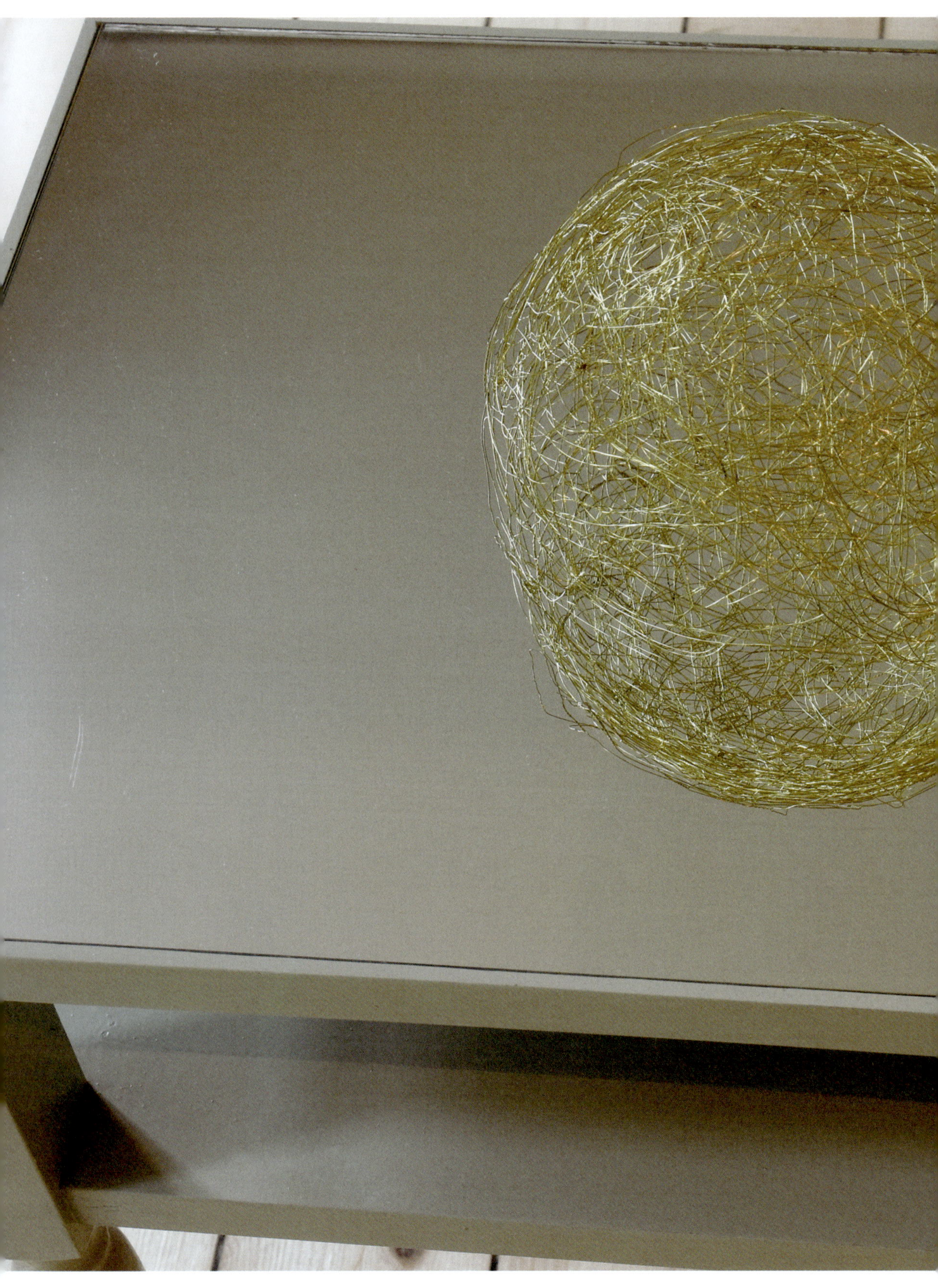

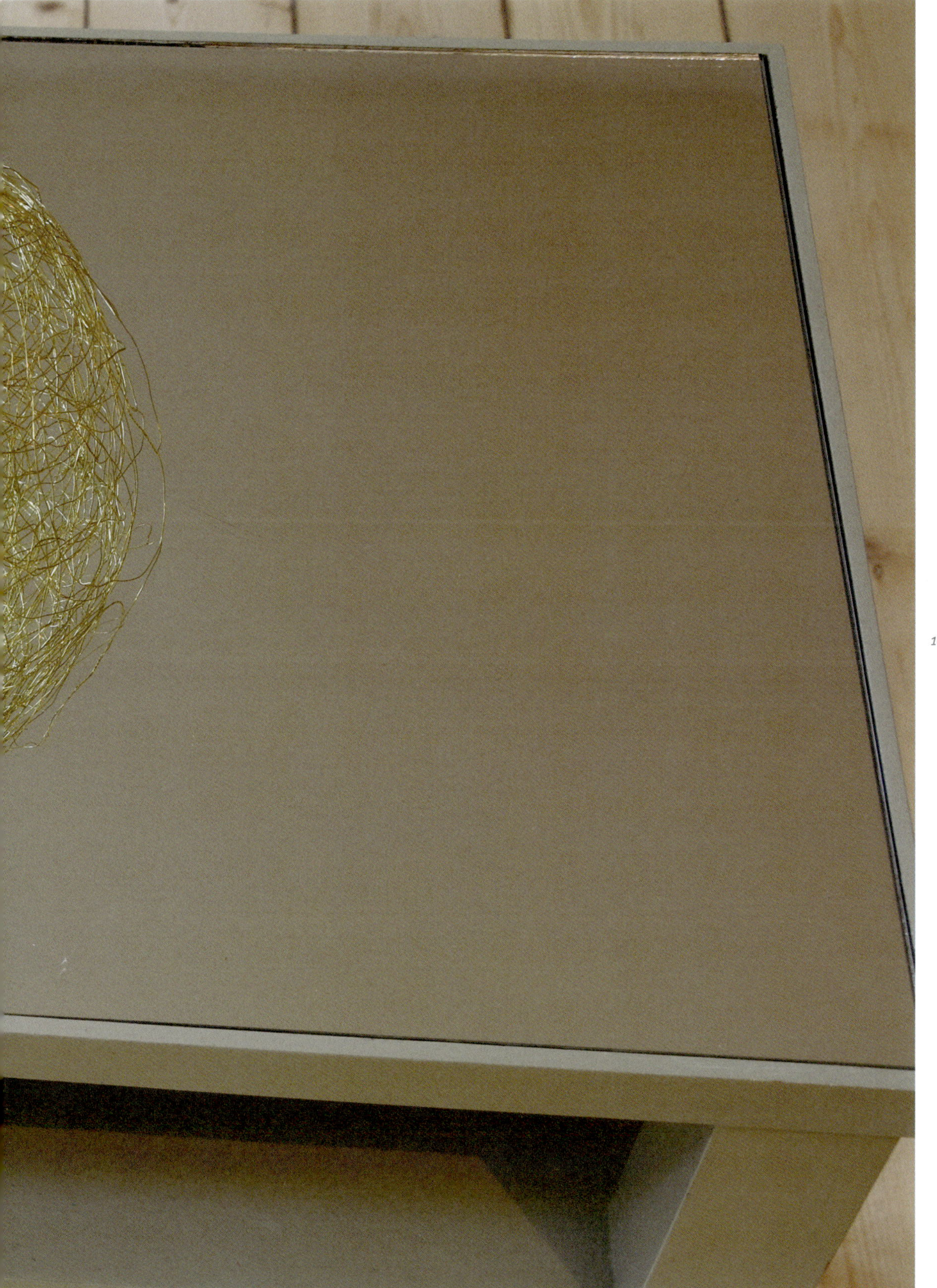

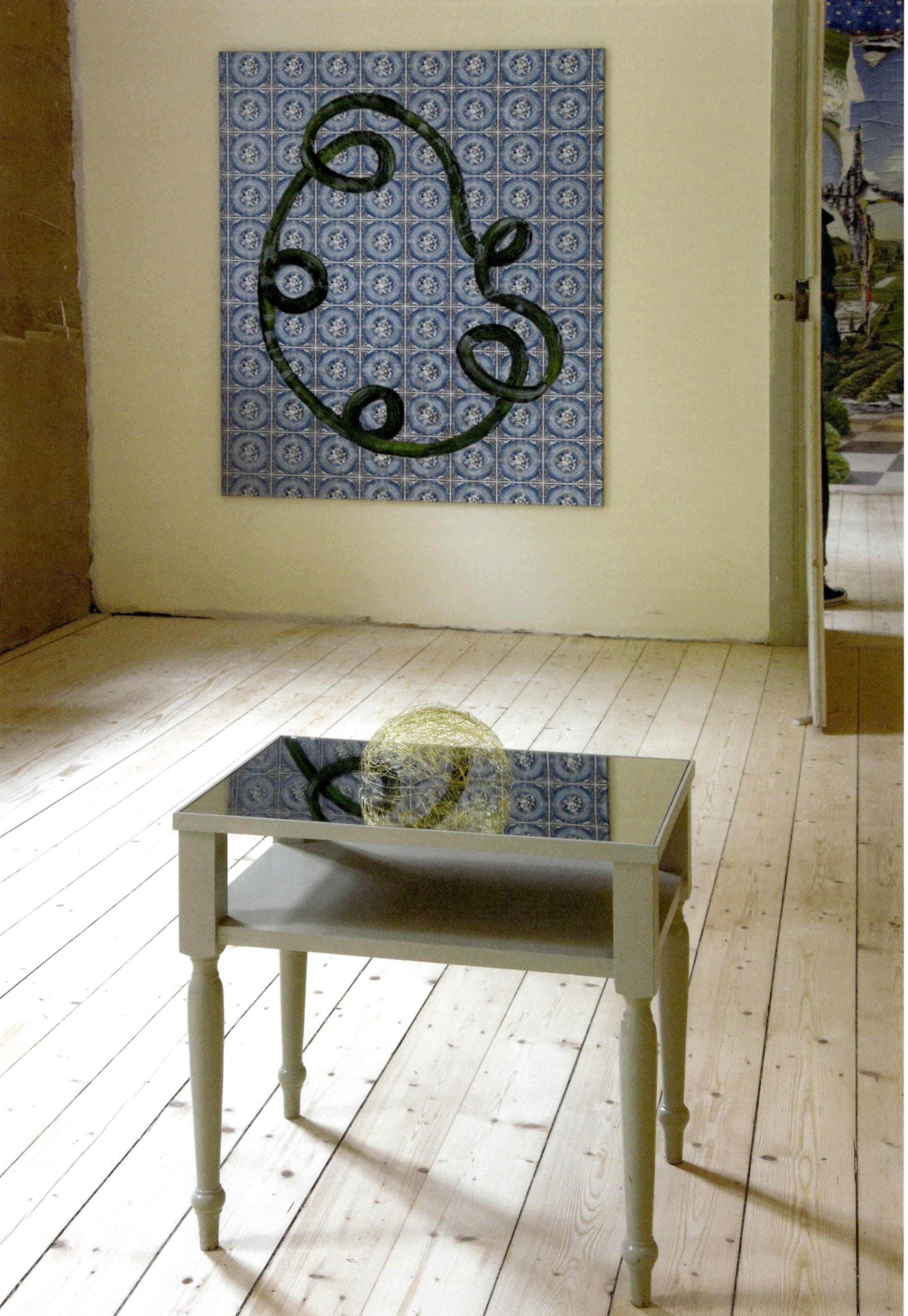

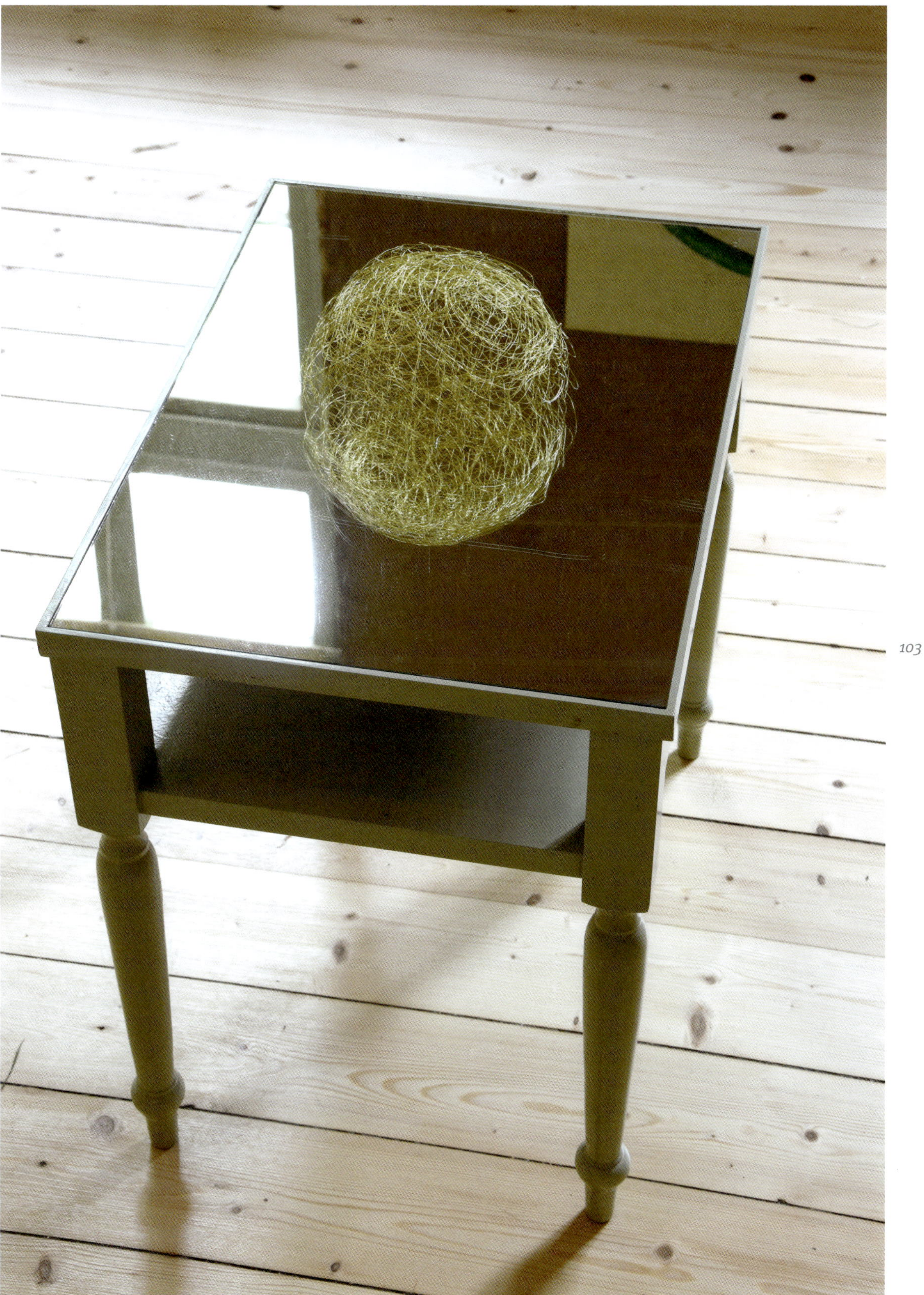

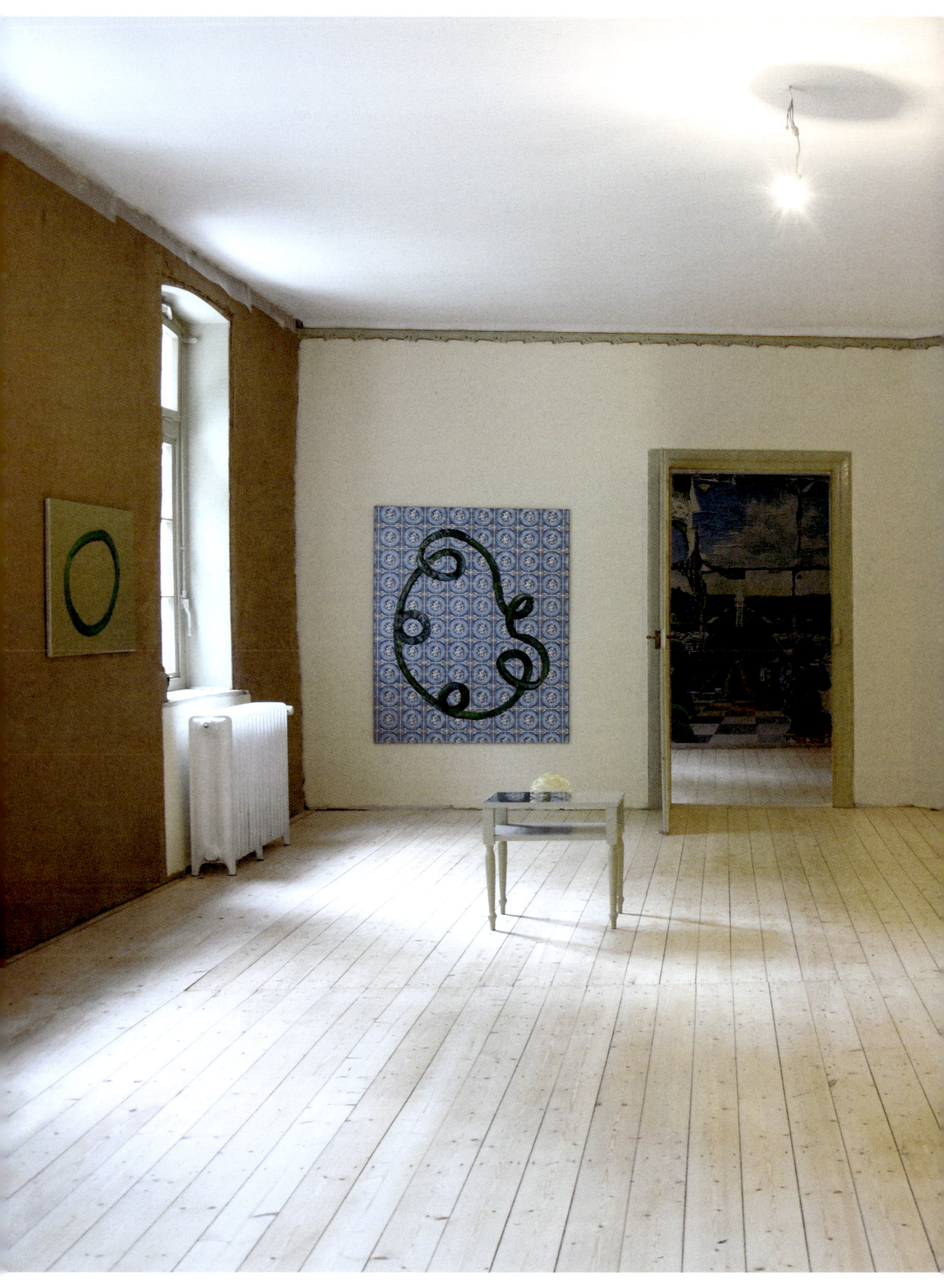

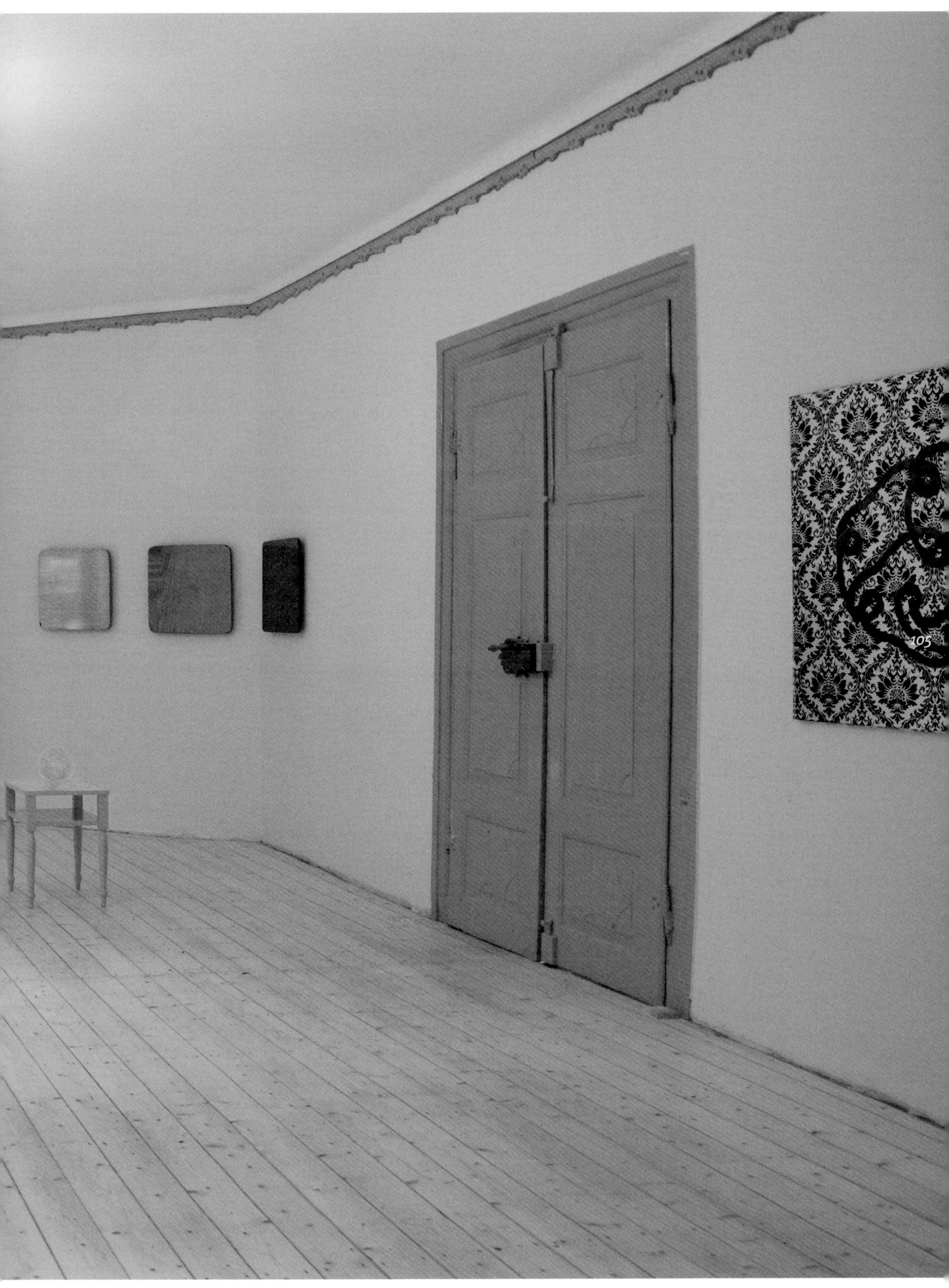

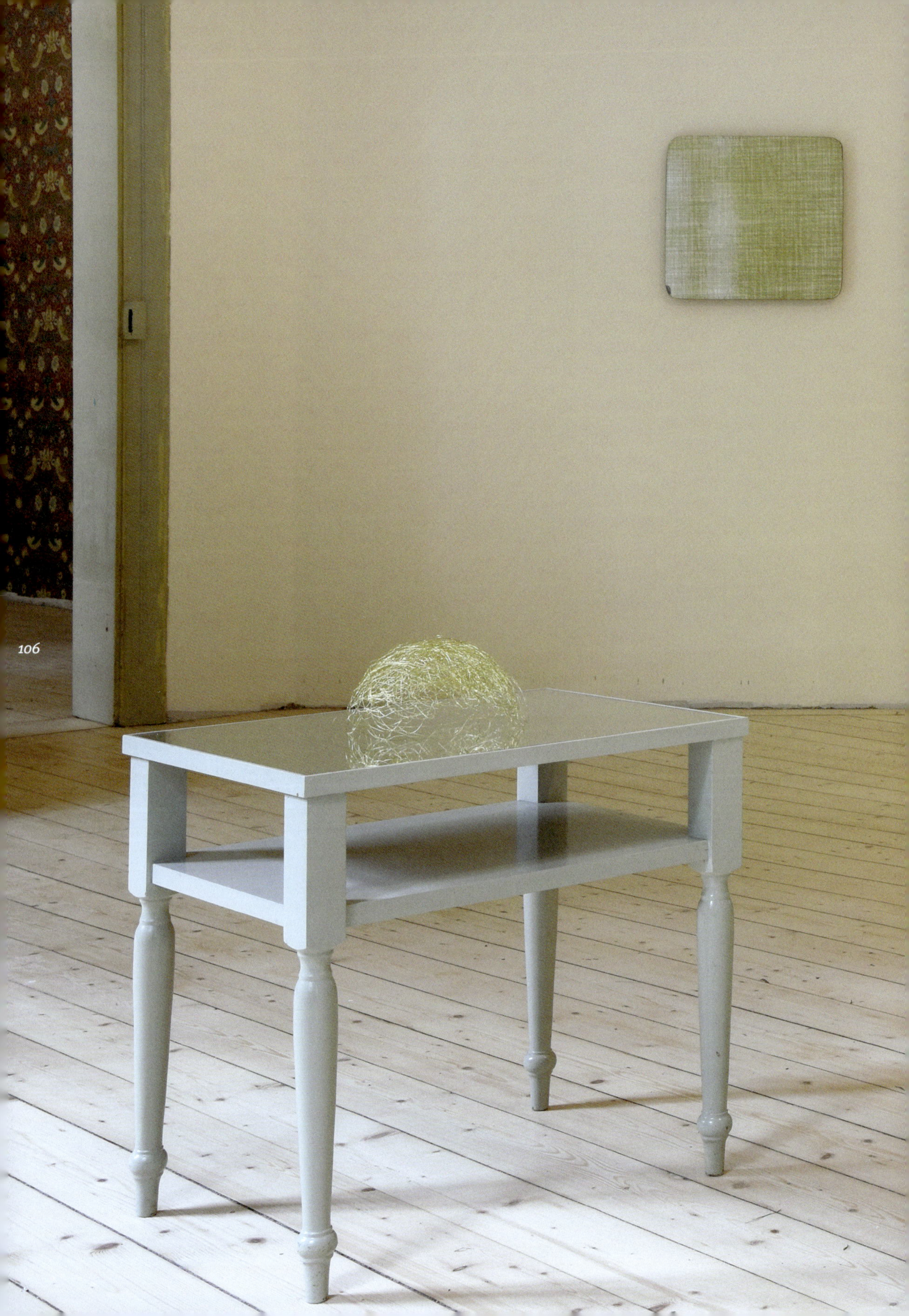

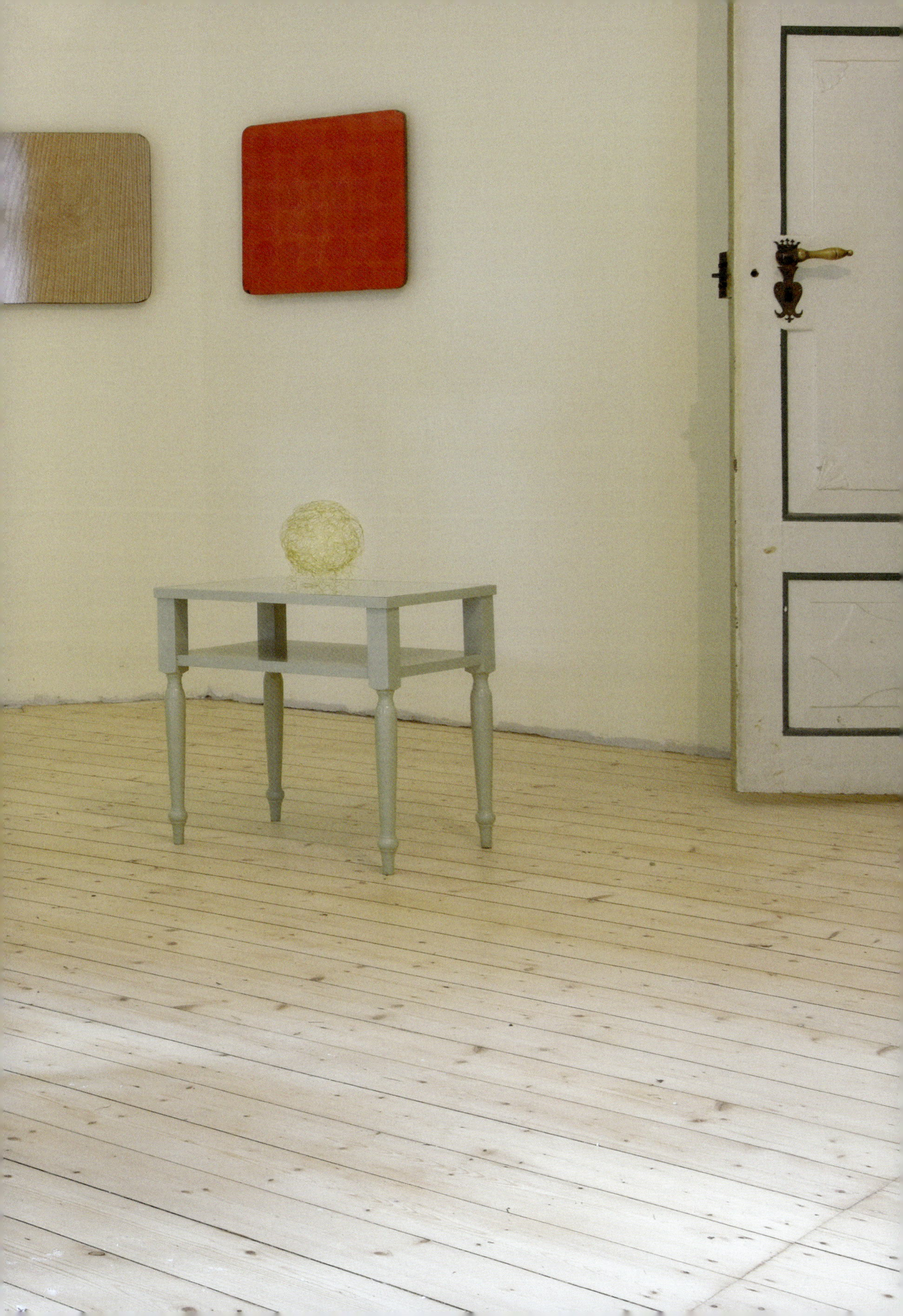

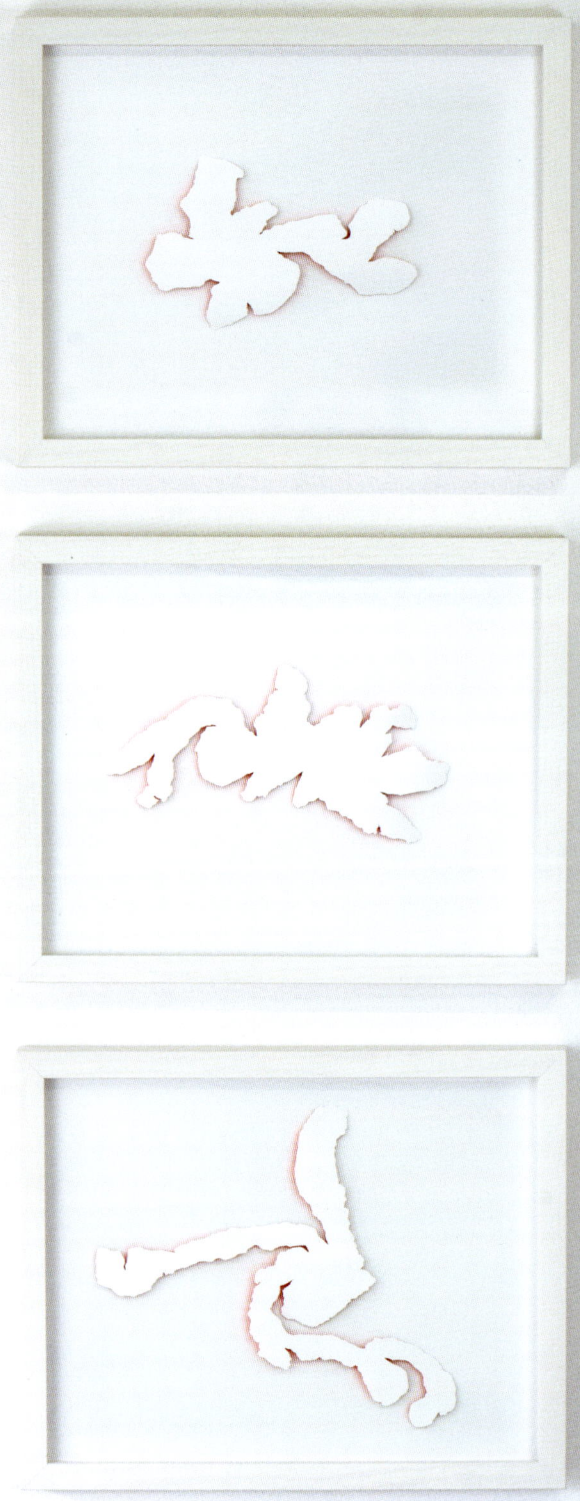

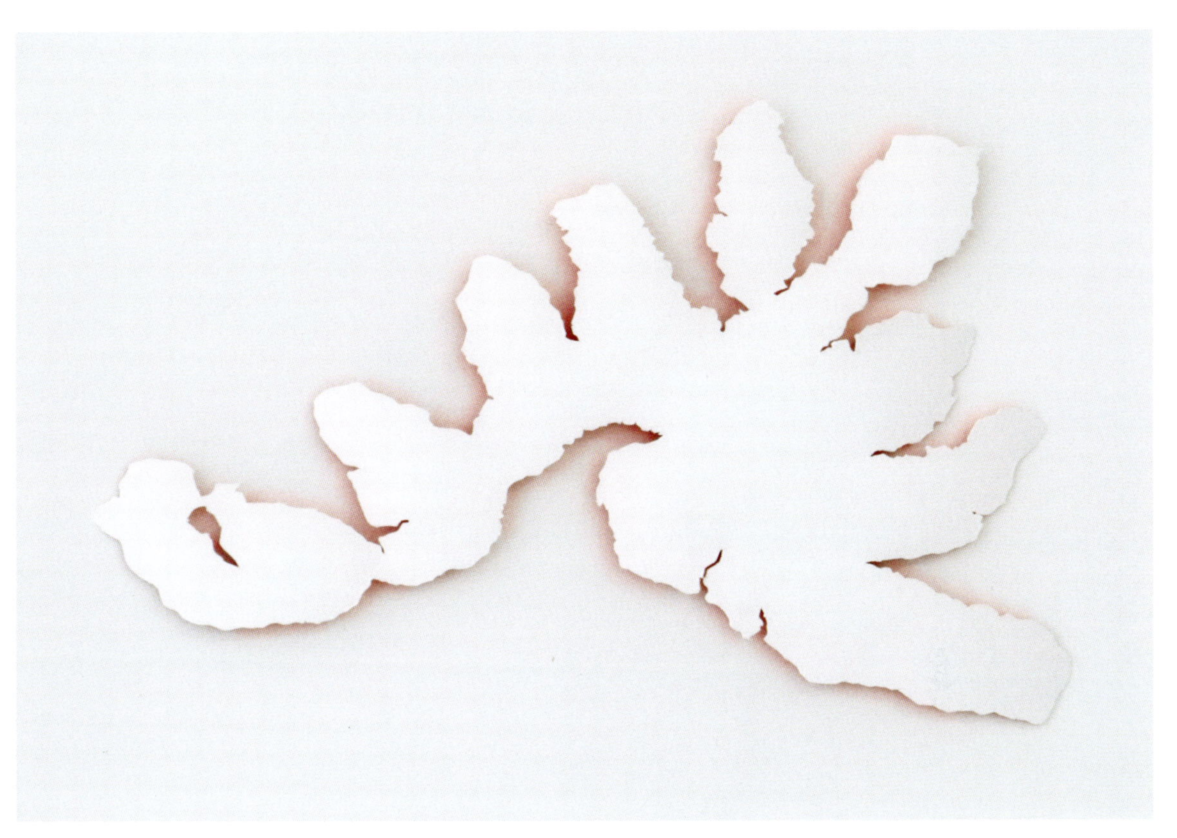

links
Manda 5
Manda 2
Manda 1
oben: **Manda 3** 2014
Fotostücke . Karton . Rahmen
je 26 x 32 x 2,5 cm

S. 110
Ausstellungsansicht
Galerie UP ART CONTEMPORARY

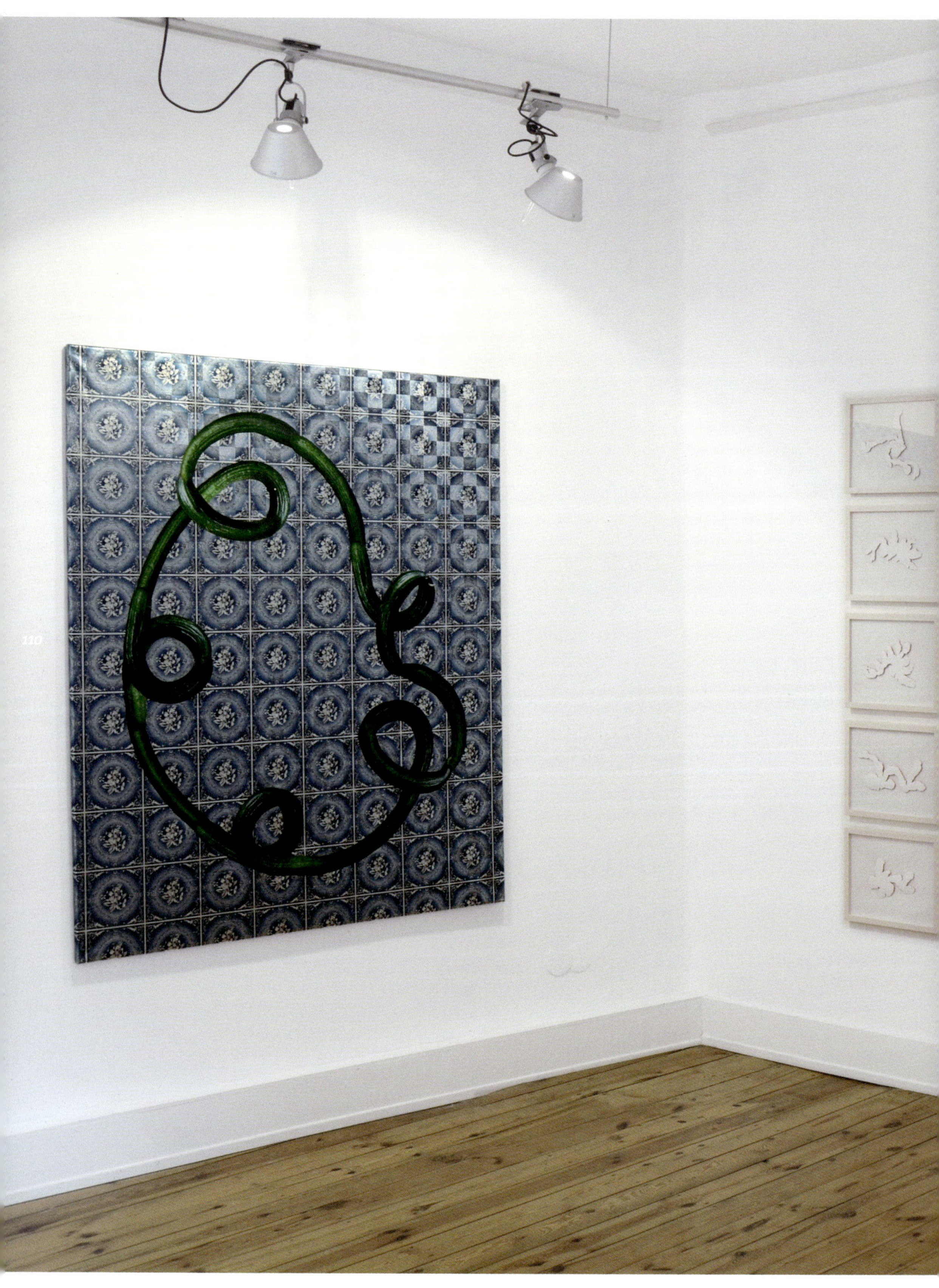

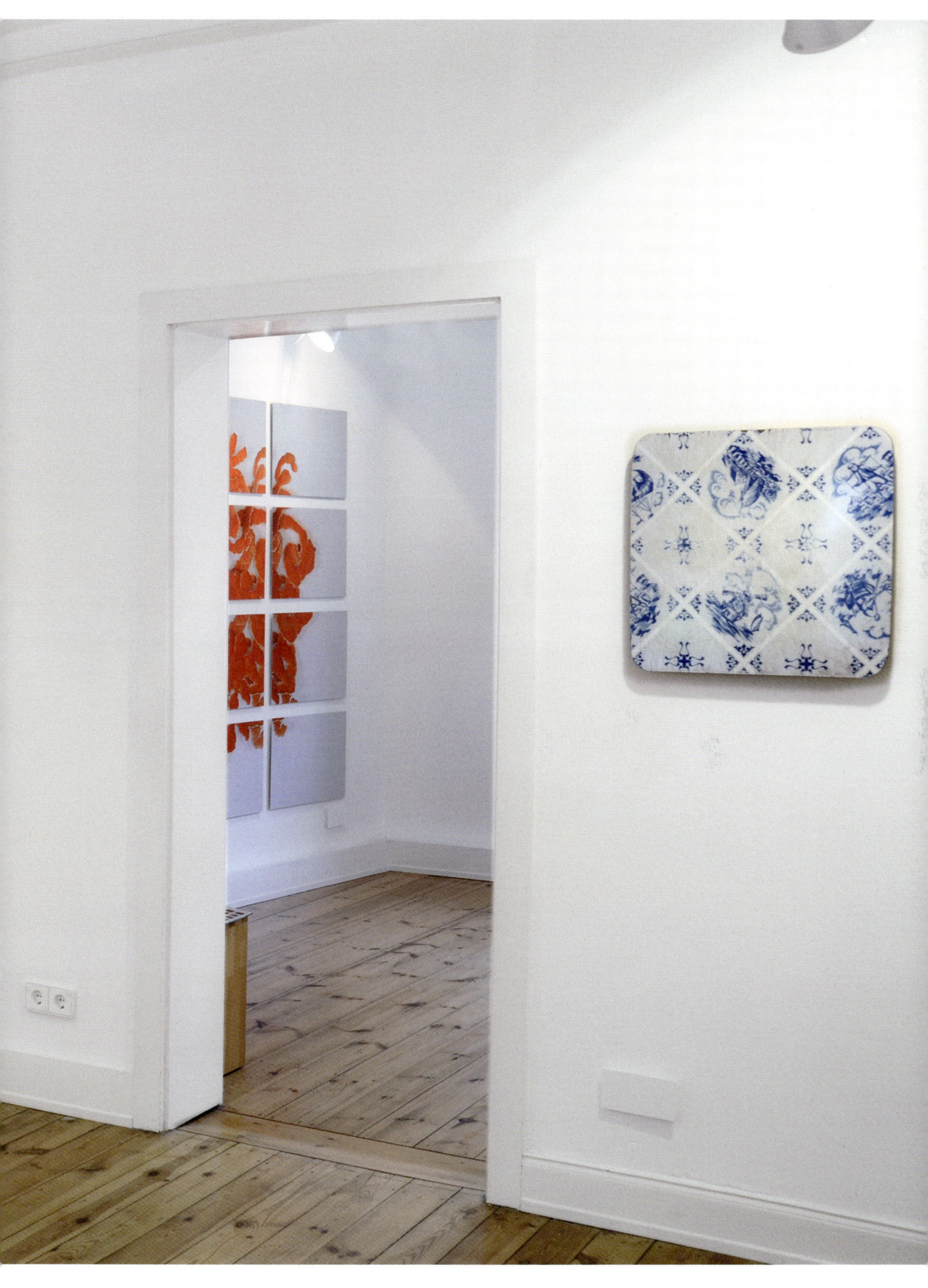

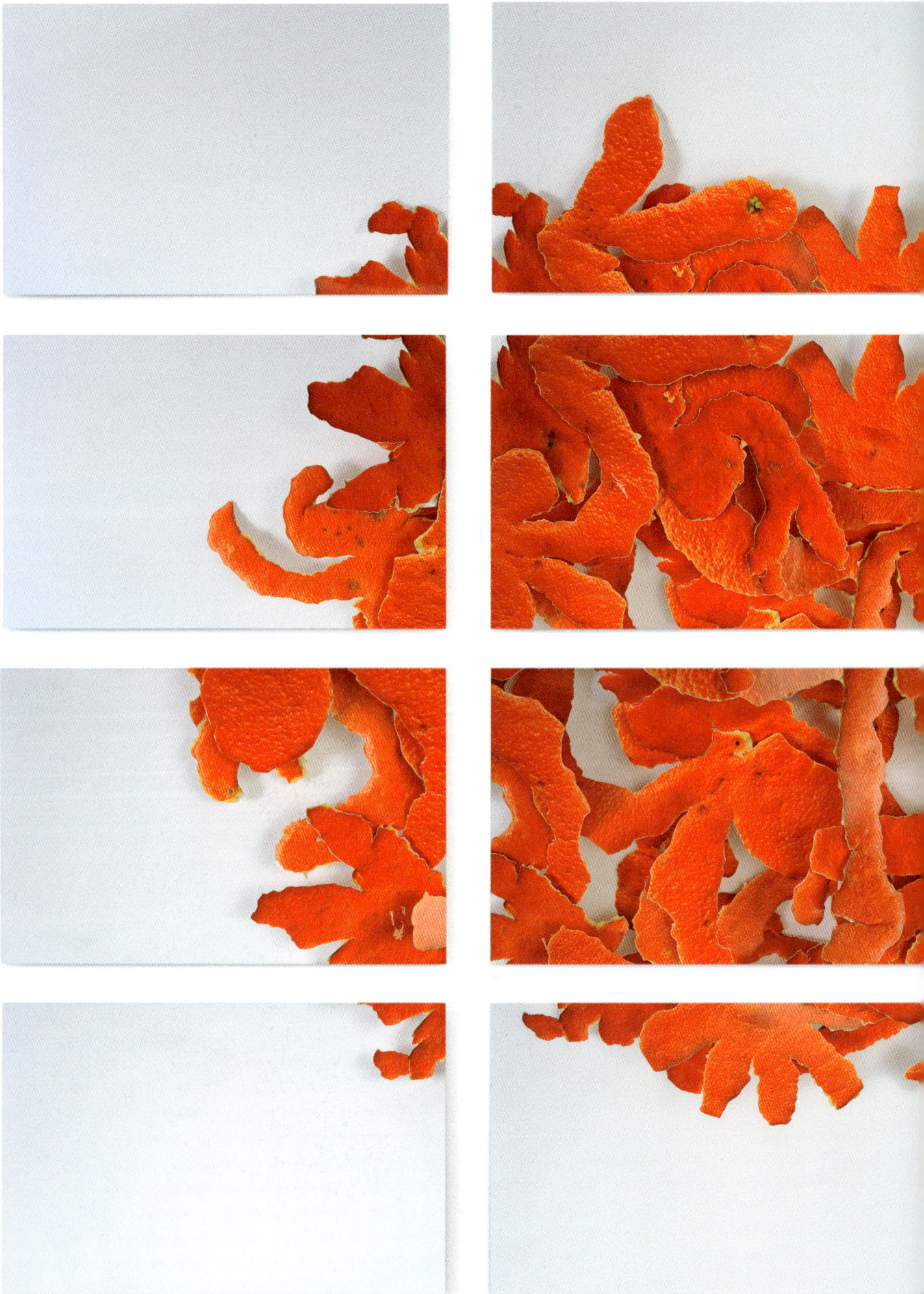

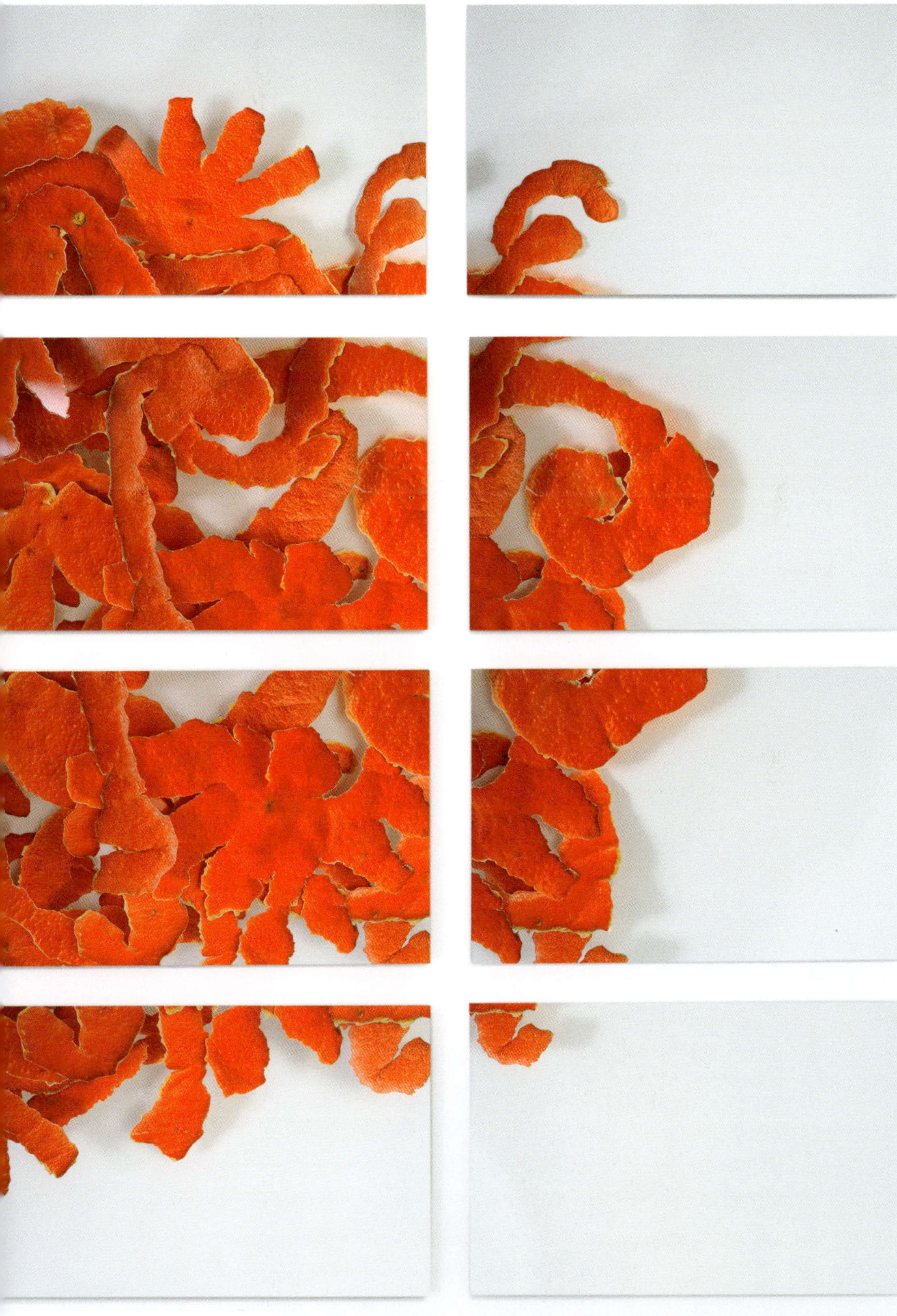

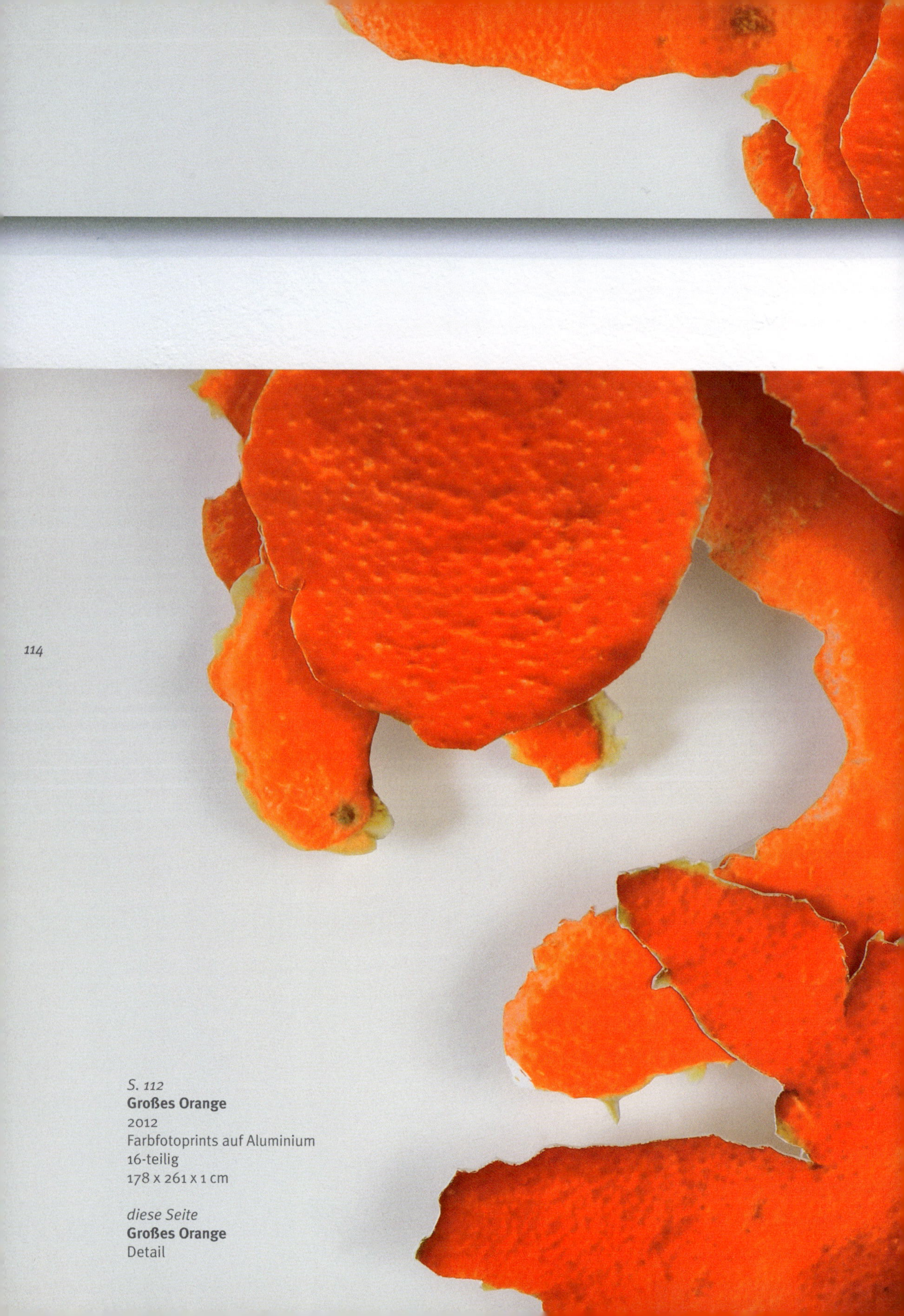

S. 112
Großes Orange
2012
Farbfotoprints auf Aluminium
16-teilig
178 x 261 x 1 cm

diese Seite
Großes Orange
Detail

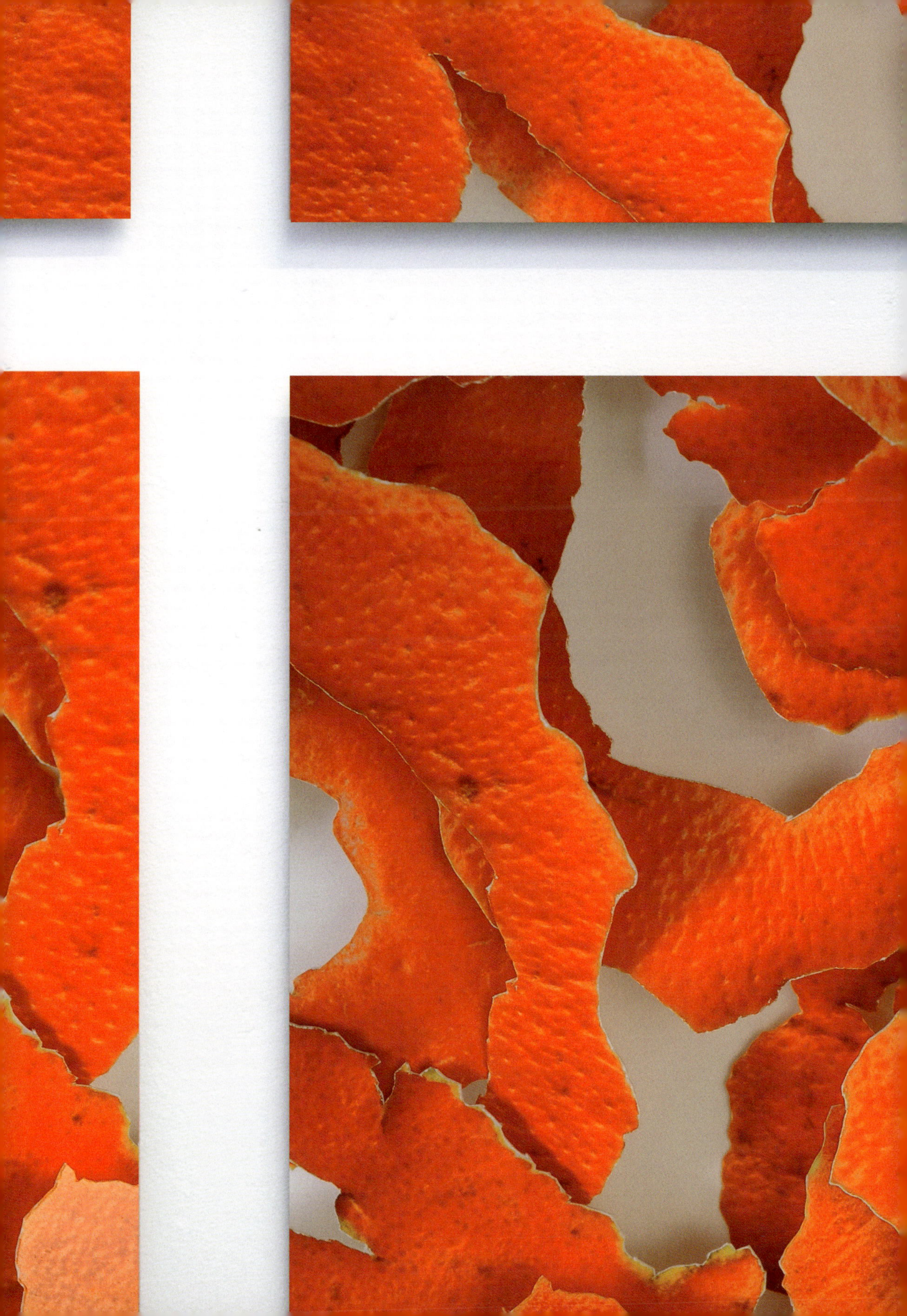

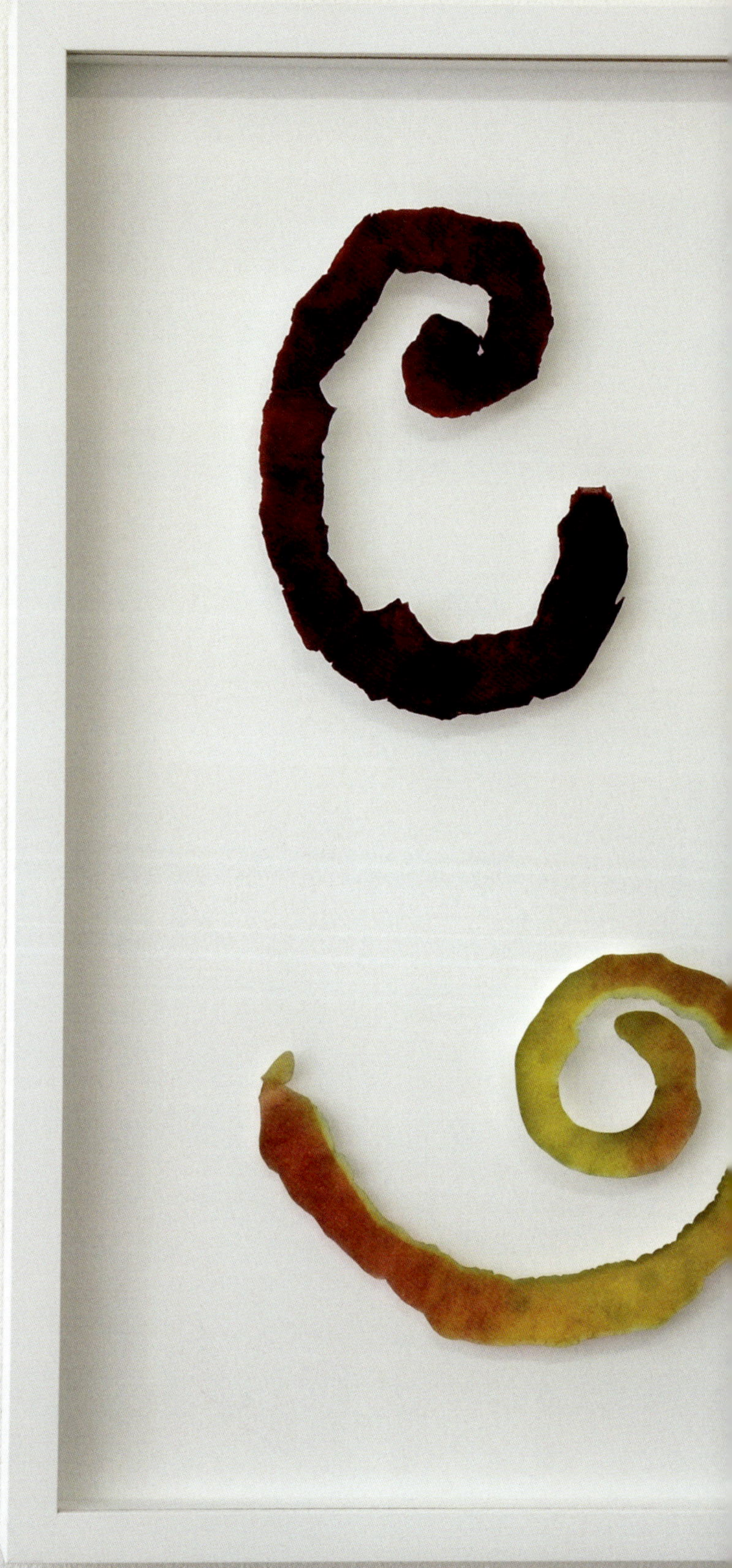

kleines Schalensortiment
2014
Fotostücke . Karton . Rahmen
50 x 60 x 3,4 cm

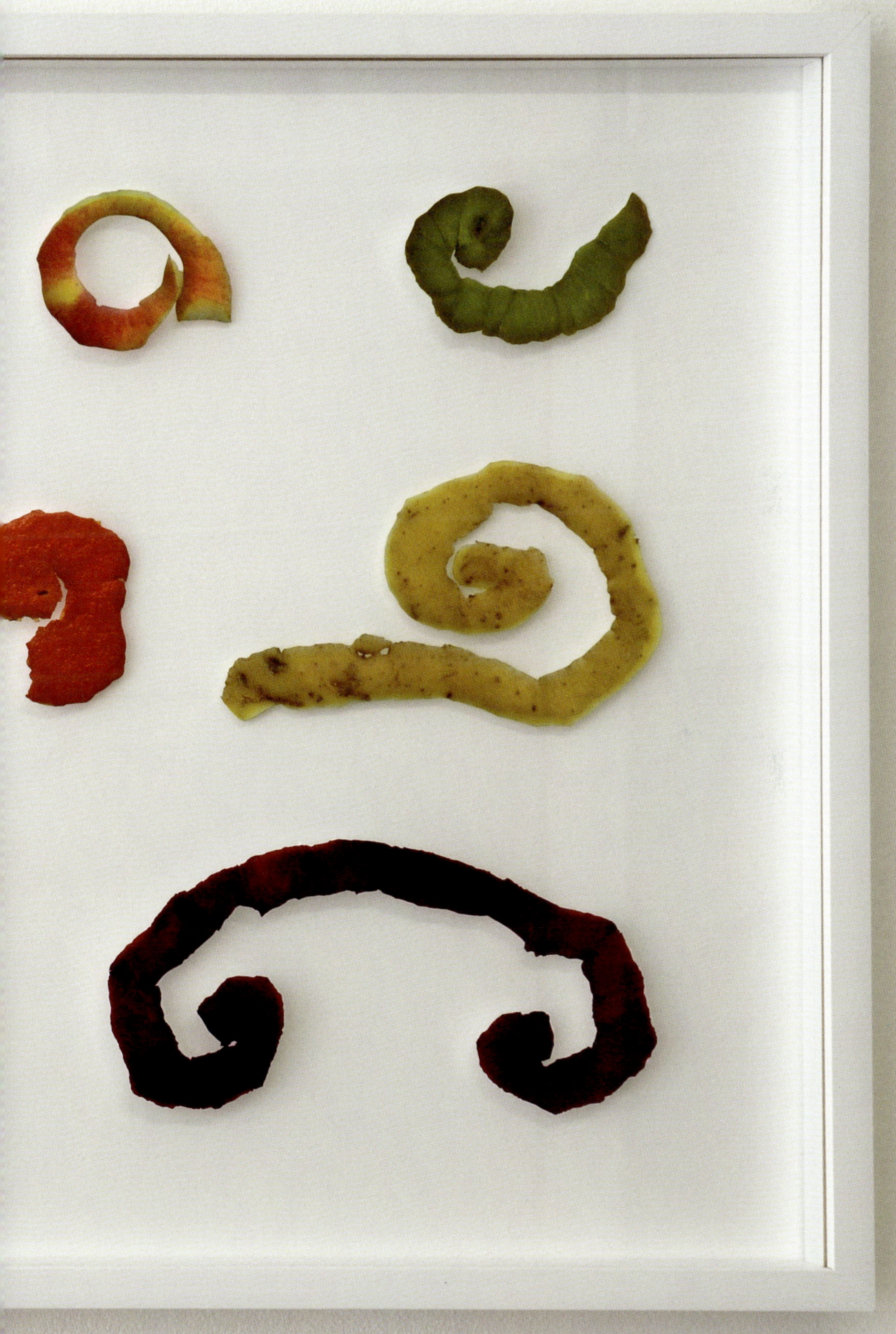

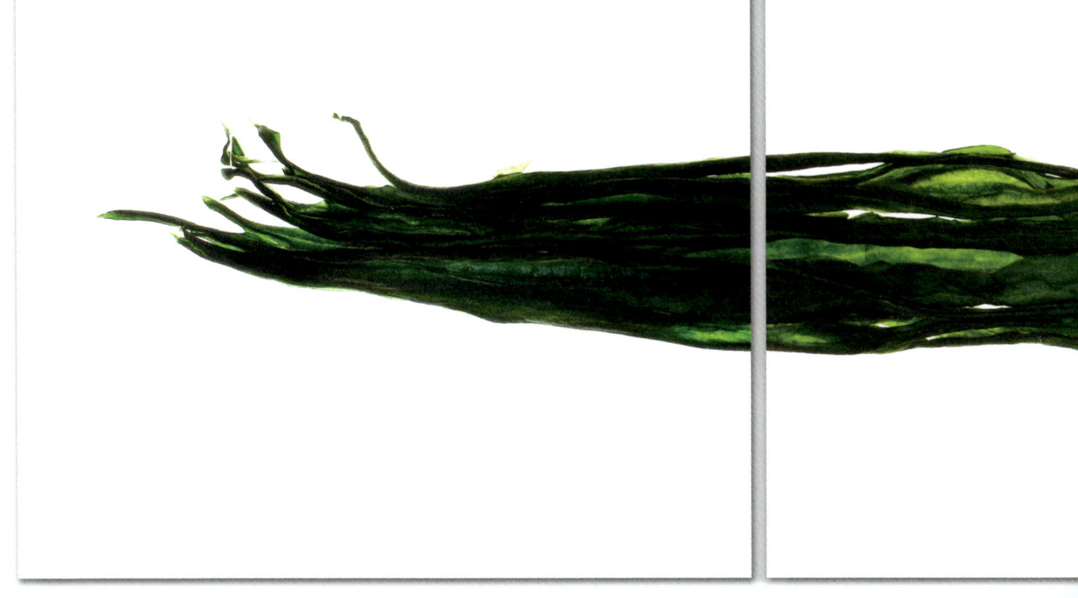

Ohne Titel 2019
Fotografie
dreiteilig
40 x 152 cm

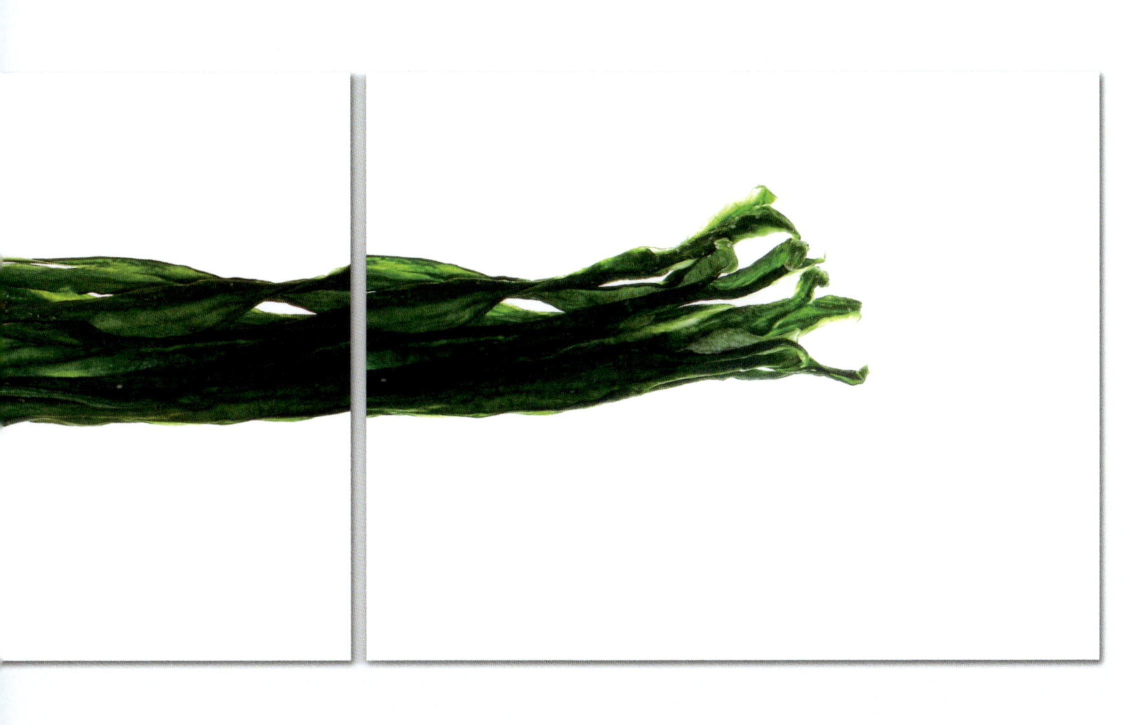

120 **O.T. mental** 2014
Papierschnitt . Rahmen
42,1 x 32,1 x 2,7 cm

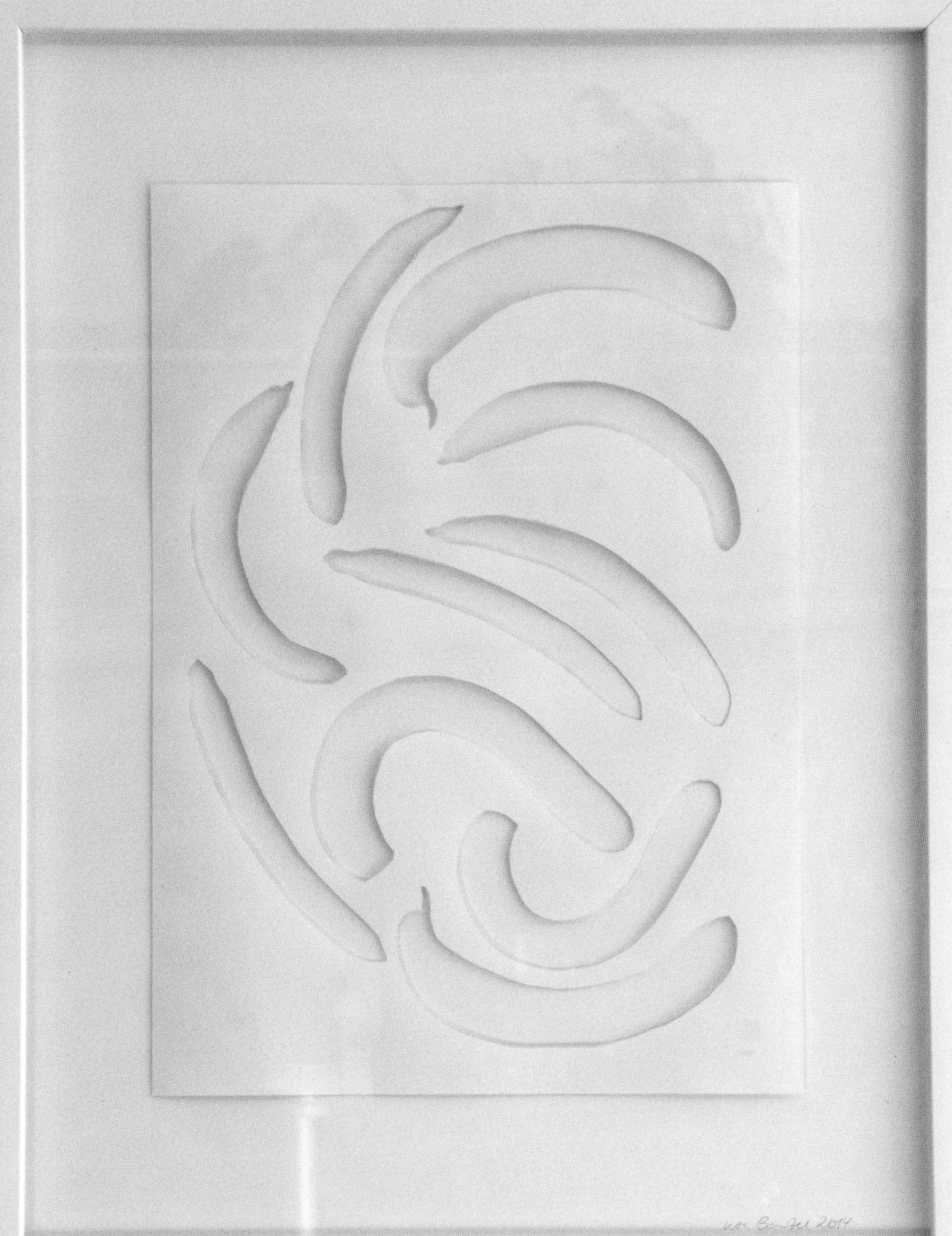

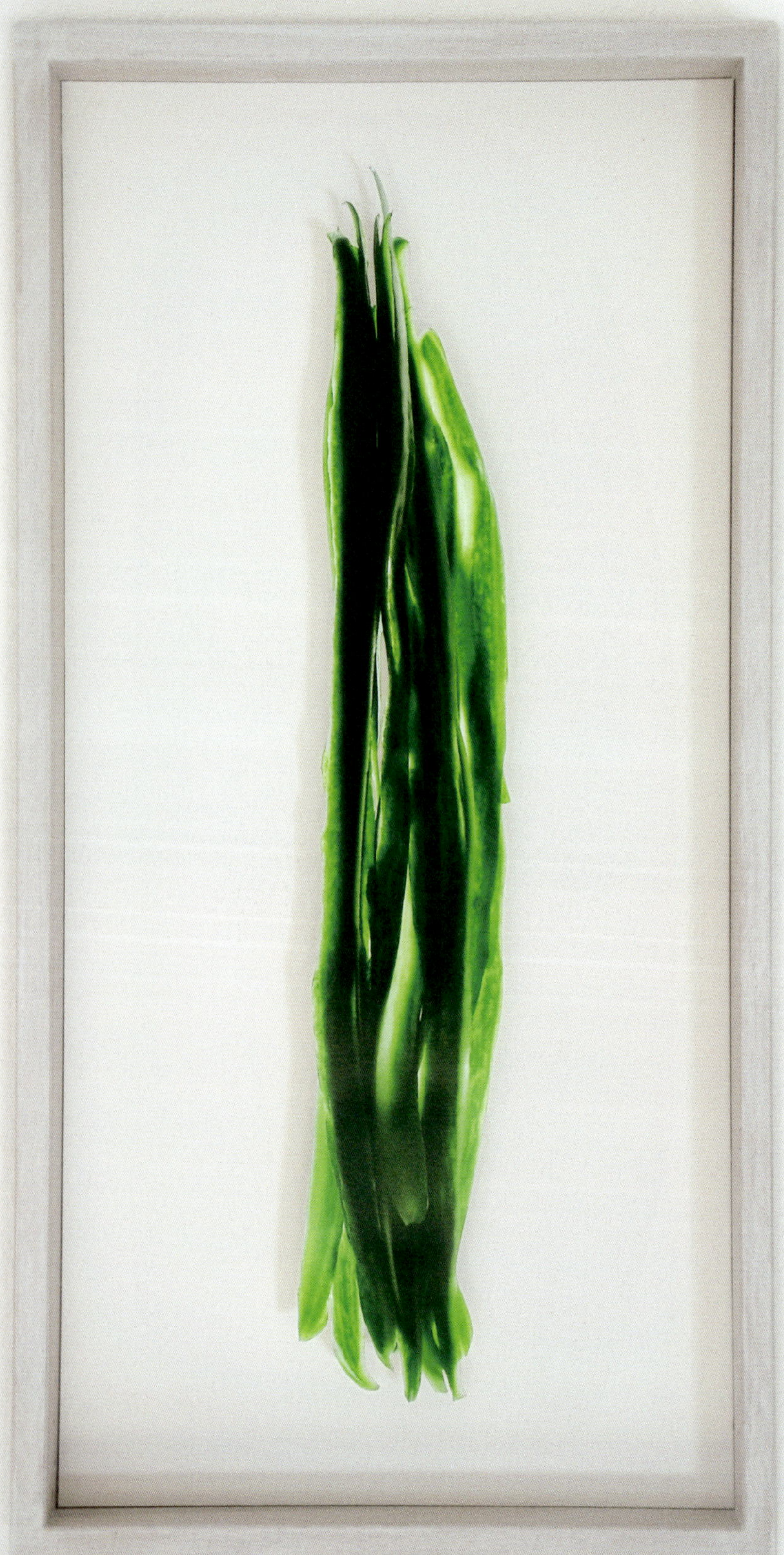

unten
von weit her 2014
Fotostück . Holzkasten
15 x 30 x 3 cm

rechts
Formung grün 2012
Fotostück . Karton
Holzkasten
40 x 20 x 3 cm

S. 124
Kuschelkiwi 2014
Fotostück . Stoff
18,5 x 26,5 x 2 cm

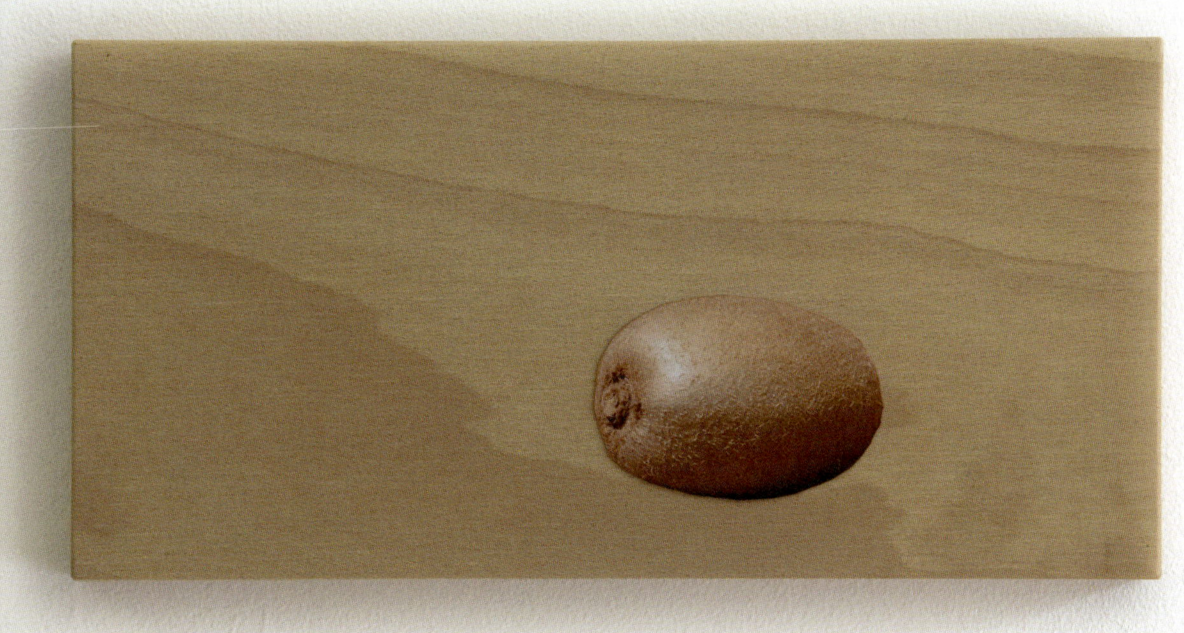

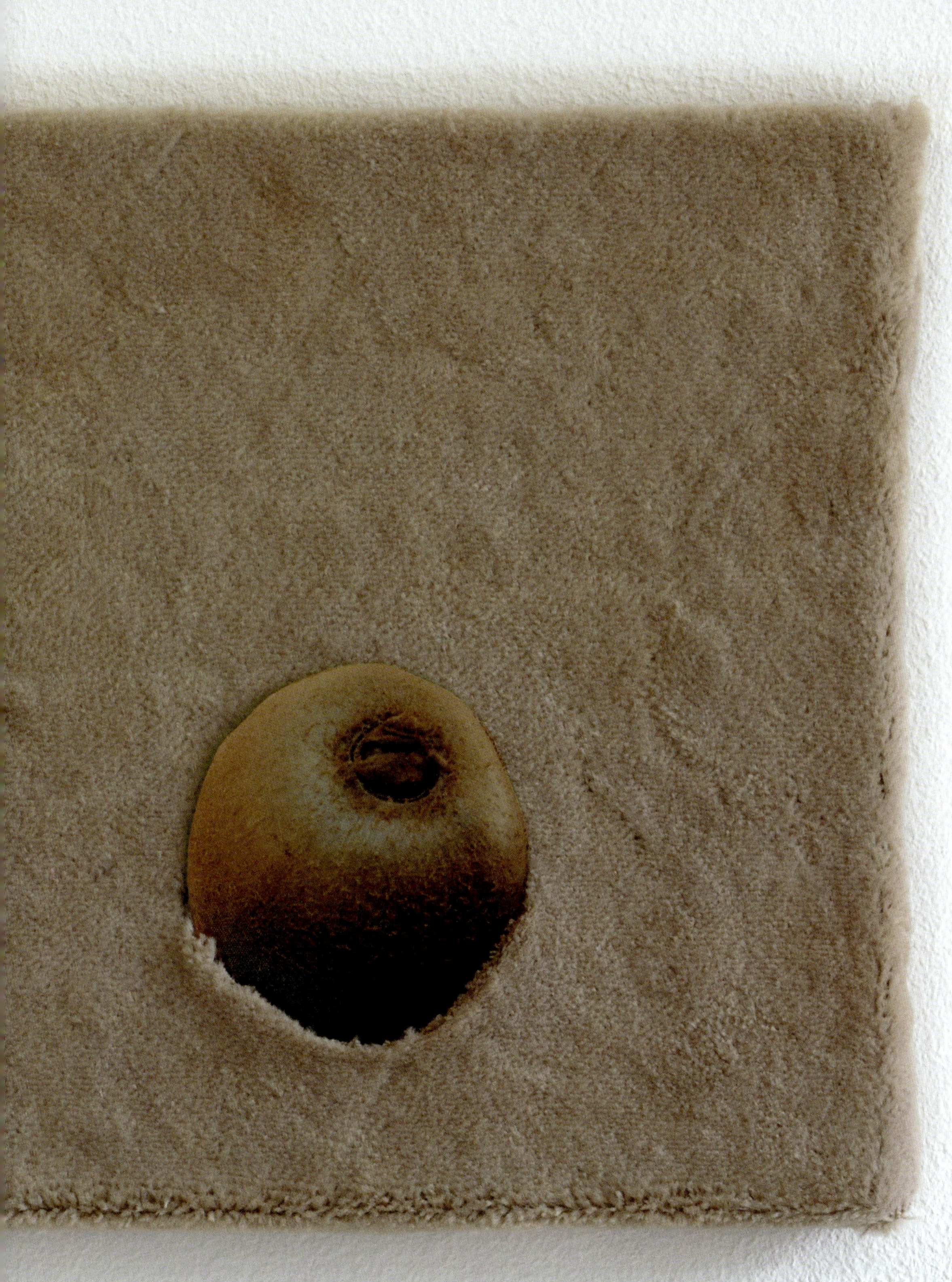

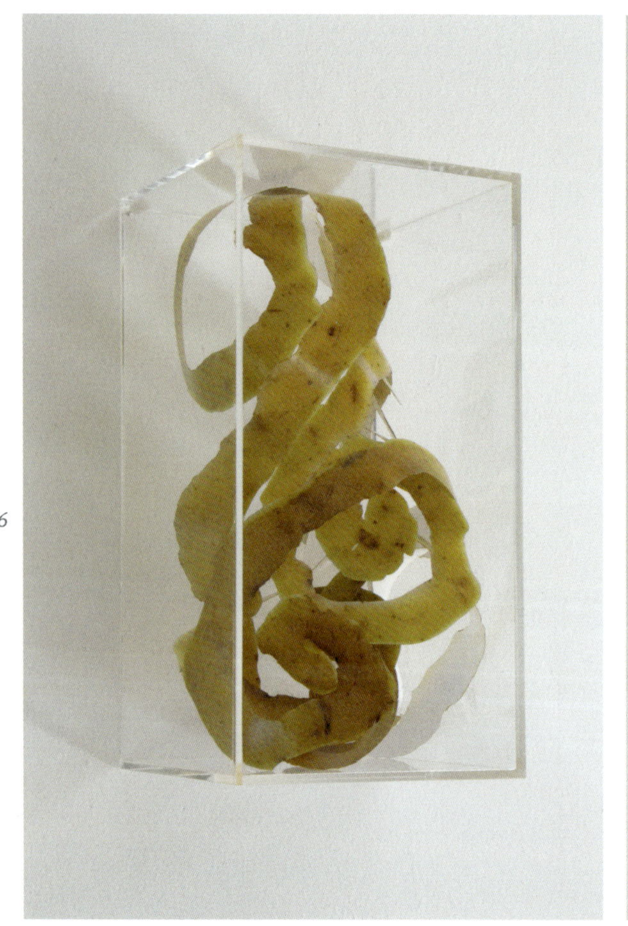

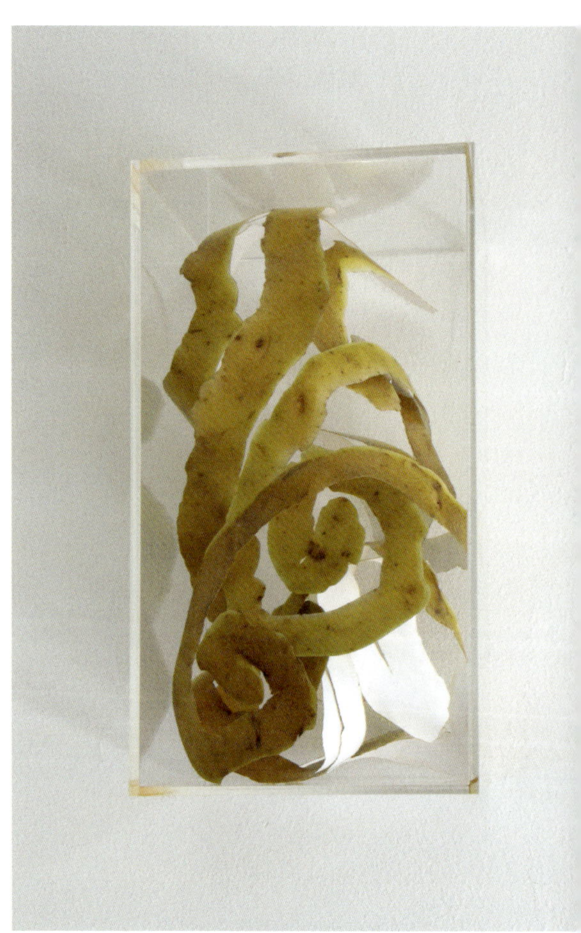

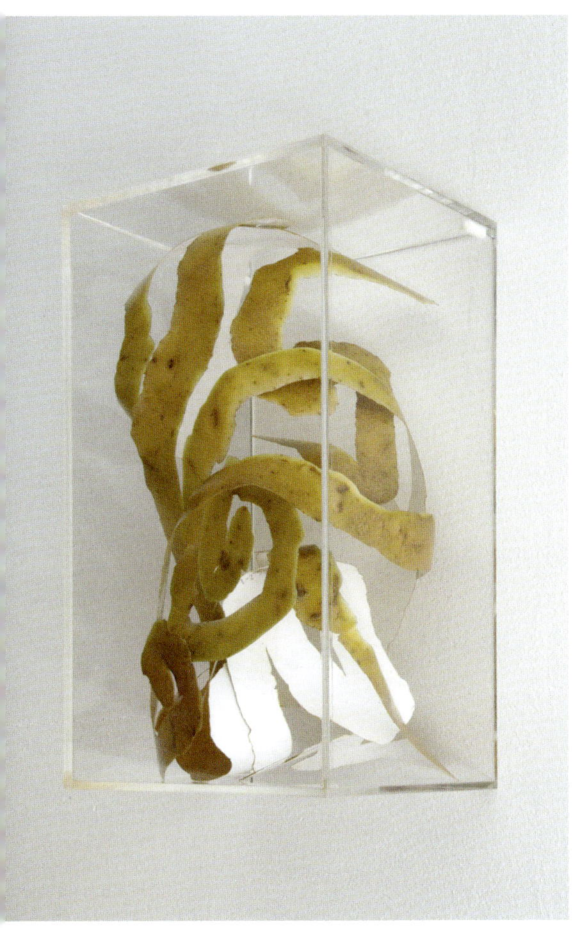

Verwicklung 2 2012
Fotostück . Acrylglas
29 x 15 x 12 cm

S. 128
Verwicklung 2
Detail

S. 130
Verwicklung 1 2012
Fotostücke . Karton
Holzkasten
30 x 50 x 3 cm

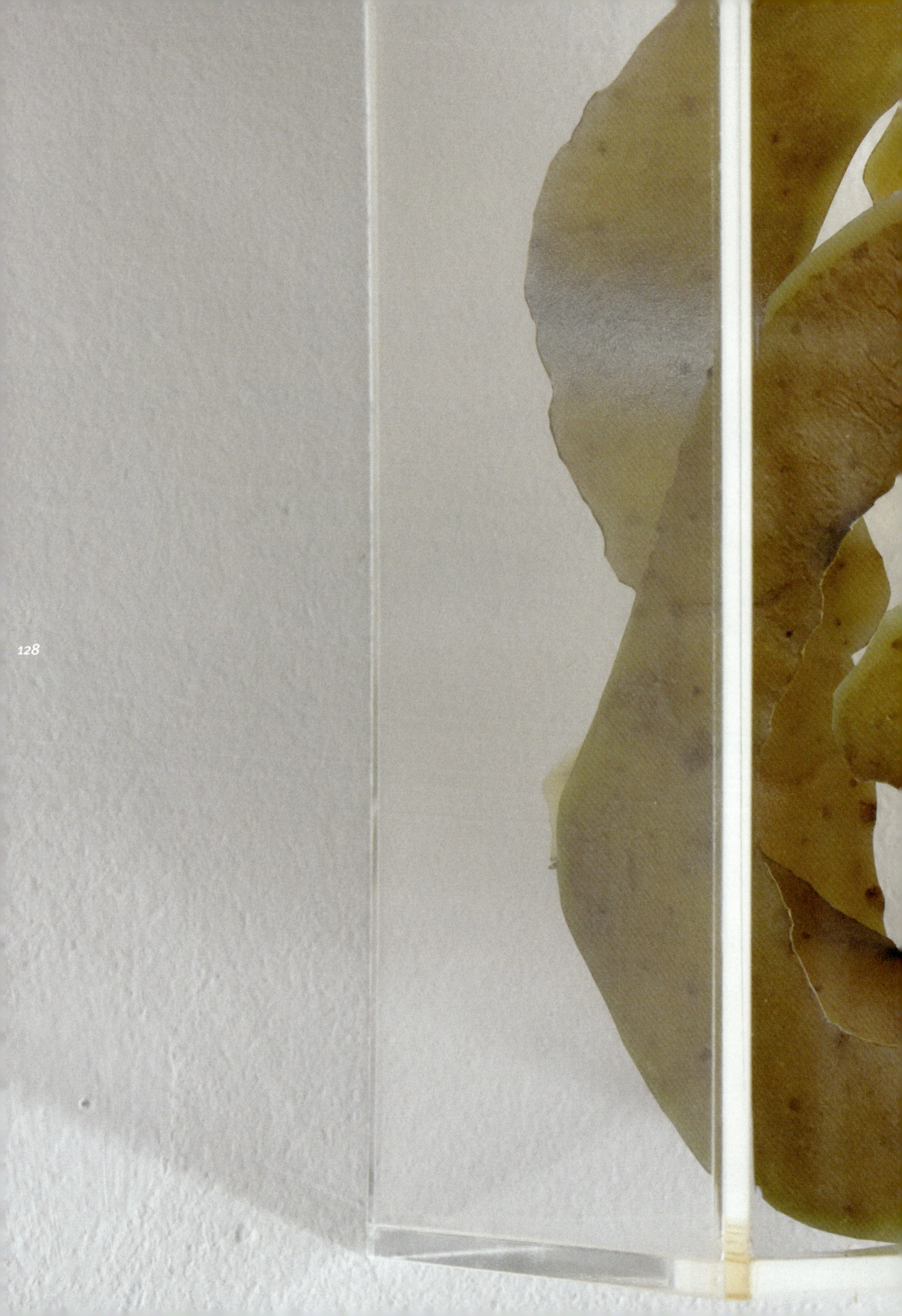

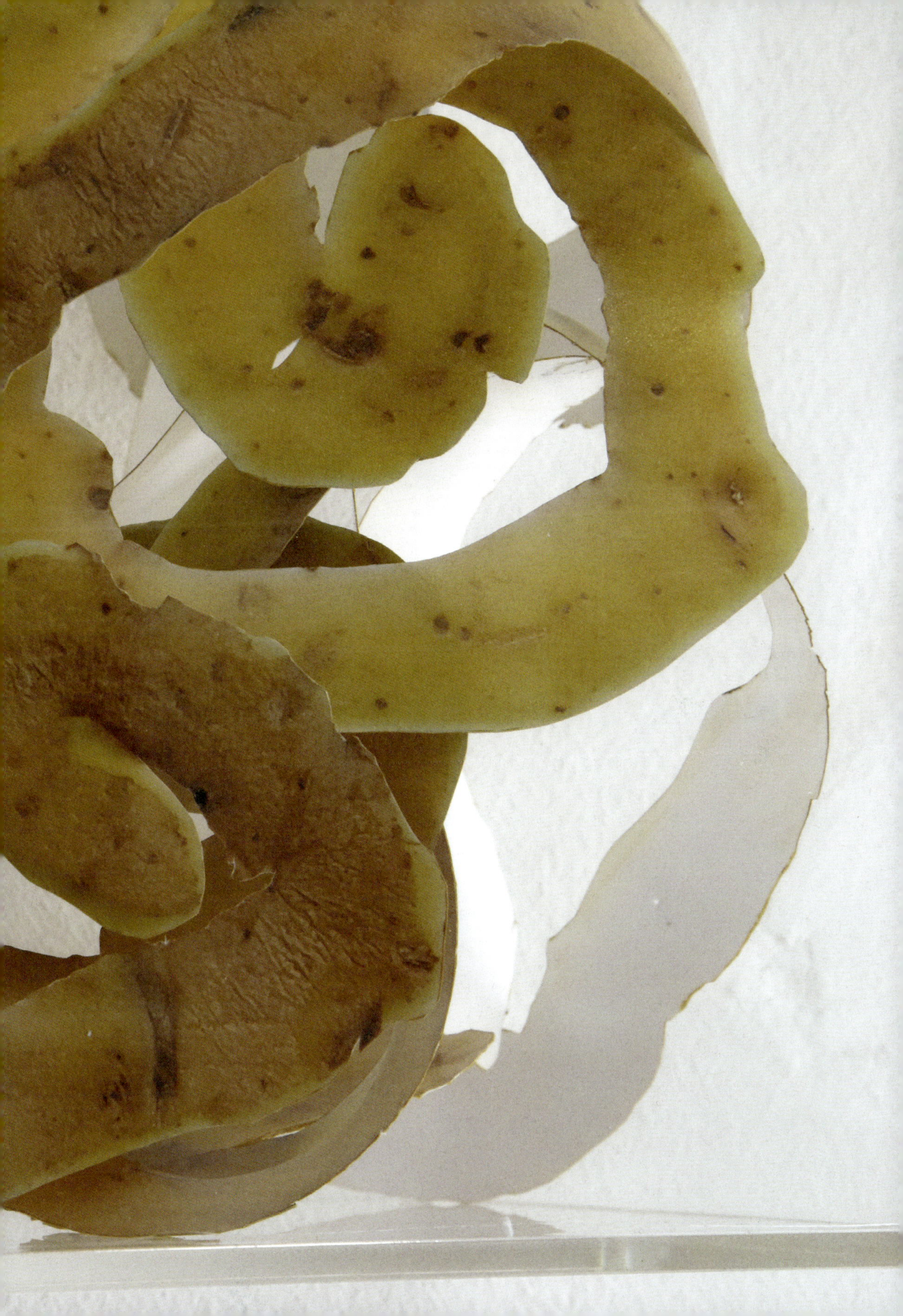

130

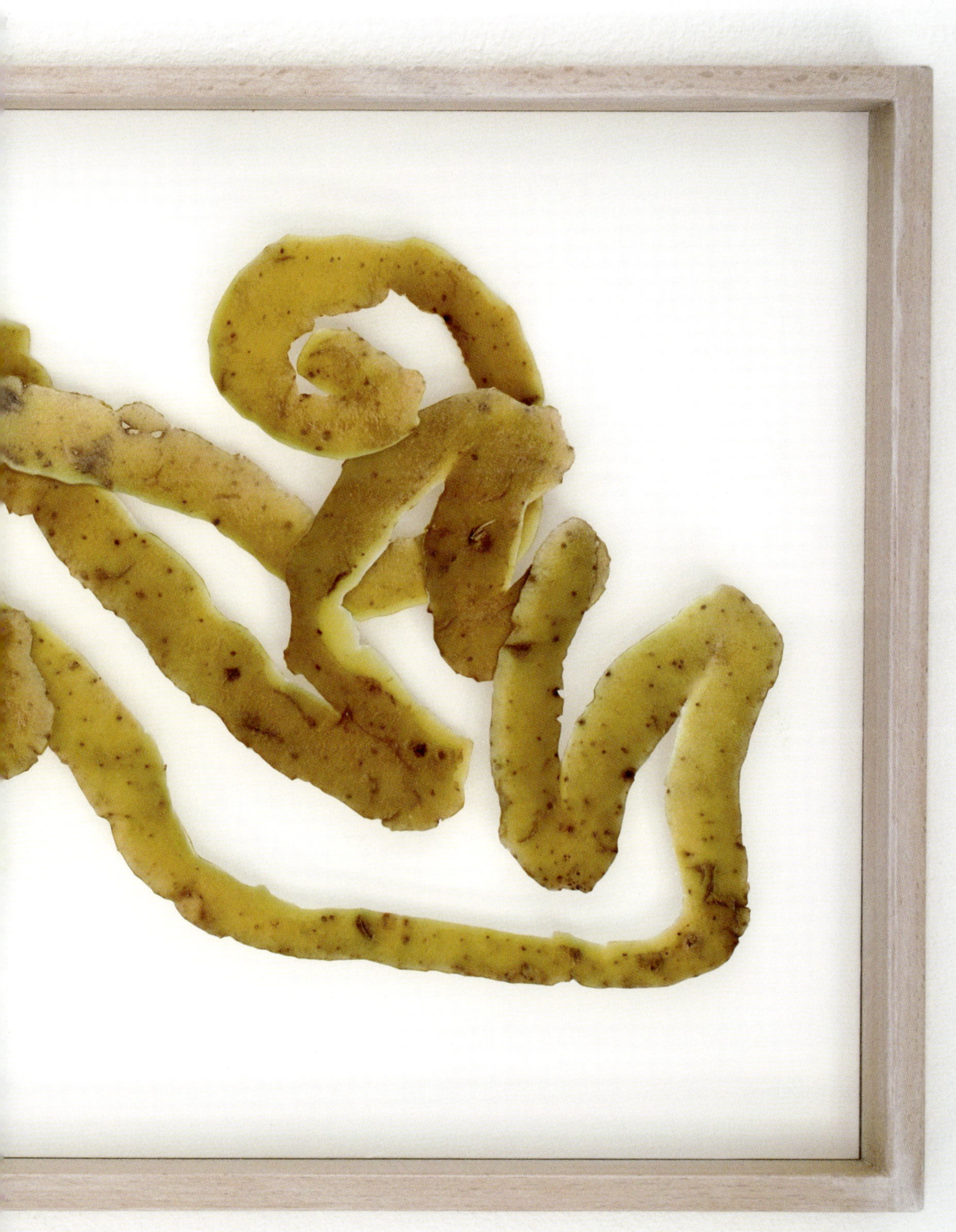

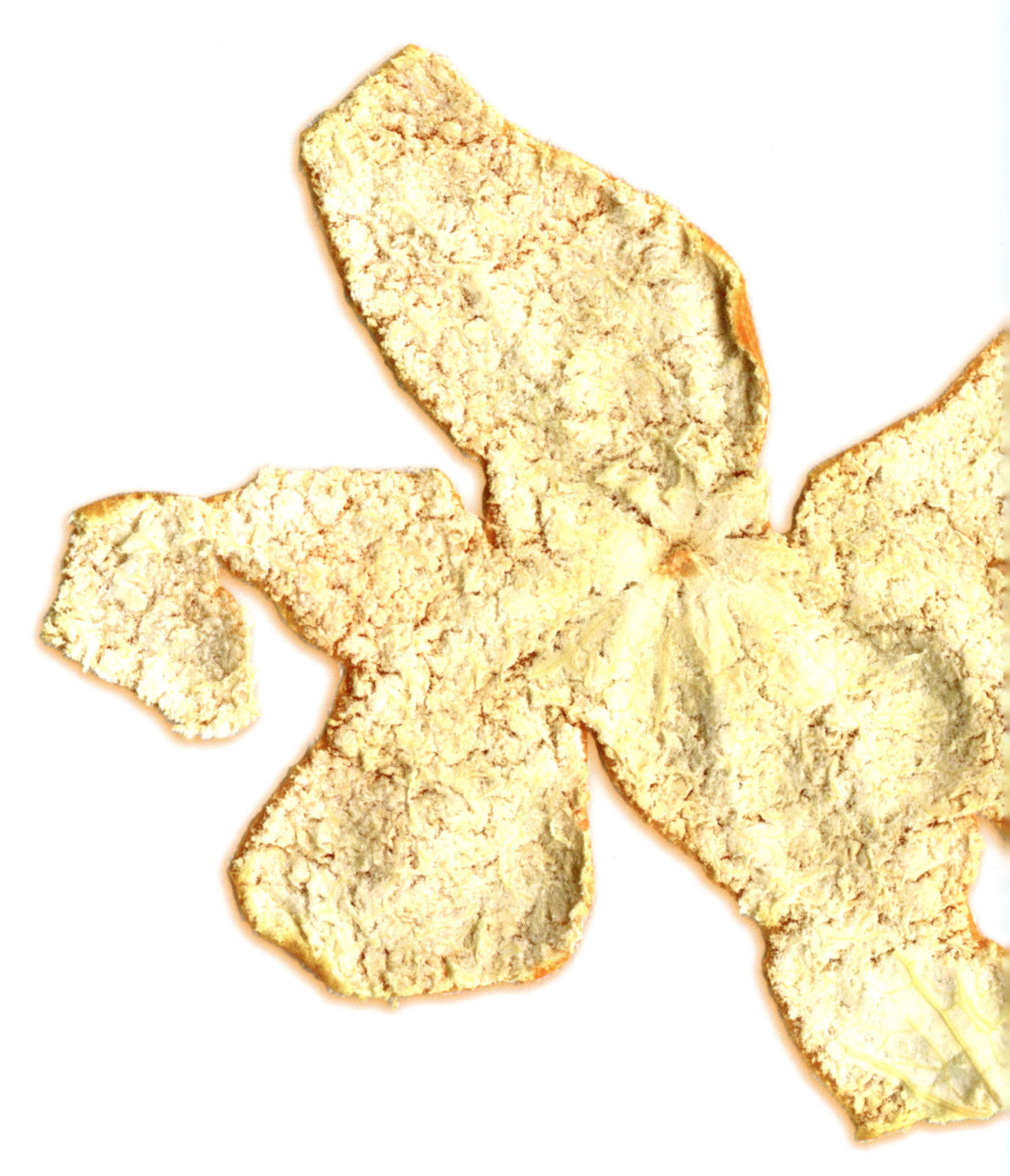

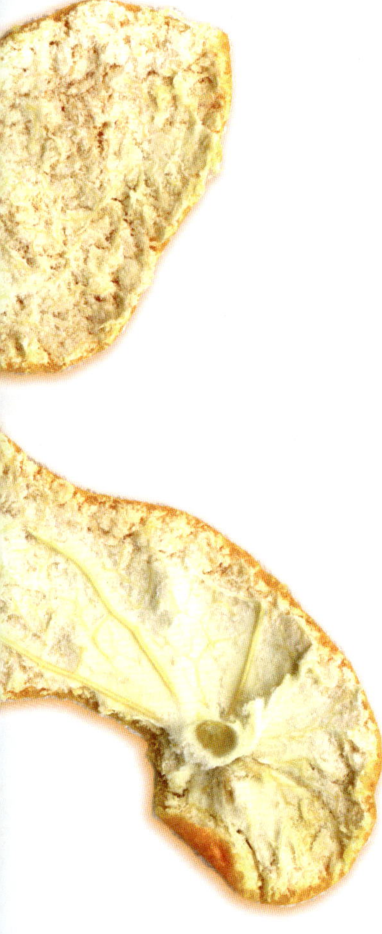

Ausflug 3 2014
Fotostück . Karton . Rahmen
26 x 32 x 2,5 cm
(Abb. ohne Rahmen)

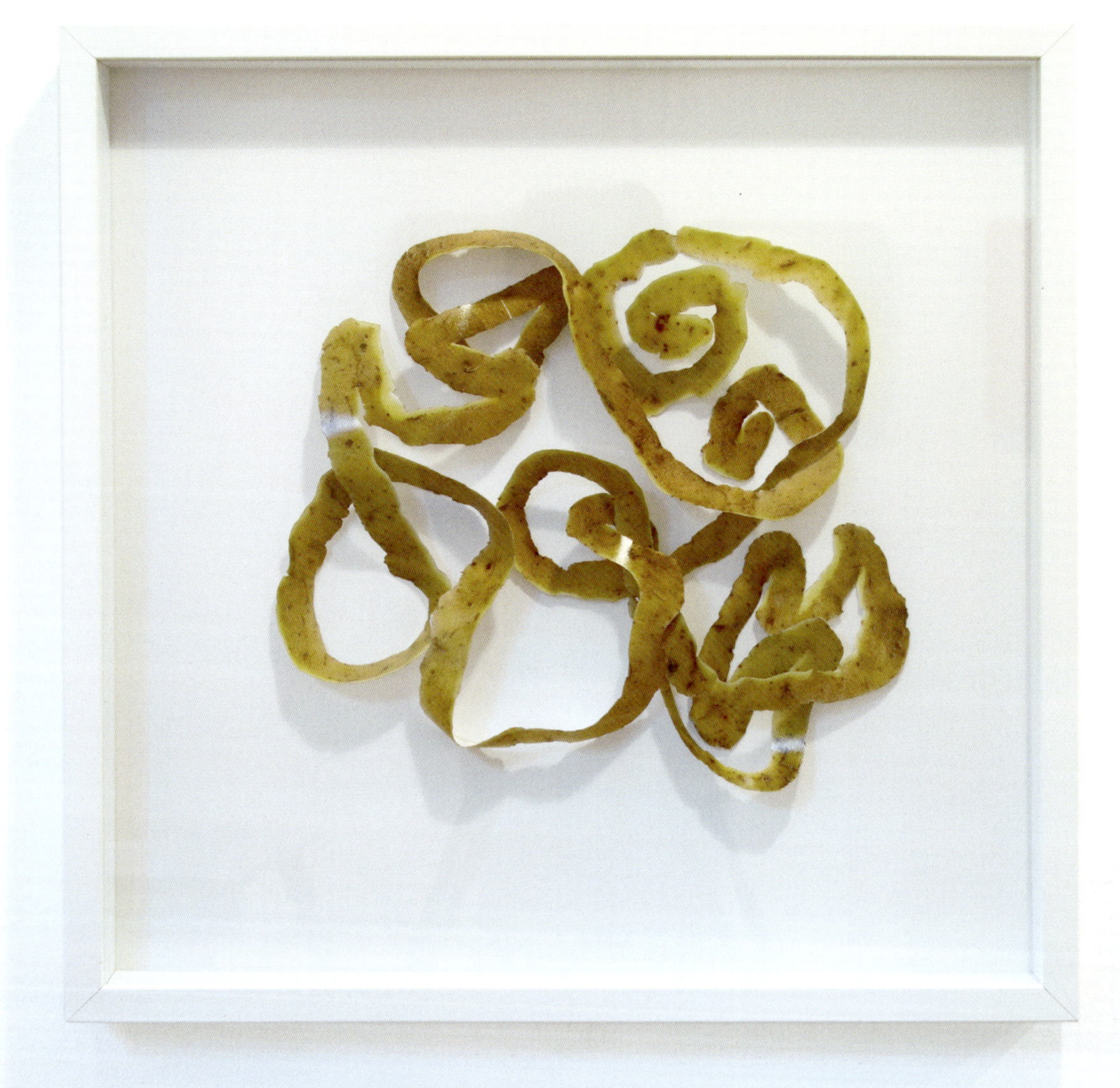

oben
mit dem Daumen von Frau Ermshaus
2014
Fotostück . Karton . Rahmen
53 x 53 x 4,5 cm

rechts
Mandakosmos 2014
Fotostücke . Karton . Rahmen
53 x 53 x 4,5 cm

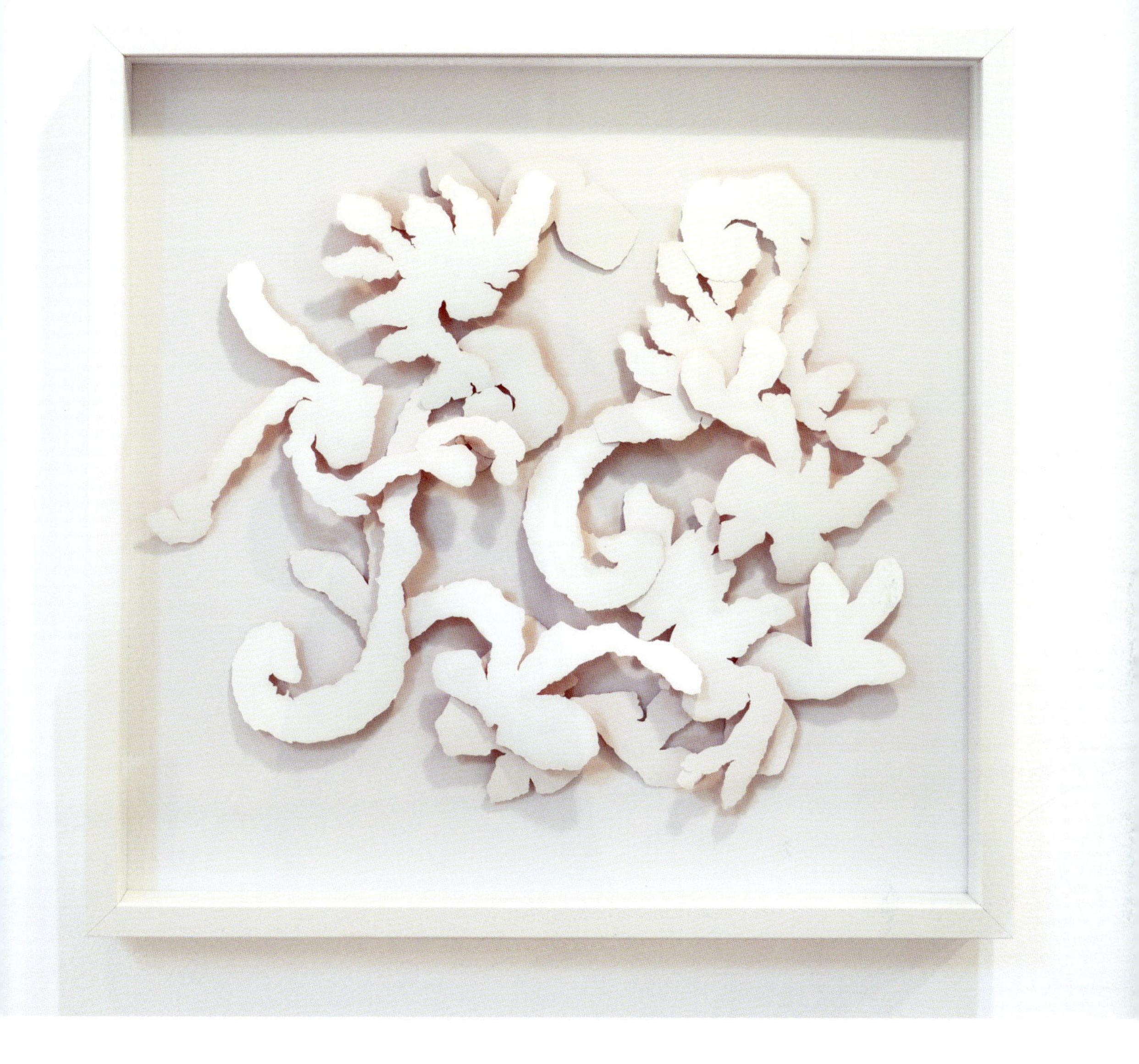

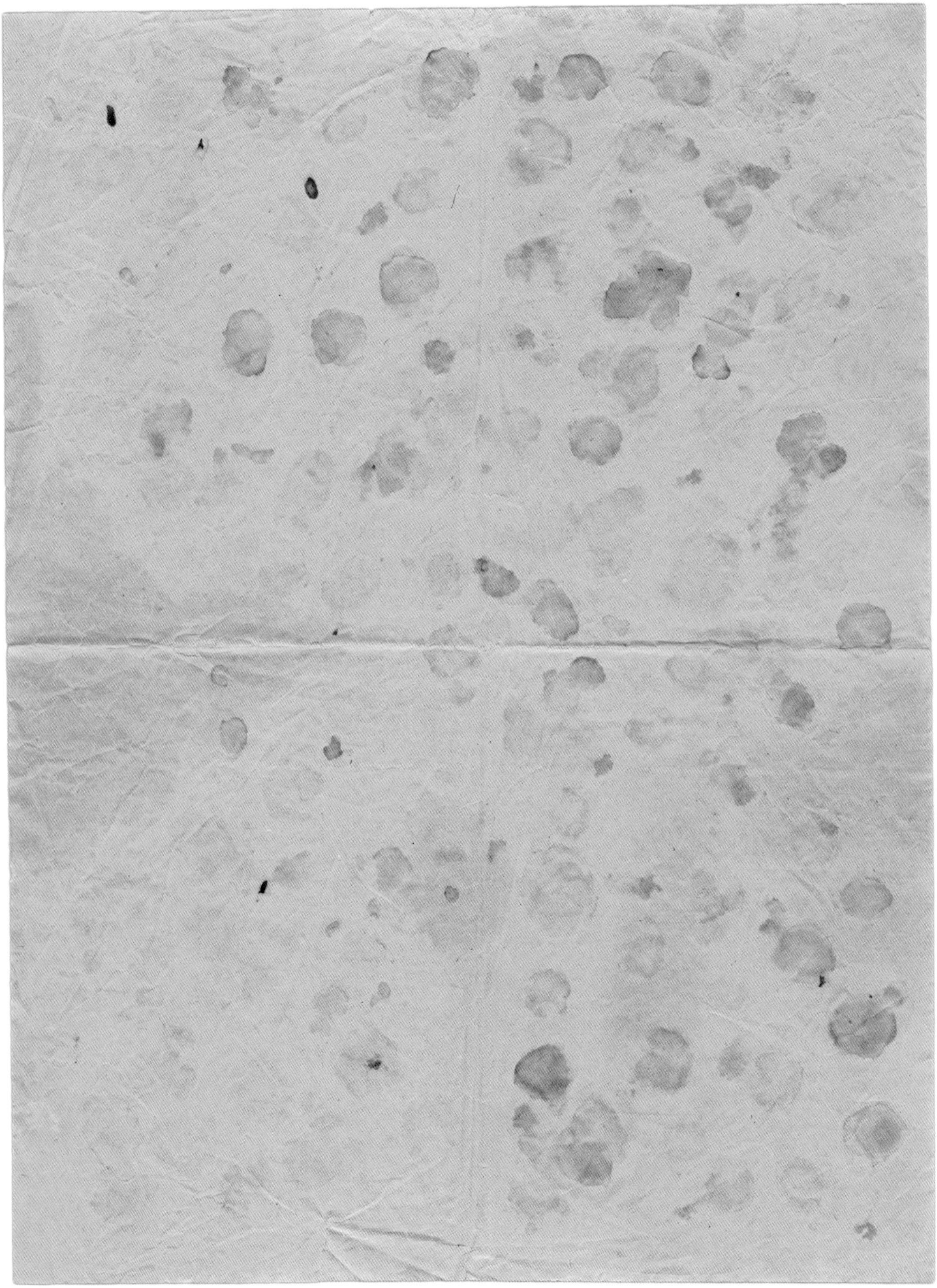

Kindheitsmuster 1 2015
Farbprints auf Hahnemühle
Papierschnitt . zweiteilig
49,8 x 78 cm

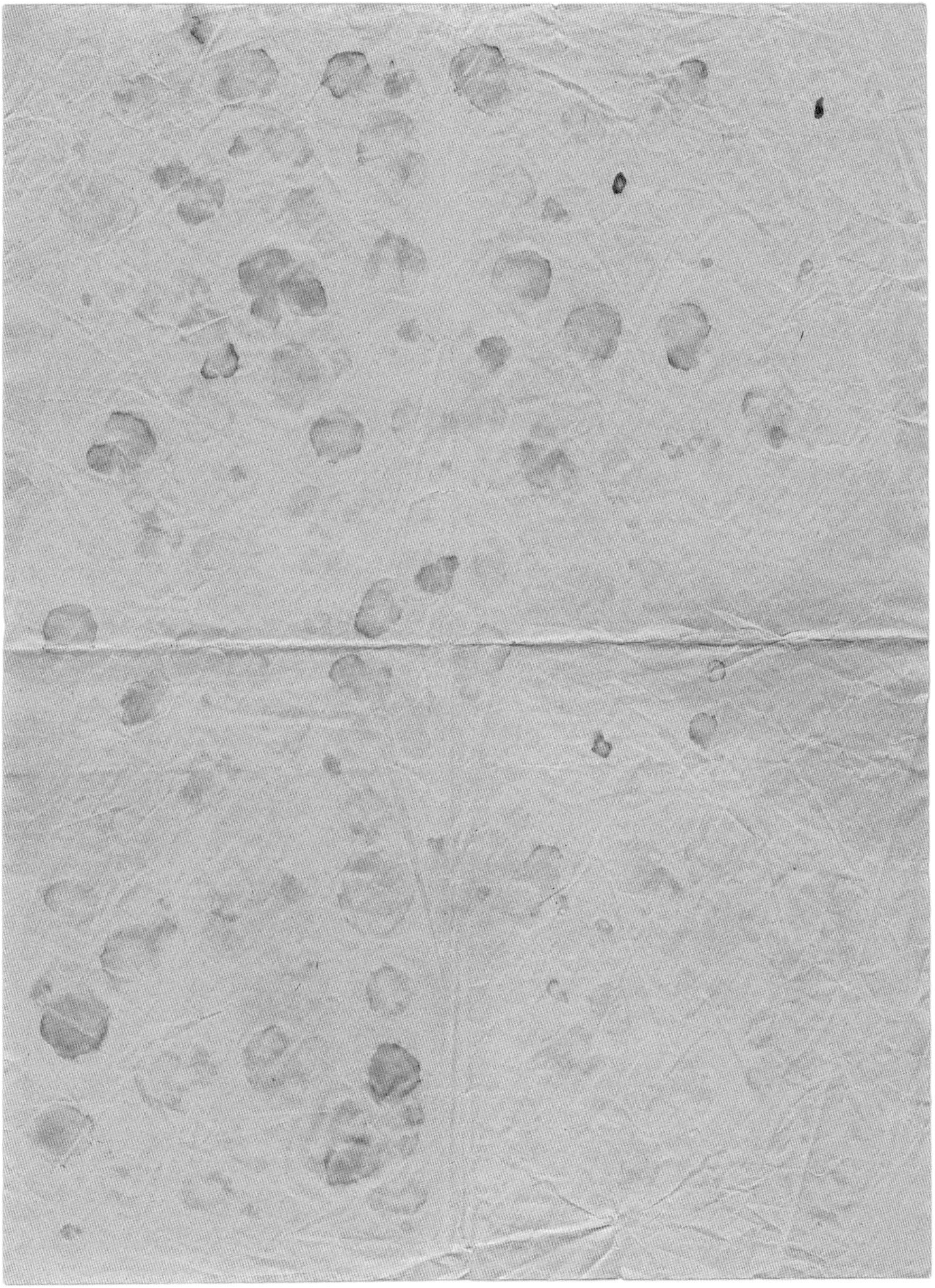

S. 138
Kindheitsmuster 1
Detail

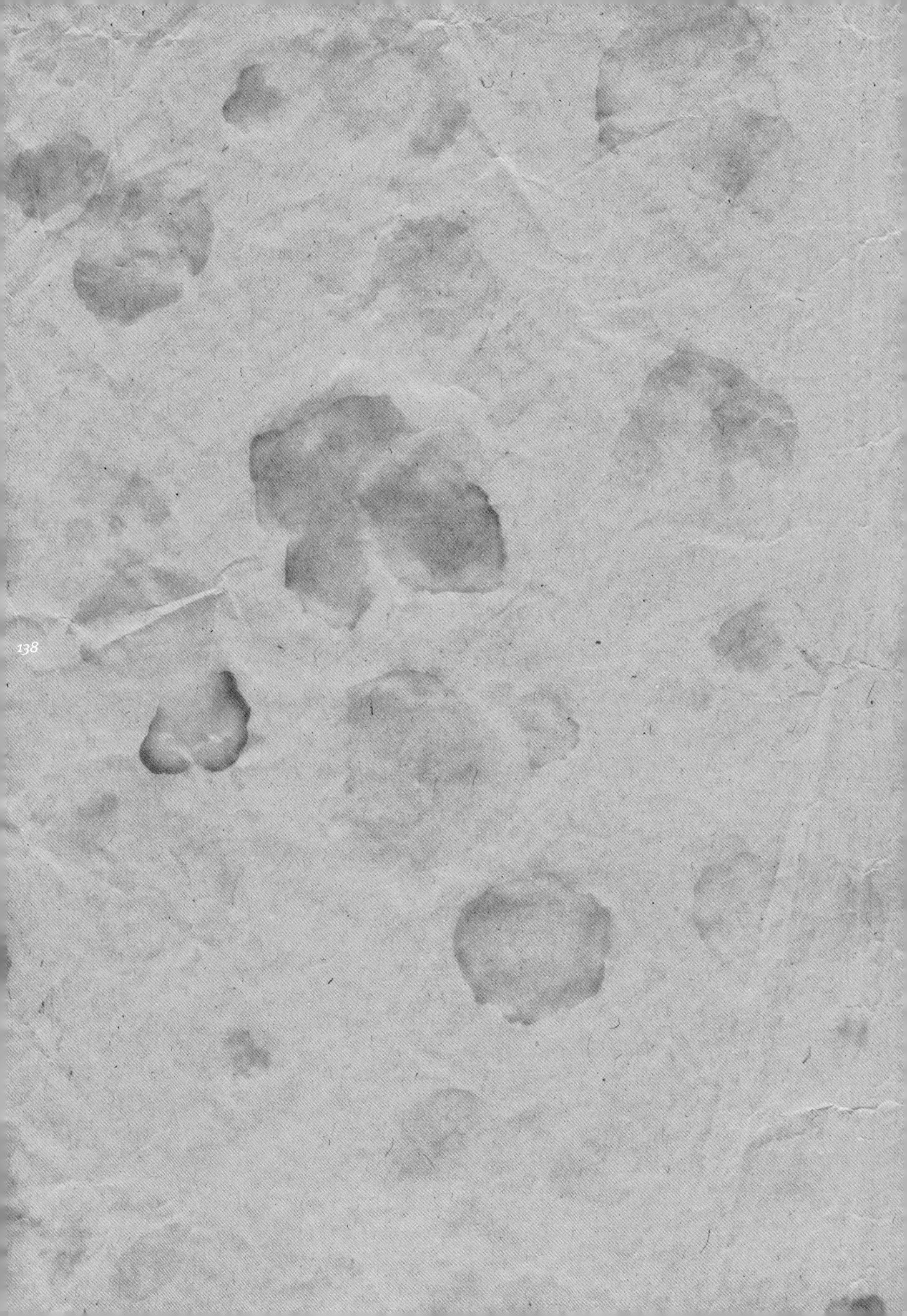

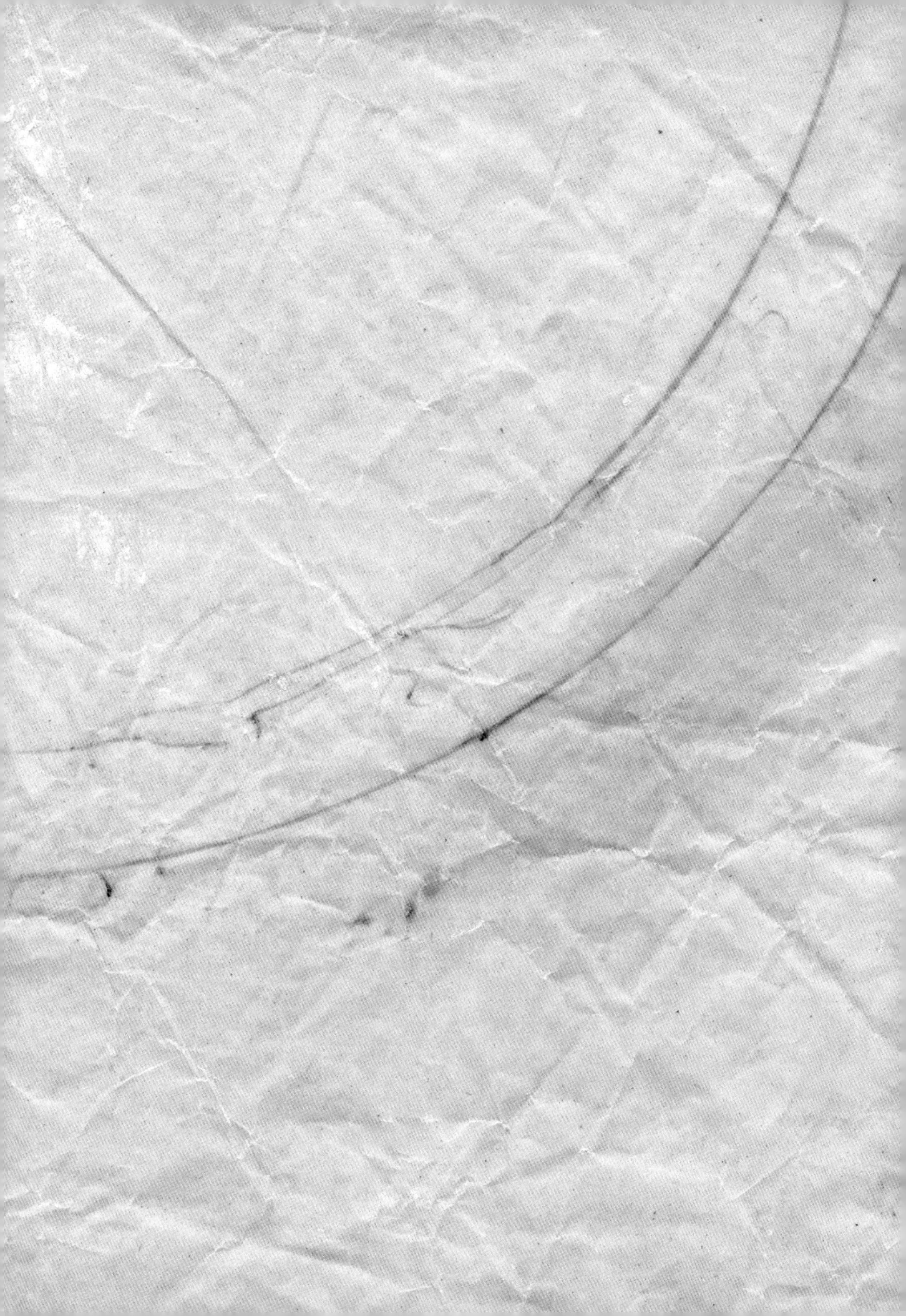

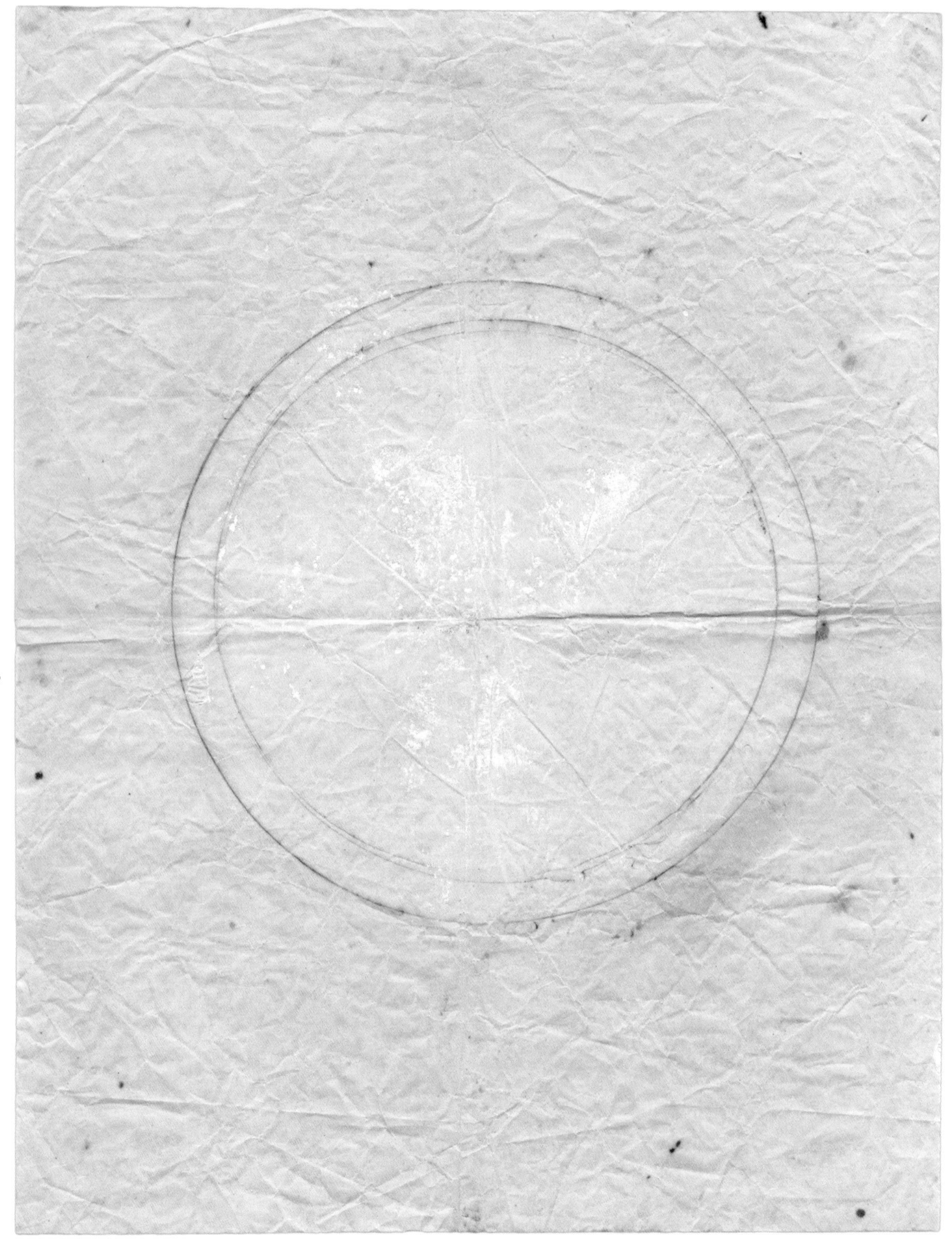

Kindheitsmuster 2 2015
Farbprints auf Hahnemühle
Papierschnitt . zweiteilig
50,5 x 73 cm

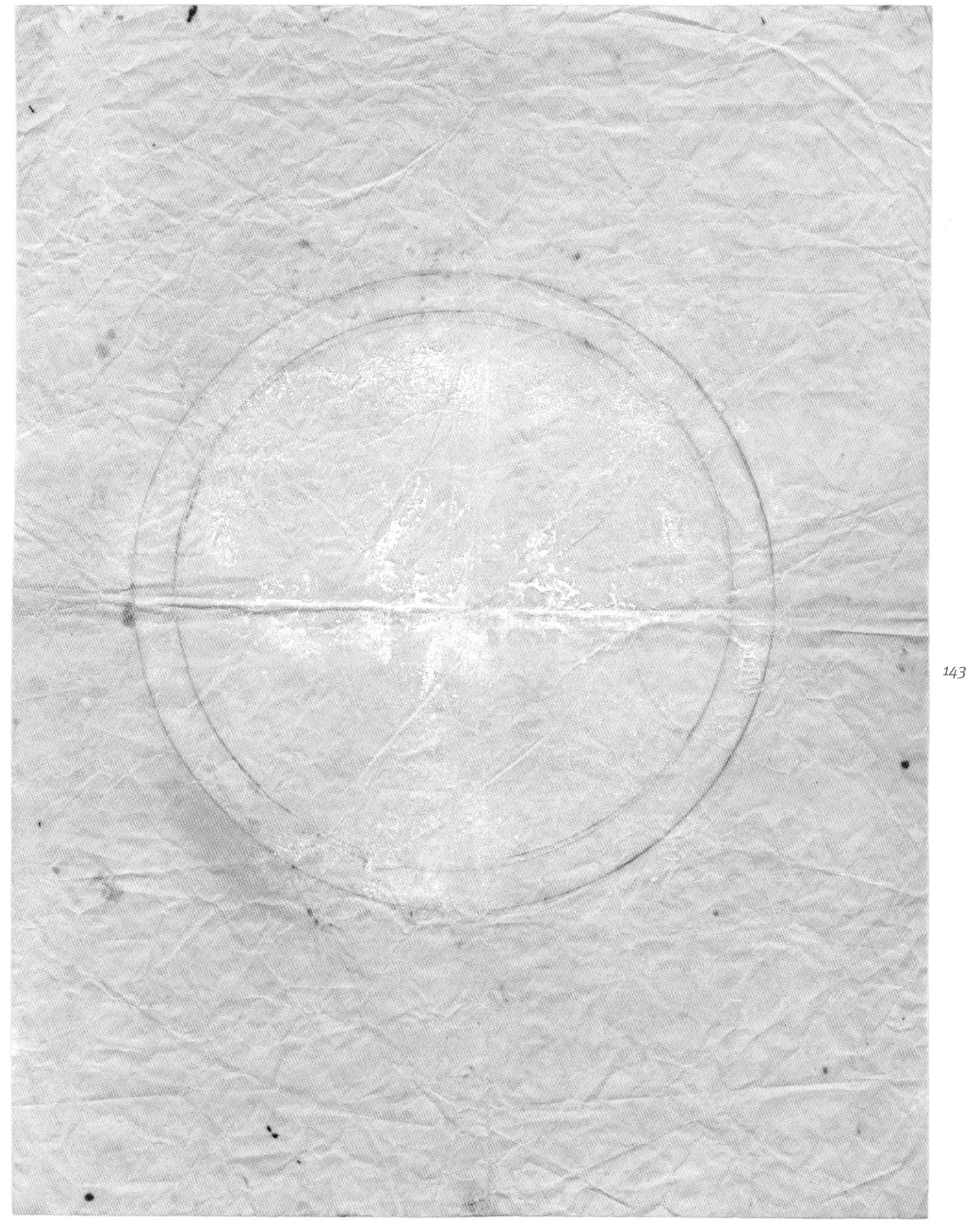

S. 140
Kindheitsmuster 2
Detail

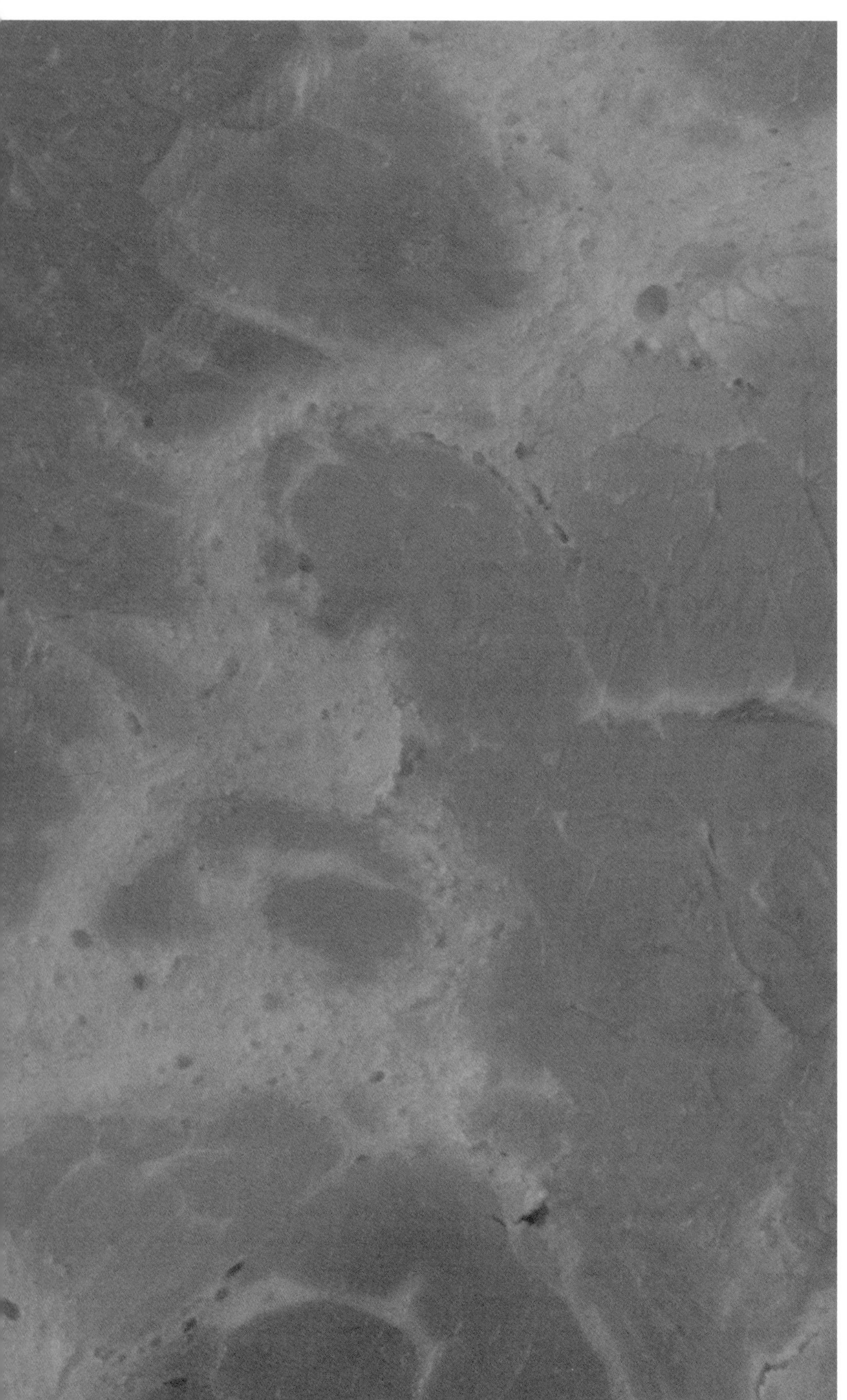

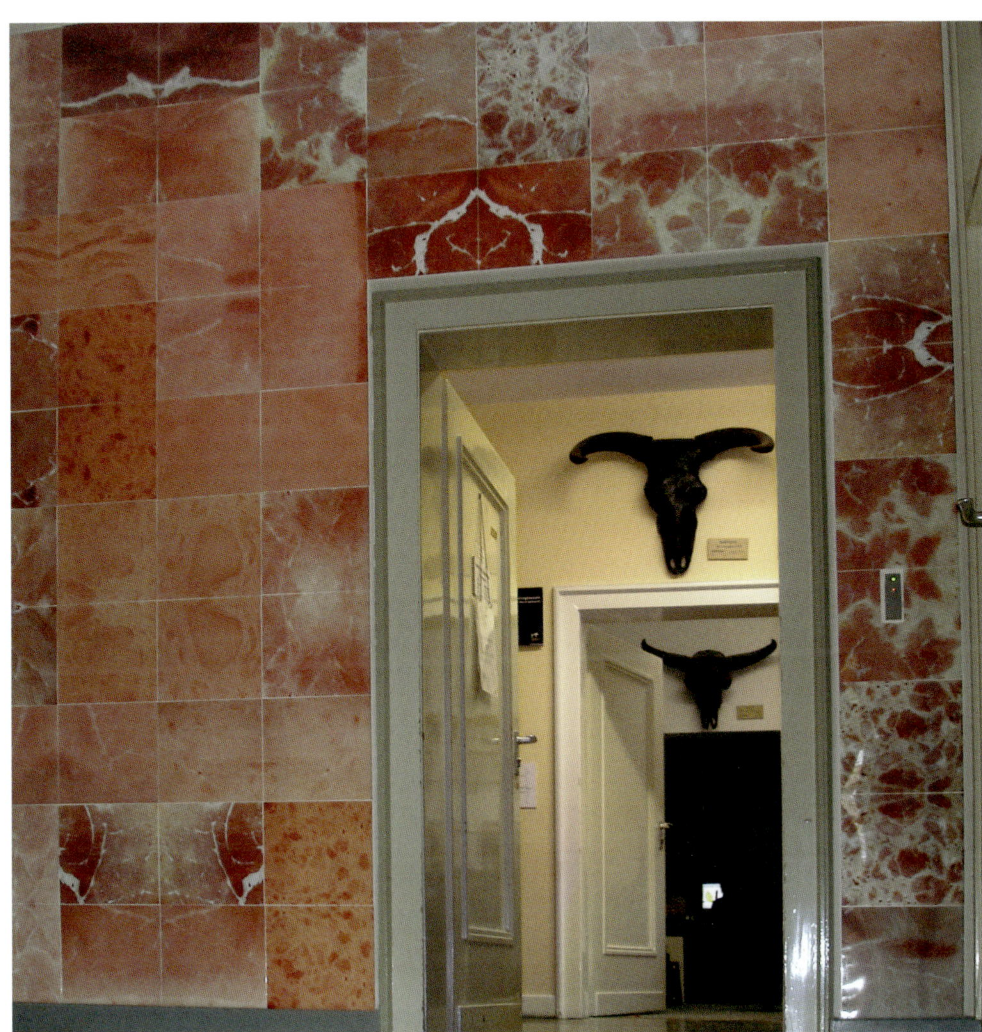

Gefliest 2 2006
Installation
Farbfotografien
hinter Acrylglas
Maße ca. 305 x 260 cm
Geologisch-Paläontologisches
Museum Münster

links und S. 146
Gefliest 2
Detail

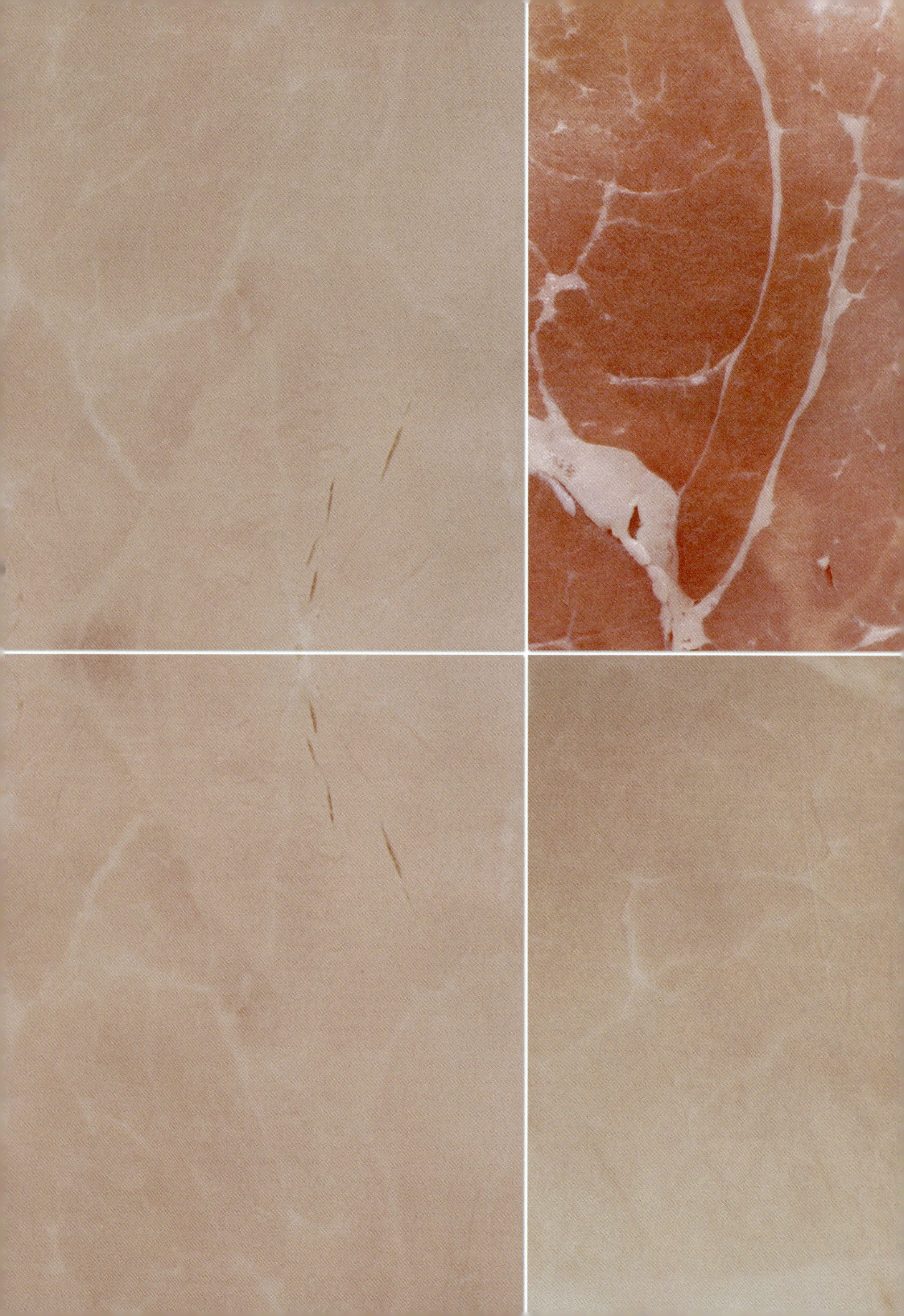

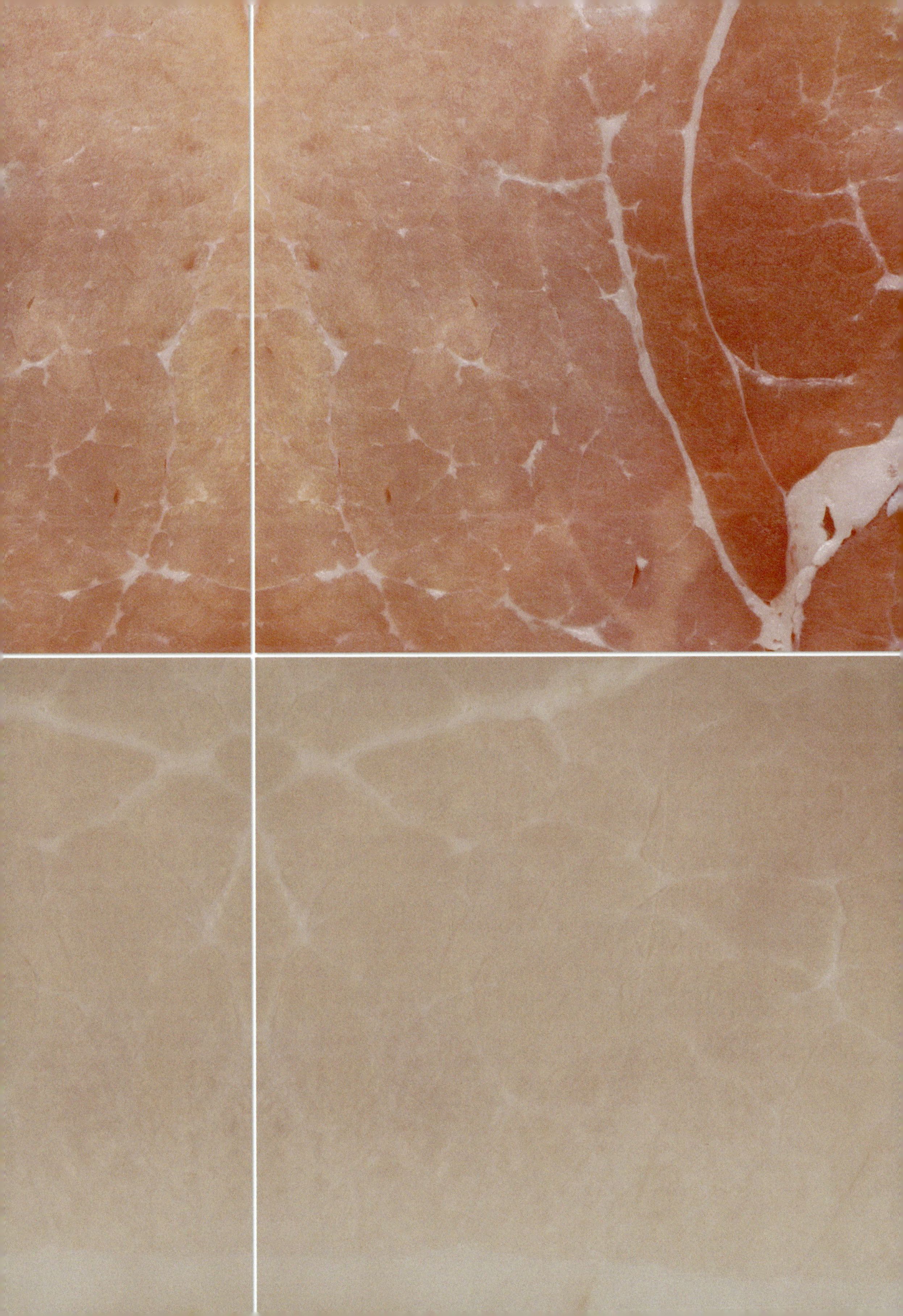

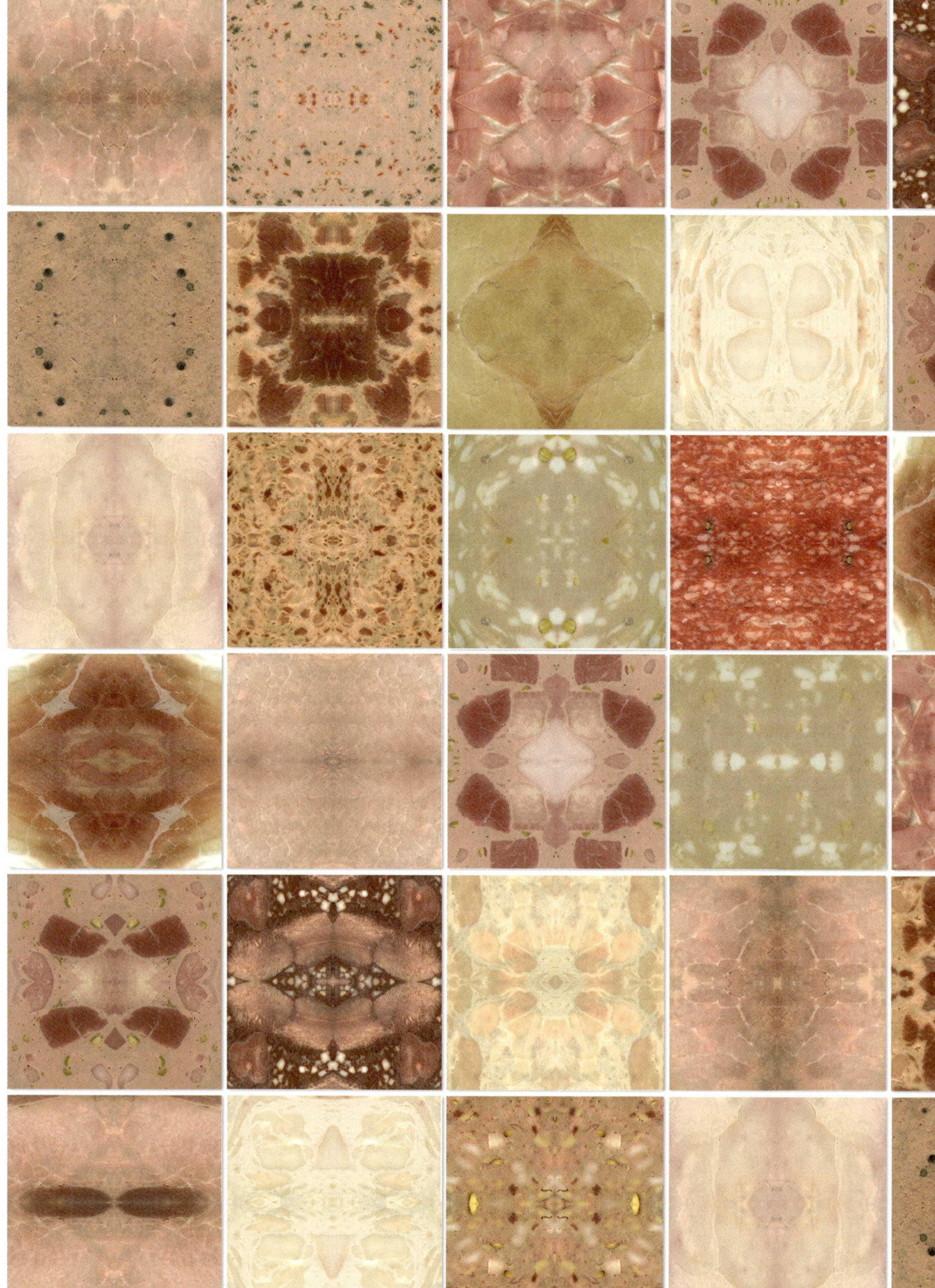

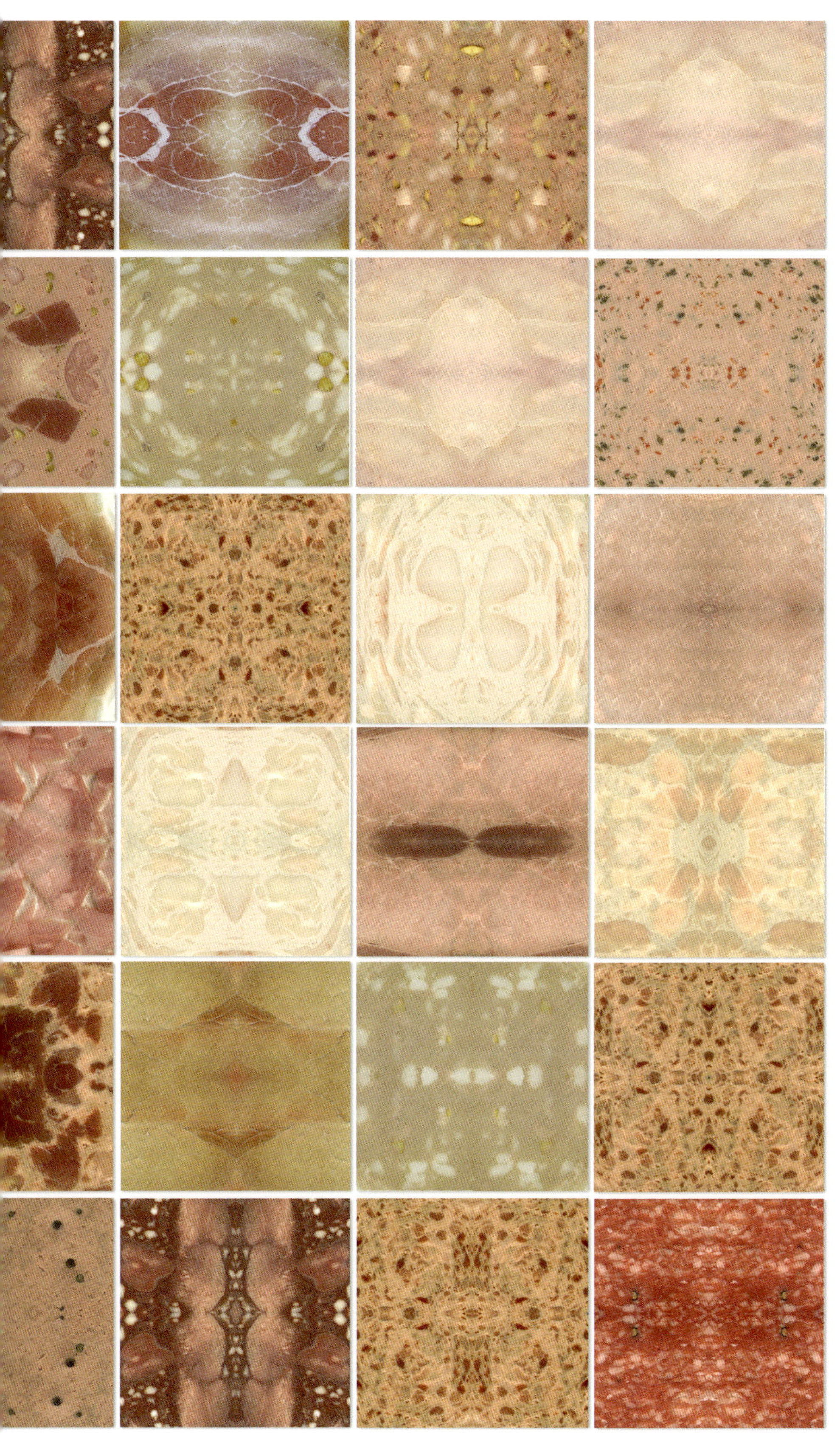

Aufschnitt 2000
Farbfotografien
hinter Acrylglas
48-teilig
91,5 x 122 cm

S. 150
Aufschnitt
Detail

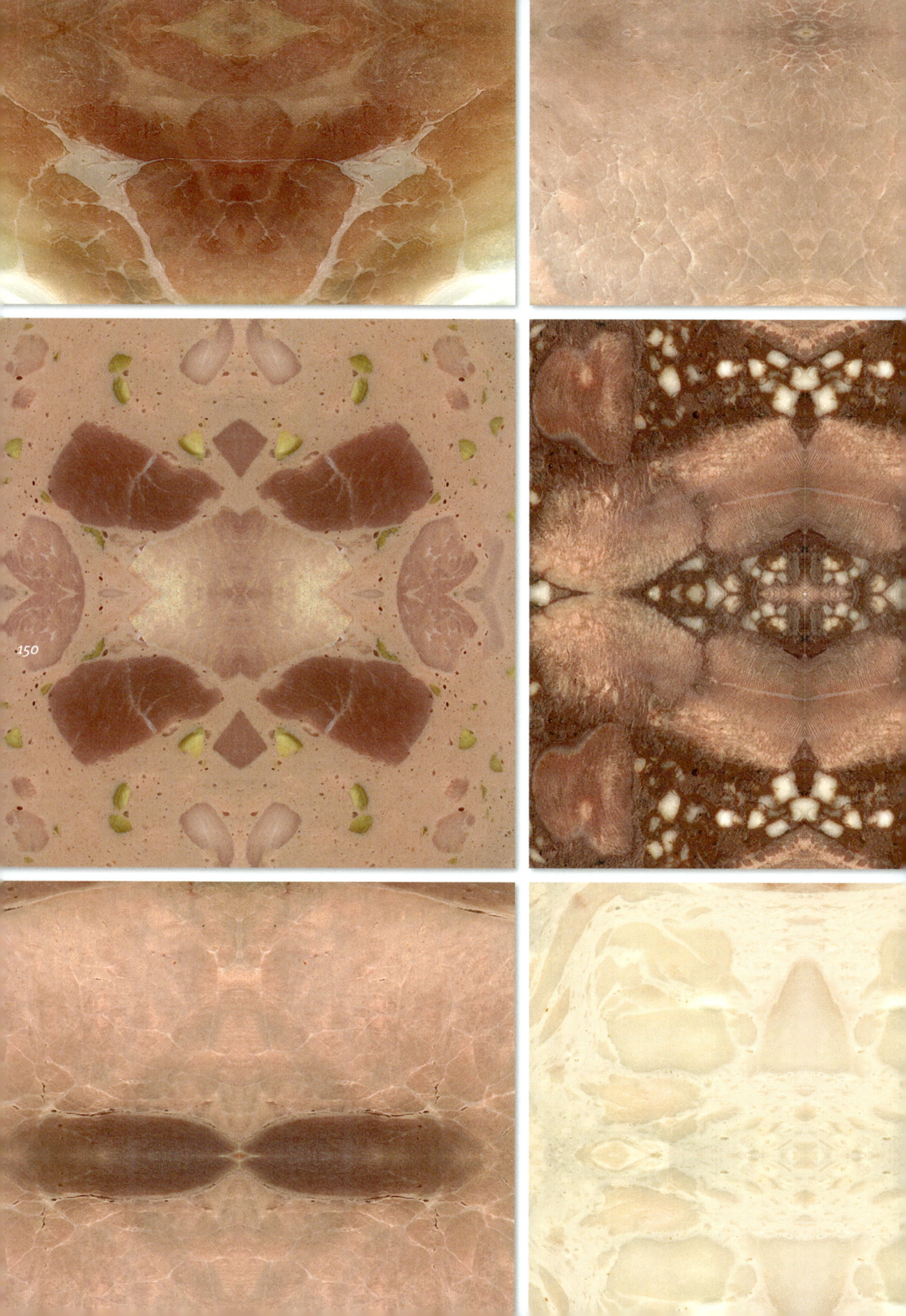

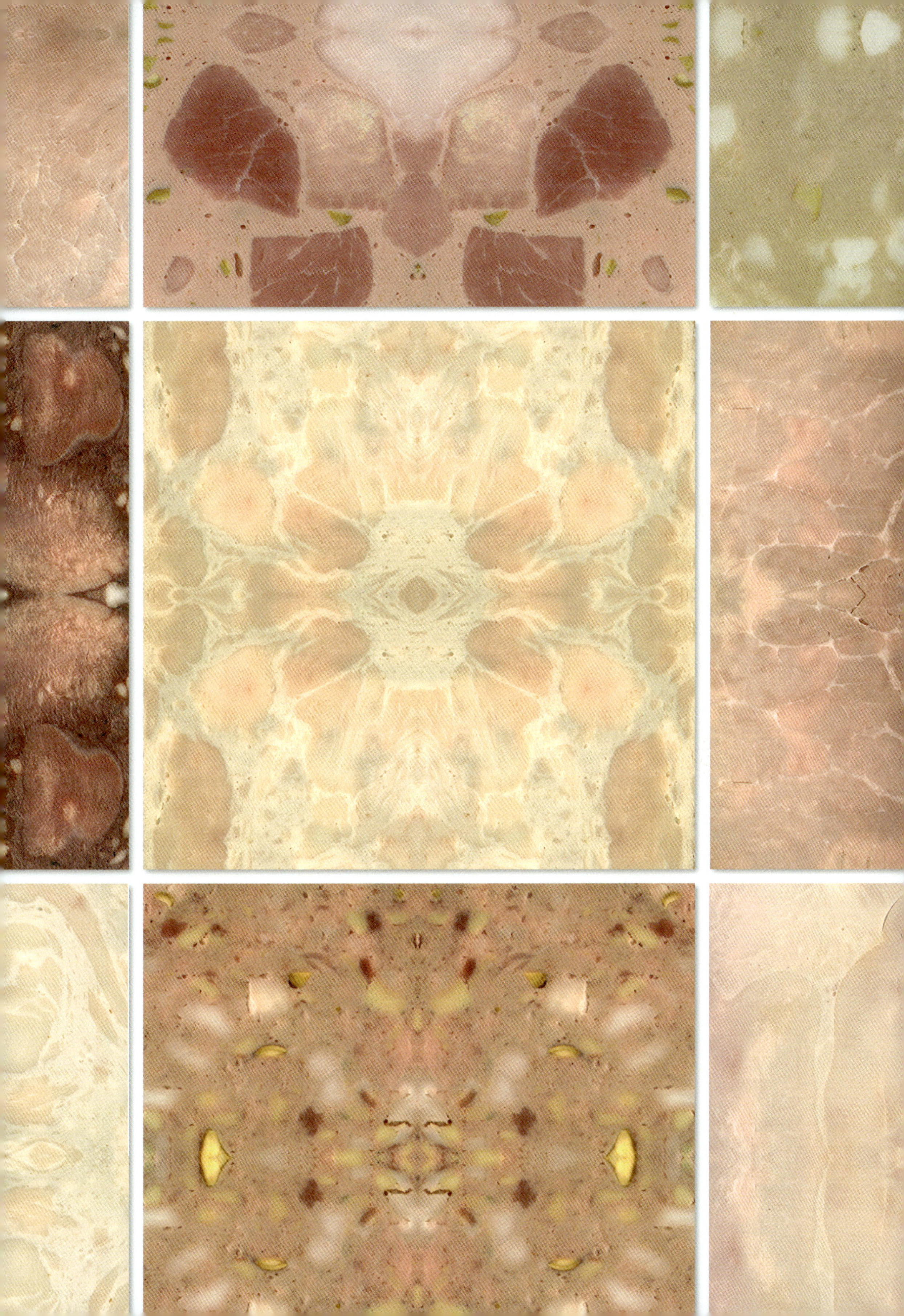

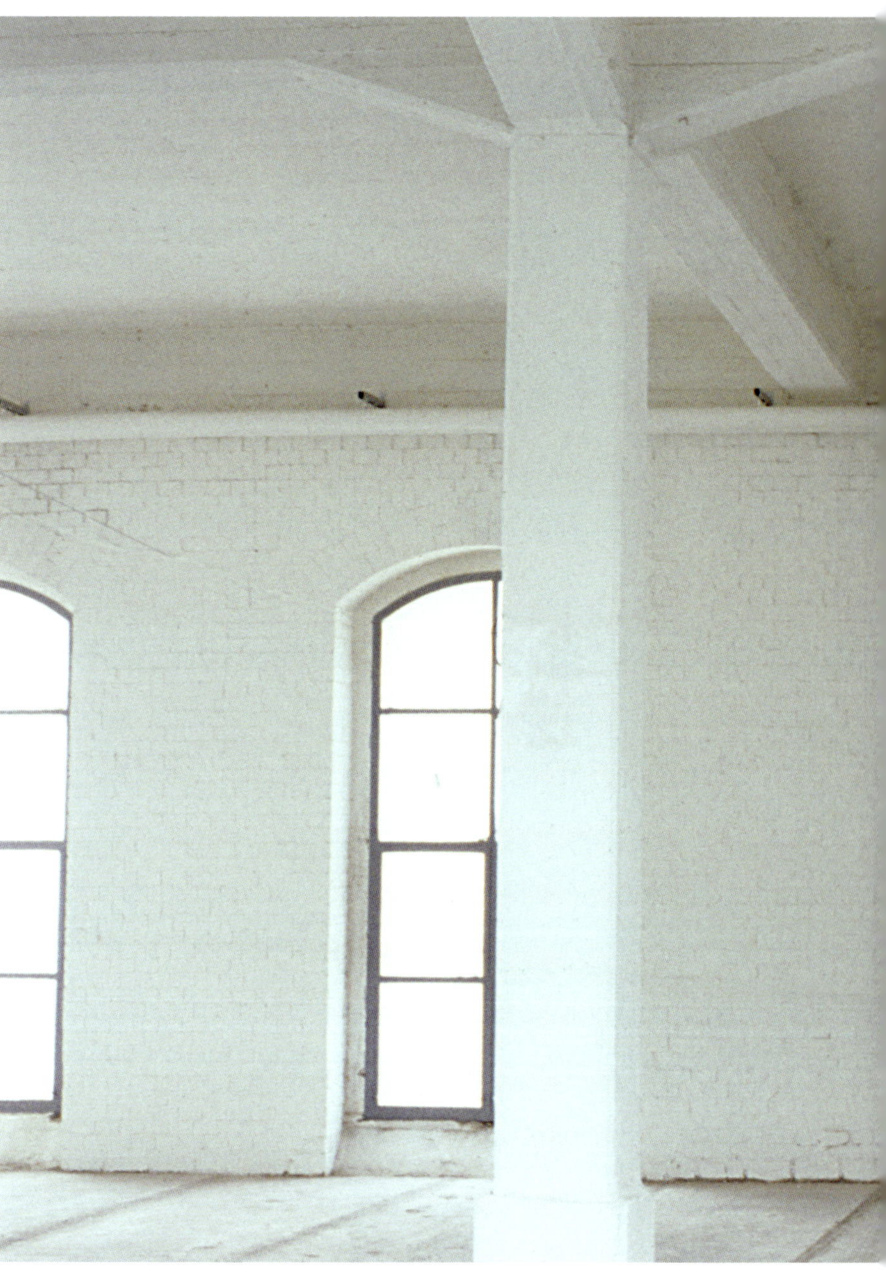

Wandteppich 1997
ca. 1300 Farbfotografien
manuelle Montage
315 x 315 cm

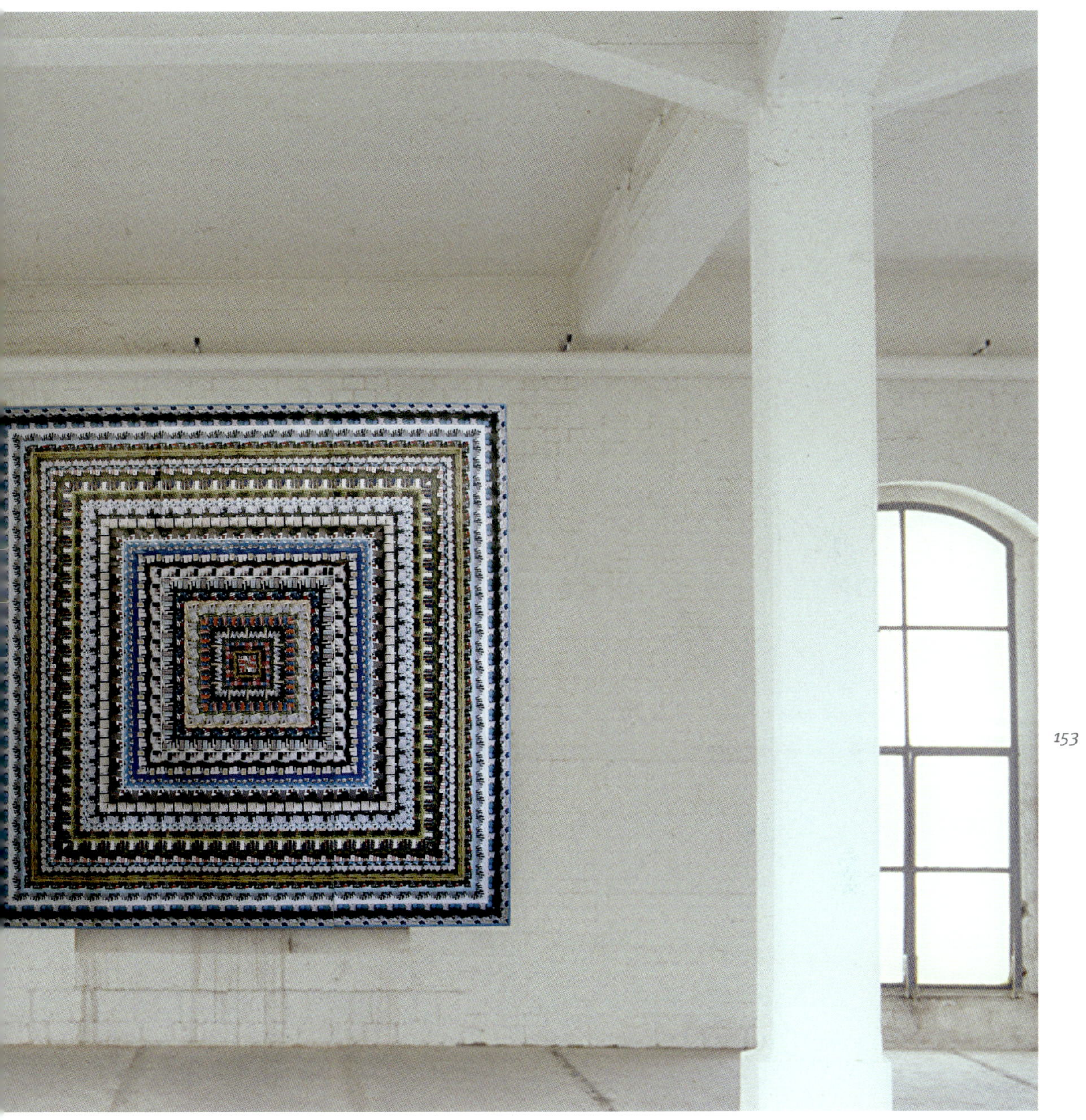

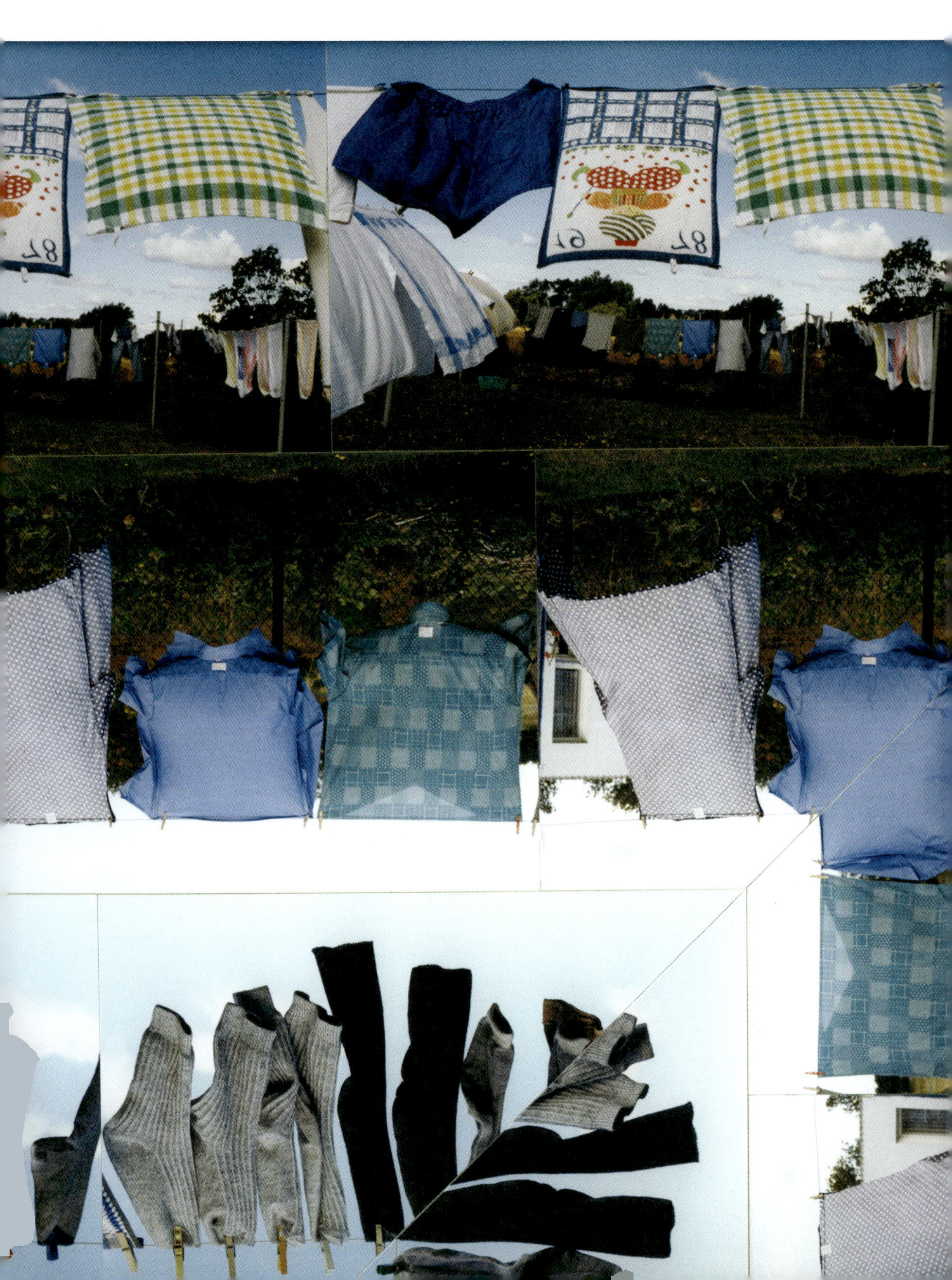

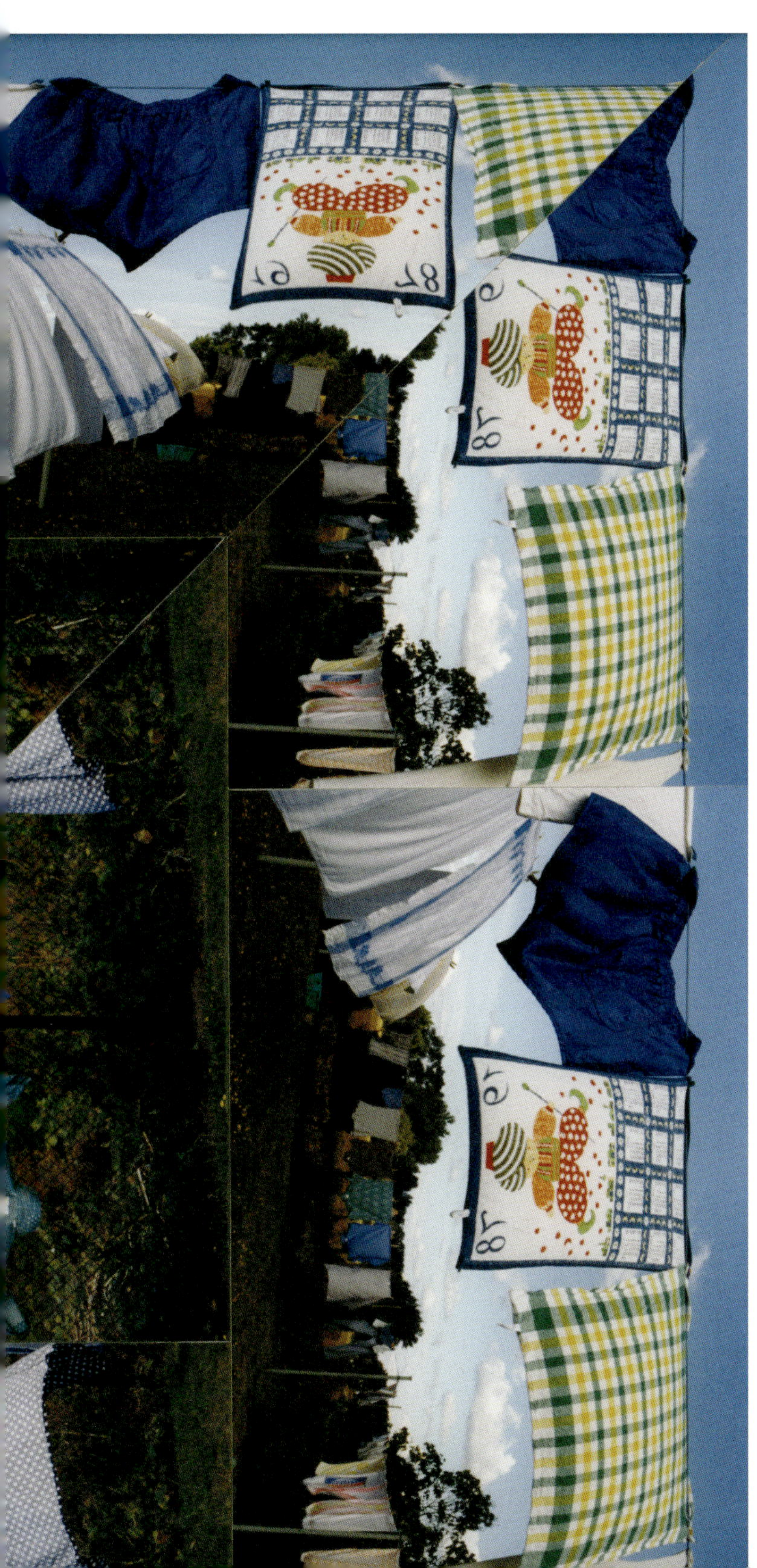

Wandteppich
Detail

Ute Bartel

geboren born 1961 in Halle/Westfalen

1986 - 1994 Studium Freie Kunst an der Kunstakademie Münster
Meisterschülerin von Reiner Ruthenbeck
Studies at Academy of Art Münster
Master student with Reiner Ruthenbeck

Stipendien und Preise
Grants and awards

2017 Projektstipendium Stiftung Künstlerdorf Schöppingen
2006 Projektförderung des Landes Rheinland-Pfalz
2003 Kunstpreis Wesseling . 2. Preis des Kunstvereins Wesseling
1999 Projektförderung Vox Köln
1997 Stipendium Bemis Center for Contemporary Arts . Omaha NE USA
1995 Stipendium der Stiftung Kulturfonds Mecklenburg
1994 Jahresstipendium des Kultusministeriums des Landes NRW

2017 Project scholarship . Foundation Künstlerdorf Schöppingen
2006 Project funding of the State of Rhineland-Palatinate
2003 Art award Wesseling . 2nd prize of Kunstverein Wesseling
1999 Project funding . Vox . Cologne
1997 Artist in residence . Bemis Center for Contemporary Arts . Omaha NE USA
1995 Artist in residence . Kulturfond Mecklenburg Foundation
1994 One-year scholarship of the Ministry of Culture of the State of NRW

Ausstellungen (Auswahl):	(E) Einzelausstellung	(K) Katalog
Selected exhibitions	(E) Solo exhibition	(K) Catalogue

2019 plan.d . Düsseldorf . **Und die Wände schauen zurück**
Deutscher Künstlerbund . Berlin . **Flüchtige Entwürfe**

2018 Künstlerforum Bonn . **Haus der Fehler**
UP ART Galerie für zeitgenössische Kunst . Neustadt . **20 Jahre**
Kunsthaus Troisdorf . art Troisdorf
Petersburger . Internationale Photoszene Köln 2018
... wer kümmert sich eigentlich um die Realität?

2017 Kunstverein Familie Montez . Frankfurt/Main . **Movement**
Schieder-Schwalenberg . Kunstsommer Ostwestfalen-Lippe . **eat art**
Wasserschloss Reelkirchen . Kunstsommer OWL . **Geschmacksache**

2016 UP ART Galerie für zeitgenössische Kunst . Metropolregion Mannheim Ludwigshafen OFF // FOTO
Rivoli 59 . Paris . **Mixed Bag**
Künstlerforum Bonn . **missing link**
UP ART Galerie für zeitgenössische Kunst . Neustadt . **jelängerjelieber**

2015 Kunsthalle Wiesbaden . Brita Kunstpreis . **endlich und unendlich** (K)
Q18 . Köln . **people, textures, environments**
The Caribbean Museum Center for the Arts . Frederiksted . Virgin Islands . **Growth**
Art Society of Trinidad and Tobago . **Thru Contemporary Arts Collection**

2014 UP ART Galerie für zeitgenössische Kunst . Neustadt . **mansionaticum** (E)
Städtische Galerie Bad Nauheim . **Kunst Stoff Kunst** (K)

2013 Kunsthalle Wilhelmshaven . Nordwestkunst 2013 . **Die Nominierten** (K)
Galerie in der Trinkkuranlage . Bad Nauheim . **lichten** (mit Petra Weifenbach) (E)

2012 Amanduskirche Bad Urach . Kunstpreis der Evangelischen Landeskirche Württemberg . **Bilder ? Bilder !** (K)
Fotopension . Köln . **manscharkenstoff** (E)
Museum Abtei Liesborn . **Tisch - Da - Sein**
Kunsthaus Rhenania . Köln . Ausstellung und Auktion zugunsten Terre Des Femmes . **Handreichungen**

2011 Kunstverein Speyer . **nature me**
Halle Zehn . Köln . BIG SIZE BIG SOUND . **große Bildformate und Jazz**
Augustinermuseum Freiburg . Kunstpreis der Erzdiözese Freiburg . **heilig !** (K)
Kloster Hegne . Kunstpreis der Erzdiözese Freiburg . **heilig !** (K)
Regierungspräsidium Karlsruhe . Kunstpreis der Erzdiözese Freiburg . **heilig !** (K)
kunstraum no10 . Mönchengladbach . 10 Jahre kunstraum no10 . **Invitation** (K)

2010 Deichtorhallen Hamburg . Haus der Photographie . DFA
Künstlerforum . Bonn . **wir sind das CAPital**
20. Internationale Photoszene Köln . **Shifting Realities**
Burg Vischering . Lüdinghausen . **Forum 2010**

2009 Halle Zehn . CAP Cologne . Köln . **Lieblingsstücke**

2008 Städtische Bühnen . Münster . in situ . **Geschöpfe** (E)
StaTTMuseum Köln . **StaTTKörper**
Halle Zehn . CAP Cologne . 19. Internationale Photoszene Köln . **Multiple Manipulationen**

2007 Neven Dumont Studio . Köln . **Artconnection 9**

2006 Westfälischer Kunstverein . Münster . **Jubiläumsausstellung**
Geologisch-Paläontologisches Museum . Münster . **Kunst isst gesund** (K)
Bemis Center for Contemporary Arts . Omaha NE USA (K)

BBK Köln . **wir sind viele und überall**
Haardter Schloss . Neustadt . **Schloßwandel** (mit Ulli Böhmelmann) (E)
UP ART Galerie für zeitgenössische Kunst . Neustadt (mit Ulli Böhmelmann) (E)
Stadtgalerie . Kiel . **Prima Kunst** (E)

2005 kunstraum no10 . Mönchengladbach . **beine machen** (E)
Büro für Alleskönnerei . Gütersloh . **handverlesen** (mit An Seebach) (E)
Kunstverein Region Heinsberg . 20 Jahre - Jubiläumsausstellung . **20 x 20** (K)
UP ART Galerie für zeitgenössische Kunst . Neustadt . **aufschnittblumen** (E)

2004 Städtische Galerie im Forum Leverkusen . **an der Oberfläche** (E)
Kunsthaus Essen . Marktkirche Essen . **Stille Geschichte** (E)

2003 Kunstverein Wesseling . Kunstpreis . **Spannungen – Schatten und Licht** (K)
Christuskirche . Köln . **kreuz und quer**
Kunstverein MMIII . Mönchengladbach . **Langer Samstag**

2002 Max-Planck-Institut für Gesellschaftsforschung . Köln . **Elementare Sachen** (E)
Künstlerhaus Dortmund . **erst 1, dann 2 ...** (K)

2001 Josef-Haubrich-Kunsthalle . Köln . **KÖLN KUNST 6** (K)
Kunstraum Düsseldorf . **Trendwände**
Kunstverein Region Heinsberg . **Eintritt frei**

2000 Kunstverein Münsterland . Coesfeld . **This is not America** (E / K)
Kunstverein Region Heinsberg . **belegt** (E)

1999 NRW Forum Kultur und Wirtschaft . Düsseldorf . VOX-Kunstförderpreis
Magdeburg . Kunstpreis der Stiftung Stadtsparkasse Magdeburg . Kunst Preis 99
Galerie Zwischenraum . Münster
Galerie Ackermann . Bergisch Gladbach (E)

1998 Galerie + Edition Objektiv . Köln . **animals**

1997 Kunsthalle Recklinghausen . **Unterwegs** (K)
Galerie Münsterland . Emsdetten . **Kimchi und Sauerkraut** (K)
Bemis Center for Contemporary Arts . Omaha NE USA . **Itinerant - Luftpost**

1996 Museum Enschedese Straat . Hengelo NL . **windows 96** (K)

1995 Projekte für ein Haus . Köln . **Gelebte Räume - Rothehausstrasse**
Kulturamt Selm . **bauchen** (E)
Künstlerhaus Lukas . Ahrenshoop . Stipendiatenausstellung
Schöppingen . Stipendiaten 1994/95 . **Stadt-Land-Fluß** (K)

1994 Wewerka Pavillon . Münster . **ein Ort** (mit Gudrun Teich) (E / K)
Gaststätte Lohaus . Schöppingen . **billard um 1/2 zehn**

1993 Wewerka Pavillon . Münster . **SCHEIN ZU SEIN** (E / K)
Kunstverein Berlin-Hellersdorf . **KunstLandschaft** (K)
Klasse Reiner Ruthenbeck . Kunstakademie Münster . **einmal ist keinmal**

1991 Skulpturenprojekte für Lünen . **Alles im Fluß**
Sobi Münster . **Lichträume** (E)

1990 Kulturring Altenberge . **dunkel war´s** (K)

1989 AVE (Audio-Video-Experimental-) Festival . Arnheim NL . **projection**

Impressum | **Colophon**

160

Gestaltung | **Graphic design**
Reiner Bartel
Bartel Design: Büro für Gestaltung . Köln
www.bartel-koeln.de

Texte | **Texts**
Barbara Hofmann-Johnson
Ute Bartel

Übersetzung | **Translation**
Tom Ashforth . Köln

Lektorat | **Copy-editing**
Karin Osbahr . nirak.en

Bildbearbeitung | **Image editing**
Ute Bartel

Papier | **Paper**
Profibulk 1.1 | Magno Volume | 135g/m²

Schrift | **Typeface**
MetaPlus

Produktion | **Production management**
edition cantz

Gesamtherstellung
Printing and binding
Dr. Cantz'sche Druckerei Medien GmbH . Esslingen

Fotografien von | **Photographs by**
Ute Bartel . außer S. | exept pp. 10 . 12–19
Roland Weber

Vertrieb und Marketing
Distribution and marketing
edition cantz
sales@edition-cantz.de

ISBN 978-3-947563-74-6
Printed in Germany

Erschienen bei | **Published by**
edition cantz
www.edition-cantz.de

edition cantz

Ute Bartel dankt | **thanks**
Roland Weber . Reiner Bartel . Barbara Hofmann-Johnson . Petra Weifenbach . Eberhard Weible
Edith und Werner Bartel